－日本語・英語・中国語・韓国語解説－

新版 社会言語学図集

New Edition
Japanese Sociolinguistics Illustrated

新版 社會語言學圖集

신판 사회언어학 도해집

〈編〉

真田信治
朝日祥之
簡 月真
李 舜炯

〈Edited by〉

Sanada Shinji
Asahi Yoshiyuki
Chien Yuehchen
Lee Soonhyeong

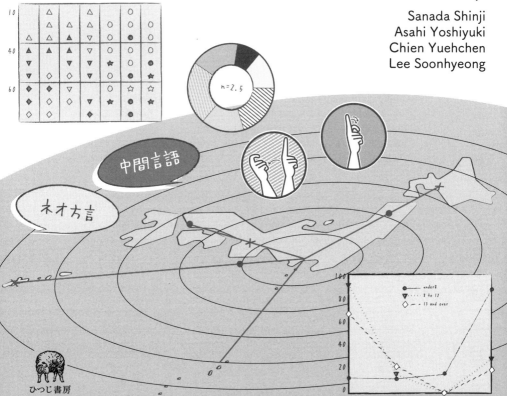

中間言語

ネオ方言

ひつじ書房

序　文

　近年、大学などにおける授業科目に「社会言語学」という科目名が設置されること
が多くなってきました。

　本書は、そのための教材として、秋山書店から出版されていた『社会言語学図集』
の内容を引き継ぎ、韓国語解説を含めて、新たに「新版」として編修したものです。
各領域におけるトピックごとに、それぞれの裏付けとなったデータを選択して、それ
を図表の形にして掲げ、日本語をもとに、英語、中国語（繁体字）、そして韓国語に
よる解説を付しています。各言語の解説担当者は、以下の通りです。なお、デー
タの選択や英語版の解説に関して、ダニエル・ロング氏の御協力を得ました。

　　　日本語版（真田信治）　　　　　英語版（朝日祥之）
　　　中国語版（簡月真）　　　　　　韓国語版（李舜炯）

　大学などでの授業における開講期間に対応できるように、全体で90のテーマを配
置して、時限ごとに扱えるような配慮をしました（ex. 3テーマ×30コマ＝90テーマ）。

　この図集をステップとして、国内外において当該分野における研究者が今後とも
数多く育っていくことを祈ってやみません。

2021.9.1

編者一同

Preface

　With its development, sociolinguistics has become a popular subject of under-
graduate and postgraduate studies at universities around the world.

　This book is a new edition of *Sociolinguistics Illustrated*. Akiyama Publishing Co.
released the last two editions. In this new one, we have critically reviewed sociolin-
guistic works and selected the most relevant material for each research topic.

　We decided to add explanations in Korean, together with Japanese, English, and
Chinese. The editors in each language are listed below. Prof. Daniel Long provided
professional and editorial assistance for the English text.

　　　Japanese: Shinji Sanada　　　English: Yoshiyuki Asahi
　　　Chinese: Yuehchen Chien　　　Korean: Soonhyeong Lee

　To facilitate its use in university courses, we have organized the book into 90 sec-
tions; we sincerely hope that it will cultivate young sociolinguists in the future.

September 1, 2021

Editors

前　言

　　近年來，各大學紛紛開設「社會語言學」課程。為因應此需求，本書重新編修原由秋山書店出版的《社會語言學圖集》，並加入韓文解說。本修訂版針對社會語言學各領域之研究議題，挑選相關研究資料，以圖表方式呈現，並附加日文、英文、中文（繁體字）、韓文的簡要解說。各語言解說負責人如下。關於資料選取、英文版解說，感謝 Daniel Long 的協助。

　　　　日文版（真田信治）　　　　英文版（朝日祥之）
　　　　中文版（簡月真）　　　　　韓文版（李舜炯）

　　為配合學年授課時數，本修訂版特別設定 90 個主題，使每週課程能完整探討 3 個主題（例：3 主題 ×30 週＝ 90 主題）。

　　衷心期盼本圖集之出刊，有助於海內外培育出眾多優秀的研究人才。

2021.9.1

編者敬致

머리말

　　최근 대학교를 비롯한 교육기관에서 「사회언어학」이 수업 과목으로 신설되는 일이 많아졌습니다. 본 저서는 이러한 수업 과목으로 신설되는 사회언어학 이해를 위한 교재로서, 아키야마서점(秋山書店)에서 출판한 『社会言語学図集』의 내용을 승계하는 방식으로 한국어 해설을 추가하여 새로이 「신판」으로 수정·편집한 것입니다. 사회언어학의 각 영역을 주제별로 분류하고 각 주제를 뒷받침할 수 있는 데이터를 새로운 관점에서 엄선한 뒤, 도표의 형태로 수록하고, 일본어를 바탕으로 영어, 중국어(번체자), 그리고 한국어로 해설을 덧붙였습니다.

　　각 언어의 해설 담당자는 다음과 같습니다. 또 데이터 선별 및 영어판 해설에 관해서 다니엘 롱교수의 도움을 받았습니다.

　　　　일본어판 (사나다 신지 : 真田信治)　　　영어판 (아사히 요시유키 : 朝日祥之)
　　　　중국어판 (치엔 유에첸 : 簡月真)　　　　한국어판 (이 순형 : 李舜炯)

　　대학교 등에서 수업 기간에 맞추어 진행할 수 있도록 전체 90개의 주제를 선정하여 정해진 시간에 따라 다룰 수 있게 배려하였습니다.(ex. 3주제× 30교시= 90주제)

　　앞으로 본 도해집을 발판으로 국내외 사회언어학 분야 연구자가 많이 육성되기를 바라 마지않습니다.

2021.9.1

편집자 일동

目 次

Contents

目 錄

목차

新版 社会言語学図集

－日本語・英語・中国語・韓国語解説－

(Japanese Sociolinguistics Illustrated New Edition)

（新版 社會語言學圖集）

（신판 사회언어학 도해집）

1 社会言語学の研究分野

- I 方法論
- II 言語変種（地域的変異・属性とことば・手話）
- III 言語行動（ことばの切換え・コミュニケーション・対人関係の調整）
- IV 言語生活（言語活動の領域・スピーチコミュニティ・ことばと文化）
- V 言語接触（外来語・接触言語・方言接触）
- VI 言語変化（共通語化と新方言・ことばのゆれ・移住とことば）
- VII 言語意識（ことばへの態度・ことばのイメージ・アイデンティティ）
- VIII 言語習得（言語形成期・第一言語・第二言語）
- IX 言語計画（席次計画・実体計画・習得計画）

参考文献　◆真田信治編(2006)『社会言語学の展望』くろしお出版

1 Fields of Sociolinguistics

- I Methodology
- II Language Varieties: differences in speech according to age, sex, social class
- III Language Behavior: codeswitching, politeness, communicative behavior
- IV Language Life: language and the cultural environment, naming
- V Language Contact: loanwords, polyglossia, neo-dialect
- VI Language Change: "common-Japanization", language shift in migrants
- VII Language Consciousness: language attitudes, language norms
- VIII Language Acquisition: second language learning, interlanguage
- IX Language Planning: status planning, corpus planning, acquisition planning

Reference　◆Sanada, S. (ed.) (2006) *Shakagengogaku no Tenbô*. Kuroshio Shuppan.

1 社會語言學的研究分野

- I 方法論
- II 語言變種（區域性變異、屬性與語言、手語）
- III 語言行動（語碼轉換、溝通、人際關係的調整）
- IV 語言生活（語言活動的領域、語言社群、語言與文化）
- V 語言接觸（借詞、接觸語言、方言接觸）
- VI 語言變化（共通語化與新方言、語言變異、移居與語言）
- VII 語言意識（語言態度、語言印象、認同）
- VIII 語言習得（語言形成期、第一語言、第二語言）
- IX 語言規劃（地位規劃、本體規劃、習得規劃）

參考文獻 ◆真田信治編（2006）《社会言語学の展望》くろしお出版

1 사회언어학의 연구분야

- I 방법론
- II 언어변종(지역적 변이, 속성과 언어, 수어)
- III 언어행동(코드변환, 의사전달, 대인관계 조정)
- IV 언어생활(언어활동 영역, 언어공동체, 언어와 문화)
- V 언어접촉(외래어, 접촉언어, 방언접촉)
- VI 언어변화(공통어화와 신방언, 언어 변이, 이주와 언어)
- VII 언어의식(언어태도, 언어 이미지, 언어 정체성)
- VIII 언어습득(언어 형성기, 제1언어, 제2언어)
- IX 언어계획(지위계획, 자료계획, 교육계획)

참고문헌 ◆ 사나다 신지 (真田信治：2006)『社会言語学の展望』くろしお出版

2 研究の時代的推移

　図は、20世紀の日本における社会言語学研究文献の年次ごとの発表点数を5年きざみで平均した結果を示したものである。

　まず指摘されることは、1950年代から次第に増加してきた発表物の数が、1960年代に入ると停滞して、逆にやや下降線をたどりはじめていることである。この1960年代は、ちょうどアメリカ（U.S.）において sociolinguistics が勃興しつつあった時期に当たっているわけで、その対照が注目されるのである。

　Aは、国立国語研究所による社会言語学的調査の結果の報告書『言語生活の実態―白河市および附近の農村における―』が刊行された年である。

　Bは、やはり国立国語研究所による会話分析の結果の報告書『待遇表現の実態―松江24時間調査資料から―』が刊行された年である。

　1970年代からは発表物の数が急激に増加し、1980年代の前半にピークに達する。1970年代以降の動向は、明らかに欧米の sociolinguistics からのインパクトによるものである。

参考文献　◆真田信治編（2003）『20世紀の日本社会言語学研究文献リスト』（CD-ROM版）大阪大学21世紀COEプログラム成果報告書

2　A Sketch History of Sociolinguistic Works

　The graph charts the number of sociolinguistic studies in the 20th century in every 5 years over a period of four decades. "A" marks the National Language Research Institute's (NLRI) 1951 Shirakawa Survey, and "B" the NLRI's 1971 24-Hour Matsue Survey. Although research in sociolinguistics was widespread in Japan in the 1950's and '60's (and extent even in the pre-war period), it was during the '70's that the number of publications on sociolinguistics increased sharply. This increase may be accredited in large part to the influence of American and (later) British sociolinguistics.

Reference　◆Sanada, S. (ed.) (2003) *20seiki no Nihon Shakaigengogaku Kenkyu Bnken Risuto (CD-ROM)*. A COE Research Activities Report at Osaka University, Osaka.

2 社會語言學研究的時代推移

　　圖顯示 20 世紀日本社會語言學相關論文數量每隔五年的統計。從圖可看出，1950 年代論文發表數呈增加趨勢，但 1960 年代後則開始停滯並些微下降。1960 年代正是美國社會語言學研究逐漸興起的時期，日本與美國的對照值得注意。

　　圖中的 A 為日本國立國語研究所社會語言學調查成果報告書《語言生活之實態—白河市及其附近農村—》的發行年。B 則為國立國語研究所的言談分析調查成果報告書《待遇表現之實態—松江 24 小時調查資料—》的出版年。如圖所示，論文發表數自 1970 年代起急速增加，1980 年代前期抵達高峰。1970 年代之後的日本社會語言學動向明顯受到歐美社會語言學研究的刺激。

參考文獻 ◆真田信治編（2003）《20世紀の日本社会言語学研究文献リスト》（CD-ROM版）大阪大学21世紀COEプログラム成果報告書

2 연구의 시대적 추이

　　그림은 20세기 일본의 사회언어학 연구문헌의 연차별 발표 업적 수를 5년 단위로 평균한 결과를 나타낸 것이다.

　　우선 눈에 띄는 것은 1950년부터 점차로 증가되어 온 발표 업적 수가 1960년대에 들어서면서 정체되어 반대로 다소 하강선을 그리고 있다는 것이다. 이 1960년대는 때마침 미국(U.S.)에서 사회언어학(sociolinguistics)이 붐을 일으킨 시기에 해당하기도 하여 그 대조가 주목된다.

　　그림의 A지점은 국립국어연구소의 사회언어학적 조사 결과보고서인 『언어생활의 실태 - 시라가와시(白河市) 및 인근 농촌에 있어서 -』가 간행된 해이다.

　　그림의 B지점은 역시 국립국어연구소의 회화 분석 결과보고서인 『대우표현의 실태 - 마쓰에(松江) 24시간 조사 자료를 중심으로 -』가 간행된 해이다.

　　1970년대부터는 발표 업적 수가 급격히 증가하여, 1980년대 전반에 극에 다다르게 되었다. 1970년대 이후의 사회언어학적 연구 동향은 확실히 구미(歐美) 사회언어학에서 영향을 받은 것으로 볼 수 있다.

참고문헌 ◆사나다 신지 편（真田信治編：2003）『20世紀の日本社会言語学研究文献リスト』（CD-ROM版）大阪大学21世紀COEプログラム成果報告書

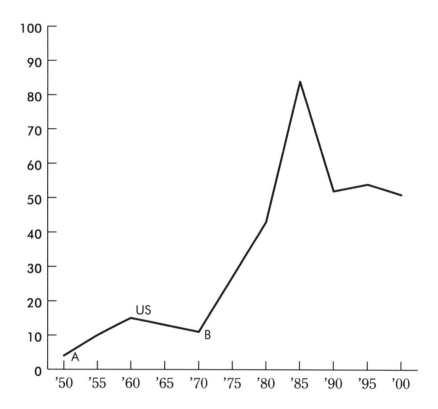

【 研究の時代的推移 】

3 研究領域（日米韓の比較）

　欧米と韓国における、研究領域ごとの研究文献の比率を、日本での研究分野に対応させて計数した結果である。

　欧米では、どの研究分野にも同量の研究文献が存在し、バランスがとれていると言えそうである。日本との比較において言えば、日本側が「言語習得」と「言語計画」の分野で研究が少ないのに対して、欧米側は日本側とはまったく逆に「言語変化」と「言語意識」に関する研究が比較的少ないことが指摘される。

　一方、韓国では、政策にかかわる「言語計画」の研究が圧倒的に多い。しかし、「方法論」に関する研究は少ない。

参考文献 ◆井出祥子・金丸芙美 (1986)「欧米の社会言語学の動向—二つのジャーナルの分析から—」『日本語学』5-12
◆任榮哲 (1994)「韓国の社会言語学—日本との比較を中心に」『日本語学』13-10

3 Research Areas:
A Comparison between Japan, Korea and the West

　The graphs use a Japanese division of the fields of sociolinguistics to show the differences in the amounts of publications in Japan, Korea, and the West (U.S. and Europe). We see a rather balanced output of publication in the West. Japan has less activity in the fields of Language Acquisition and Language Planning than the West. Conversely, the West has fewer publications in language change and language consciousness. With Korean sociolinguistics, we see an overwhelming emphasis on Language Planning, with few publications on Methodology.

Reference ◆Ide, S., Kanemaru F. (1986) Obei no shakaigengogaku no dôkô: Futatsu no jânaru no bunseki kara. *Nihongogaku* 5-12

3 研究領域(日美韓之比較)

　　本圖依照日本社會語言學研究領域之分類法，統計歐美與韓國的論文數量。
　　如圖所示，歐美研究文獻在各領域比率均衡。日本較少關於「語言習得」及
「語言規劃」的研究，而歐美較無「語言變化」及「語言意識」相關研究，韓國則偏
重與政策密切關聯的「語言規劃」，但較無「方法論」相關研究。

參考文獻　◆井出祥子・金丸芙美 (1986)〈欧米の社会言語学の動向―二つのジャーナルの分析か
ら―〉《日本語学》5-12
◆任榮哲 (1994)〈韓国の社会言語学―日本との比較を中心に〉《日本語学》13-10

---

3 연구영역 (한·미·일의 비교)

　　그림은 구미(歐美)와 한국의 연구영역별 사회언어학 연구문헌 비율을 일본에 대
응시켜 계산한 결과이다.
　　구미(歐美)에서는 모든 연구분야에서 치우침없이 비슷한 연구문헌이 존재하기
때문에 밸런스가 맞춰져 있다고 할 수 있다. 일본과 비교해 보면 일본측은 「언어습
득」과 「언어계획」 분야의 연구가 적은데 비해, 구미(歐美)측은 일본과는 반대로
「언어변화」와 「언어의식」에 관한 연구가 비교적 적다는 것을 알 수 있다.
　　한편, 한국에서는 언어정책과 관련한 「언어계획」 연구가 압도적으로 많은 반면,
「방법론」에 관한 연구는 적다.

참고문헌　◆이데 사치코·가네마루 후미 (井出祥子·金丸芙美: 1986)「欧米の社会言語学の動向―二つの
ジャーナルの分析から―」『日本語学』5-12
◆임 영철 (任榮哲:1994)「韓国の社会言語学―日本との比較を中心に」『日本語学』13-10

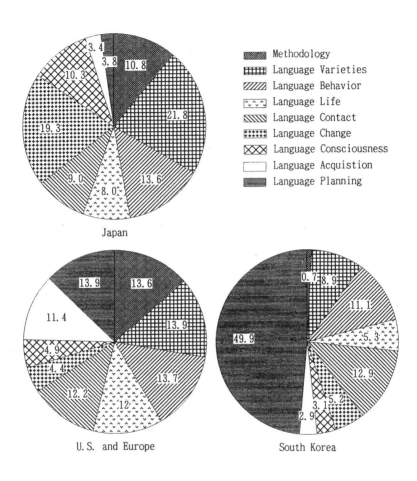

▨	Methodology
▤	Language Varieties
▨	Language Behavior
∿	Language Life
▧	Language Contact
▦	Language Change
⊠	Language Consciousness
▢	Language Acquistion
▦	Language Planning

Japan

U.S. and Europe

South Korea

【 研究領域 (日米韓の比較) 】

4 方言区画

　言語が地理的にいくつかの方言に分かれるとき、それぞれの方言が使われている領域のことを「方言区画」と呼ぶ。しかし、現実には、ある地点から他の地点へ進むにつれて少しずつことばが違ってくるのであって、町や村の間にはっきりとした方言の境界線を引くことはなかなか難しいのである。また、無数の言語事実のどの特徴を重視するかによって区画の立て方も違ってくる。

　区画設定の方法についてはいくつかの論があるが、その多くは、言語をまずいくつかの方言に大きく分類し、それぞれの方言について、さらに下位の区分を行うといったように、大分類から小分類への手順で進められている。

　日本語の具体的な区画については、これまでさまざまな案が出されているが、ここではまず、アクセント・音韻・文法・語彙の諸事象を総合的に捉えて設定された、東條操の最終的区画案を示す。

参考文献　◆東條操(1954)「国語の方言区画」『日本方言学』吉川弘文館

4　Dialect Division

　Dialect division refers to the classification of regional dialects based on the distinguishing features of all linguistic categories, and the presentation of such divisions on a map. In reality, however, dialects change gradually from one location to another. It is often extremely difficult to determine dialect boundaries between one town/village and the next. In addition, since the classification of a dialect depends on what dialectologists want to emphasize to elucidate differences among dialects, the determination of what it is that constitutes a dialect is, in itself, problematic.

　Several theories regarding dialect division start by dividing a language into large regions and then subdivide them into increasingly smaller regions, moving from larger to smaller dialect boundaries.

　Several different proposed divisions of Japanese dialects have been published, with that of Misao Tôjô's being based on a composite of pitch accent, phonology, grammar, and lexical features.

Reference　◆Tôjô, Misao (1954) Kokugo no hôgen-kukaku. *Nihon Hôgengaku*. Yoshikawa Kôbunkan.

4 方言區劃

　　當一語言因地理因素分化為數個方言時，我們稱各方言的使用領域為「方言區劃」。然而實際上，從某地點移動到其他地點時，語言亦隨之產生些微變化，因此很難在城鎮或村落間畫出明確的方言界線。而且，如果我們重視不同的語言特徵，畫出來的界線也會有所不同。

　　關於方言區劃的設定方法雖有幾種不同看法，不過絕大部分都先將語言粗分為幾個方言，再針對各方言進行次分類。即採用由大分類推展至小分類的手法。截止目前為止，學界出現不少日語方言區劃相關提案。在此僅介紹東條操（1954）將重音、音韻、文法、詞彙等各層次之分布統整後所繪出的最終方言區劃分類圖。

參考文獻　◆東條操（1954）〈国語の方言区画〉《日本方言学》吉川弘文館

4 방언구획

　　언어가 몇 개의 방언으로 나뉠 때, 각각의 방언이 사용되고 있는 영역을 「방언구획」이라고 부른다. 그러나 현실적으로는 어떤 한 지점에서 다른 지점으로 이동함에 따라 조금씩 언어가 달라지는 것이지, 정(町)·촌(村) 사이에 구획선을 그을 수 있을 정도로 뚜렷한 방언 차이가 존재하는 것은 아니다. 또 무수히 많은 언어 사실 중에서 어떤 특징을 중시하는 가에 따라 구획 방법이 달라지기도 한다.

　　구획 설정 방법에 대해서는 몇 가지 관점이 있는데, 그 대부분은 언어를 우선 몇 개의 방언으로 크게 분류하고, 각각의 방언을 다시 하위 구분하는 절차를 따른다.

　　일본어의 구체적인 구획과 관련하여 지금까지 다양한 제안이 있었지만, 여기에서는 우선 액센트, 음운, 문법, 어휘 등의 제요소를 종합적으로 파악하여 설정된 도조 미사오(東條 操)의 최종적 구획안을 제시한다.

참고문헌　◆도조 미사오 （東條操:1954）「国語の方言区画」『日本方言学』吉川弘文館

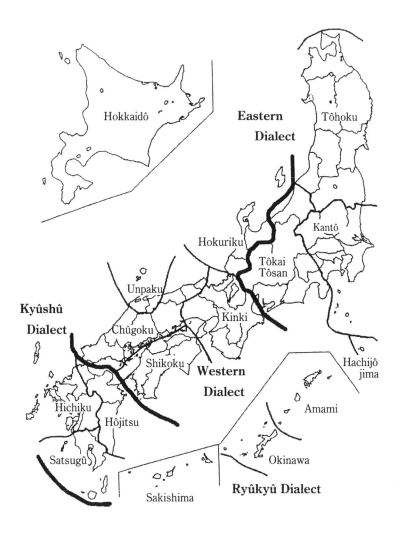

Hokkaidô

Eastern
Dialect

Tôhoku

Kantô

Hokuriku

Tôkai
Tôsan

Unpaku

Kyûshû
Dialect

Kinki

Chûgoku

Shikoku

Western
Dialect

Hachijô
jima

Hichiku

Amami

Hôjitsu

Satsugû

Okinawa

Ryûkyû Dialect

Sakishima

【 方言区画 】

5 方言イメージによる区画

全国7つの大学の学生550名を対象として、方言のイメージについてのアンケート調査を実施し、その資料の分析に基づいて地域区分を試みた結果である。多変量解析を用いて、地域ごとの「知的イメージ」「情的イメージ」の評価を算出した。

東北六県は北海道とはっきり区切られる。また、東中部（新潟・長野・山梨・静岡・愛知）と西中国（広島・山口）も周囲と区切られる。西日本では近畿と四国が連続し、九州との間に大きな境界がある。東中国（岡山・鳥取・島根）と西中部（岐阜・富山・石川）は関西に近く位置づけられる。

そして、知的・情的イメージによって「東京弁」「東北弁」「関西弁」「北関東（栃木・茨城）弁、九州弁」の4つの型（および中立的な「東中部弁」）が抽出される。これらは、地理的に離れていても、同じイメージでとらえられる地域なのである。

参考文献 ◆井上史雄(1983)「方言イメージ多変量解析による方言区画」『現代方言学の課題 第1巻 社会的研究篇』明治書院

5 Dialect Divisions based on Dialect Images

The map shows a proposed geographical division scheme by Inoue, based on his dialect image questionnaire surveys of 500 students at 7 colleges in different regions of Japan. Multivariate analysis gave him two factors which he interpreted as being "intellectual image" and "emotional image".

The 6 prefectures of Tôhoku and Hokkaidô are clearly differentiated. Eastern Chûbu (including the prefectures of Niigata, Nagano, Yamanashi, Shizuoka and Aichi) and western Chûgoku (including Hiroshima and Yamaguchi) are also separated from surrounding areas. In western Japan, Kinki and Shikoku form a continuum, but are set off from Kyûshû by a large boundary. In addition, the eastern areas of Chûgoku (Okayama, Tottori, and Shimane) and the western areas of Chûbu show similarities to Kinki.

Reference ◆Inoue, Fumio (1983) Hôgen imêji tahenryô kaiseki ni yoru hôgen kukaku. *Gendai Hôgengaku no Kadai I Shakaiteki Kenkyûhen.* Meiji Shoin.

5 依印象之方言區劃

　　井上史雄（1983）以問卷方式調查日本全國七所大學550位學生對方言的印象，並根據調查結果繪製方言區劃，且利用「多變量解析（Multivariate analysis）」計算每個區域的「知性形象」與「感性形象」。

　　結果顯示，東北地區六縣與北海道明顯不同。中部地區東部（新潟、長野、山梨、靜岡、愛知）及中國地區西部（廣島、山口）亦與周邊地區明顯區隔。而在日本西部，近畿與四國呈現連續分佈，但與九州有明顯的界線。中國地區東部（岡山、鳥取、島根）與中部地區西部（歧阜、富山、石川）則與關西相近。

　　根據「知性形象」與「感性形象」分析，可歸納出「東京腔」「東北腔」「關西腔」「北關東（栃木、茨城）腔、九州腔」等四類型（以及中立的「東中部腔」）。此些類型非關地理位置之遠近，而是以印象之異同劃分而得。

參考文獻 ◆井上史雄（1983）〈方言イメージ多変量解析による方言区画〉《現代方言学の課題　第1巻　社会的研究篇》明治書院

5 방언 이미지에 따른 구획

　전국 7개 대학교에 재학중인 대학생550명을 대상으로, 방언이미지에 대한 앙케트 조사를 실시하였다. 그리고 앙케트 조사 결과를 분석하여 지역 구분을 시도, 다변량해석을 사용하여 지역별로「지적 이미지」와「정적 이미지」의 평가를 산출하였다.

　도호쿠(東北) 지방의 6현은 홋카이도(北海道)와는 확연히 구분지을 수 있다. 또 히가시추부(東中部：니가타(新潟)・나가노(長野)・야마나시(山梨)・시즈오카(静岡)・아이치(愛知))와 니시추고쿠(西中国：히로시마(広島)・야마구치(山口))도 주위와 구분지을 수 있다. 서일본(西日本)에서는 긴키(近畿)와 주고쿠(中国)가 연속해 있고, 규슈(九州)와는 큰 경계를 이룬다. 히가시추고쿠(東中国：오카야마(岡山)・돗토리(鳥取)・시마네(島根))와 니시추부(기후(岐阜)・도야마(富山)・이시카와(石川))는 간사이(関西)에 인접해 있다.

　그리고 지적・정적 이미지에 따라「도쿄 방언(東京弁)」「도호쿠 방언(東北弁)」「간사이 방언(関西弁)」「기타간토 방언(北関東：도치기(栃木)・이바라기(茨城), 규슈 방언(九州弁)」의 4가지 유형(및 중립적인「히가시추부 방언(東中部弁)」)이 추출된다. 이들은 지리적으로 떨어져 있어도 같은 방언 이미지를 지니는 지역이다.

참고문헌 ◆이노우에 후미오 (井上史雄：1983)「方言イメージ多変量解釈による方言区画」『現代方言学課題　第1巻　社会的研究篇』明治書院

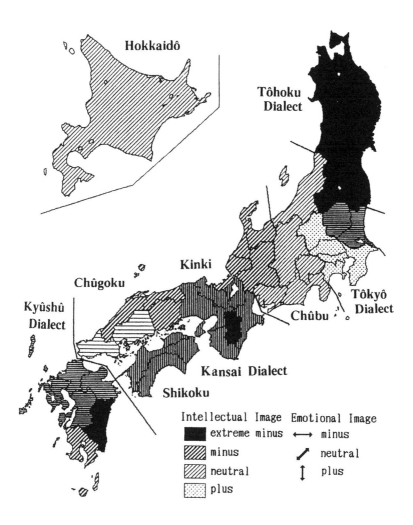

Hokkaidô

Tôhoku
Dialect

Kinki

Chûgoku

Tôkyô
Dialect

Kyûshû
Dialect

Chûbu

Kansai Dialect

Shikoku

Intellectual Image   Emotional Image

■	extreme minus	←→	minus
▨	minus	↗	neutral
▧	neutral	↕	plus
⋰	plus		

【 方言イメージによる区画 】

6 標準語形の分布率

『日本言語地図』のなかから抽出した 82 項目の、それぞれの分布図について、プロットされている 2400 地点のうち、標準語形が出現している地点をすべて数えた。そして、各都道府県ごとに、全対象地点数に対する標準語形の出現地点数の割合（標準語形分布率）を算出した。なお、伊豆諸島は東京都だが、ここでは島嶼部として、独立させて扱った。

図は、全項目を総合して各都道府県ごとの平均分布率をまとめ、それの全国順位をつけたものである。この分布傾向を見ると、全国的な地域差が明確にとらえられる。すなわち、標準語形の分布率は、北海道を別にすれば、関東を中心として、周辺地域に向かうにつれてしだいに低くなっていることが分かるのである。

参考文献　◆河西秀早子(1981)「標準語形の全国的分布」『言語生活』354

6 The Geographical Location of Standard Japanese Lexical Forms

Kasai selected 82 items from the LAJ(Linguistic Atlas of Japan for NLRI) and counted the number of locations (out of the total of 2400) which had responded with a Standard Japanese form when interviewed. She calculated the percentage of the Standard-using locations for each prefecture in Japan. (The Izu Islands, which are administratively part of Tokyo prefecture, were treated separately.)

The diagram shows the percentages for each prefecture in descending order. In the map at the bottom, percentages were grouped into 5 levels. We can see that, aside from the newly-settled northern island of Hokkaidô, Standard Japanese lexemes are used most in the Kantô dialects and decrease with the distance from Kantô.

Reference　◆Kasai, Hisako (1981) Hyôjun gokei no zenkokuteki bunpu. *Gengo Seikatsu* 354

6 標準語形式的分佈率

　　河西秀早子（1981）從《日本言語地図》選出 82 個項目的語言地圖，依據各項目中 2400 個地點計算標準語形式出現的數量，並統計各都、道、府、縣的標準語形式分布率。不過，「伊豆諸島」隷屬東京都，但在此將其視為島嶼，獨立計算。

　　本圖綜合所有項目，統計各都、道、府、縣的標準語形式平均分布率，並排序全國高低順位。從分布趨勢可明確地掌握日本全國的區域性差異。暫且不論北海道的分布，從本圖可看出，以關東為中心，標準語形式分布率愈往周邊地區愈低。

參考文獻　◆河西秀早子 (1981)〈標準語形の全国的分布〉《言語生活》354

6 표준어형의 분포율

　　『일본언어지도(日本言語地図)』에서 추출한 82항목 각각의 분포도에 대해서 지도에 표시되어 있는 2,400개 지점 가운데 표준어형이 출현한 지점을 모두 계산하였다. 그리고 각 도도부현(都道府県)별로 전체 대상지점 수에 대한 표준어형이 출현하는 지점 수의 비율(표준어형 분포율)을 산출하였다. 또한 이즈제도(伊豆諸島)는 도쿄도(東京都)이지만 여기에서는 도서부(島嶼部)로 독립시켜 취급하였다.

　　그림은 전 항목을 종합하여 각 도도부현(都道府県)별 평균 분포율을 정리하고, 다시 전국 순위를 매긴 것이다. 이 분포 경향을 보면, 전국적인 지역 차이가 명확이 드러난다. 즉 홋카이도(北海道)를 제외하면, 간토(関東)를 중심으로 주변 지역으로 이동해 감에 따라 표준어형의 분포율이 점차 낮아지는 것을 알 수 있다.

참고문헌　◆가사이 히사코（河西秀早子：1981）「標準語系の全国的分布」『言語生活』354

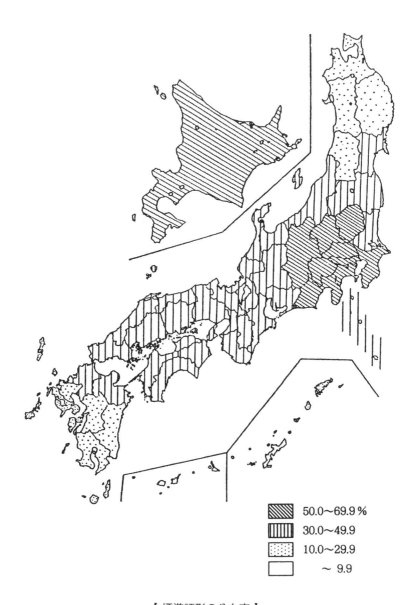

▨	50.0〜69.9 %
▥	30.0〜49.9
⠿	10.0〜29.9
☐	〜 9.9

【 標準語形の分布率 】

7 | 階層差と言語変種

　保守的な、特に農村の諸方言（社会階層の最下位の集団と結びついた古風な変種）は、互いに重なり合いながら地理的に移行帯をなしている。方言のつながりを「方言連続体（dialect continuum）」と言う。これはそれぞれの非標準的な諸方言が類似性という鎖で結ばれたものと言えるが、その連鎖の両端の方言同士を比べると大変に異なっている。

　ところが、社会組織という点から見ると、その状況はかなり違う。一番上の社会階層の話し手たちは標準英語と呼ばれる方言を使っているからである。標準英語は、イギリスのどこへ行ってもほんのわずかな違いしかないのである。この状況は図のように示すことができる。上層の人たちは地域変異のまったくない容認発音（Received Pronunciation, RP と略す）で話している。一方、下層の人たちは地域差の大きい非標準変種の訛で話している。たとえば、最上層の人たちはみな、headache という同じ語を使い、その語を同じ RP 形の [hédɪk] で発音する。これに対して、最下層の人たちは、skullache, head-wark, head-warch, sore head など、さまざまな語を使用し、それぞれの語の発音も出身地に応じて異なっている。

参考文献　◆Trudgill, Peter (1974) *Sociolinguistics: An Introduction to Language and Society*. Penguin Books.

7　Language Varieties and Class Differences

　Traditional, conservative dialects, particularly those in rural areas often flow into one another, forming what is called a dialect continuum. The dialects form a link in a chain, and while the dialects at opposite ends of the chain are quite different, two neighboring dialects are generally quite similar. This geographical differentiation however, tends to be more accentuated in the lower social classes than it is in the higher ones as shown in the graph.

　For instance, those who are in upper social classes use 'headache,' with the pronunciation [hédɪk] while those are in lower social classes employ other words such as 'skullache,' 'head-wark,' 'head-warch,' and 'sore head.' Their pronunciation differs from one region to another.

Reference　◆Trudgill, Peter (1974) *Sociolinguistics: An Introduction to Language and Society*. Penguin Books.

7 階級差異與語言變種

　　保守的地方方言，尤其是農村方言（與社會最低階層息息相關的古老變種）之間彼此交疊，形成地理上的連續現象，此即所謂的「方言連續體（dialect continuum）」。方言間的「相似性」如同鎖鏈般地將各地區方言連結，但鎖鏈兩端的方言間卻呈現極度的差異。

　　然而，若從社會組織的觀點看地區方言的差異，則呈現截然不同的現象。因為處於最上層社會階級的人使用標準英語，而標準英語無論在英國何處皆僅有些許的差異。如圖所示，上層階級使用完全沒有地區變異的標準發音（Received Pronunciation, 簡稱 RP），而下層階級則使用地區差異極大的非標準變種的地方腔調。舉例而言，最上層階級的人皆使用「headache」，並以 RP 的 [hédɪk] 發音，但最下層階級的人則使用 skullache、head-wark、sore head 等各種不同的詞，且其發音亦依出生地不同而有所差異。

參考文獻　◆ Trudgill, Peter (1974) *Sociolinguistics: An Introduction to Language and Society.* Penguin Books.

---

7 계층 차이와 언어변종

　　보수적인 지역, 특히 농촌 지역의 방언(사회계층의 최하위 집단과 연결된 고풍스러운 변종)은 서로 겹치면서 지리적으로 점이대(漸移帶)를 이루고 있다. 방언의 연결을 「방언 연속체(dialect continuum)」라고 한다. 이것은 각각의 비표준인인 대부분의 방언이 유사성이라는 사실로 묶여진 것이라고는 하지만, 그 연결 사슬의 양극단에 있는 방언들을 비교하면 상당히 다르다. 특히 사회조직이라는 점에서 보면 그 상황은 큰 차이가 있다. 가장 위쪽의 사회계층에 위치하는 화자들이 표준 영어라고 부르는 방언을 사용하기 때문이다. 표준 영어는 영국의 어디를 가든지 극히 미비한 차이밖에 보이질 않는다. 이러한 상황은 그림과 같이 나타낼 수가 있다. 상층부에 위치하는 사람들은 지역 변이가 전혀 없는 용인발음(Received Pronunciation, RP)으로 말한다. 한편, 하층부에 위치하는 사람들은 지역 차이가 큰 비표준 변종 사투리로 말한다.

　　예를 들면 최상층에 속하는 사람들은 모두 'headache' 라는 단어를 사용하며 RP형인 [hédɪk]로 발음한다. 이에 비해, 최하층 사람들은 'skullache', 'head-wark', 'head-warch', 'sore head' 등 다양한 단어를 사용하며, 출신지에 따라 발음도 제각기 다르다.

참고문헌　◆ 피터 트러드길(Trudgill, Peter:1974) *Sociolinguistics: An Introduction to Language and Society.* Penguin Books.

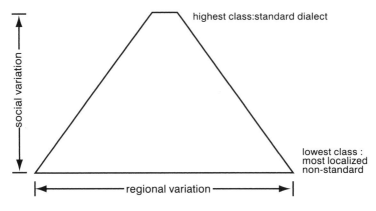

highest class:standard dialect

social variation

lowest class :
most localized
non-standard

regional variation

Social and regional dialect variation

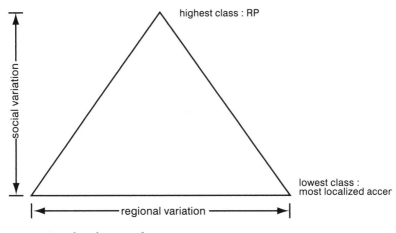

highest class : RP

social variation

lowest class :
most localized accer

regional variation

Social and regional accent variation

【 階層差と言語変種 】

8 階層差と言語使用態度

　ニューヨークでの居住者を、４つの社会階級（上流中産／下流中産／労働者／下層）に分け、この４つの階級と母音の直後の /r/ の有無の関係を、次の５つのスピーチスタイルについて調査した結果である。

(1) くだけたスタイル　(2) 慎重なスタイル　(3) パラグラフの朗読スタイル
(4) 単語のリストの音読スタイル　(5) 最小対立語（たとえば guard[gɑːrd] と god[gɑd] の音読スタイル

　図によれば、下流中産階級の人たちは、他の階級の人たちに比べて、スピーチスタイルが改まるのに応じて、威信ある /r/ の発音へ急激に移行している。つまり、ことばづかいをあまり意識しない、くだけたスピーチスタイルでは、下流中産階級の人たちは、上流中産階級の人たちほど威信形 /r/ を発音しないが、スピーチスタイルが改まるにつれて、彼らはことばづかいに注意を払い、/r/ をきちんと発音しようと意識し、結果、上流中産階級の人たちを凌ぐことになる。この理由としては、彼らの強い上昇志向態度があげられる。自分たちの置かれている不安定な社会的地位に不満があり、より高い地位を求めて、威信ある標準的な発音を身に付けようと熱心に努力するため、と考えられる。

参考文献　◆Labov, William (1972) *Sociolinguistic Patterns.* University of Pennsylvania Press.

| 8　Speech Styles, Social Class and Linguistic Variables

　The graph shows index scores for the realization of the postvocalic /r/ in four social classes (upper middle class, lower middle class, working class and lower class) in New York City. Close attention was paid to stylistic variation; five contextual styles were differentiated:

　(1) free conversation, (2) responding to the questions of the surveyor, (3) reading a paragraph aloud, (4) reading a list of words aloud, (5) reading aloud minimal pairs such as "guard" and "god"

　The data reveal two trends. One is for the speakers to use the standard [r] pronunciation more often in the careful speech styles. The other is for speakers in the higher social classes to use [r] more often. An exception to this is the lower middle class, which surpasses the levels of the upper middle class. It is thought that these lower middle class speakers used [r] more because they were trying to emulate the prestigious pronunciation of speakers in higher social classes, but they are actually using [r] even more than is necessary in order to sound like upper middle class speakers. Thus this is hypercorrection.

Reference ◆Labov, William (1972) *Sociolinguistic Patterns*. Philadelphia: University of Pennsylvania Press.

8　階層差異與語言使用態度

　　羅勃夫（Labov）將紐約居民分為四個社會階級（中上／中下／勞工／下層），調查五種語言體裁（speech style）的發音，並分析階級差異與母音後 /r/ 發音有無之關連性。五種語言體裁分別為：（1）輕鬆體裁，（2）慎重體裁，（3）文章段落朗讀體裁，（4）詞彙表朗讀體裁，（5）最小差異對偶詞（例如 guard[gɑːrd] 與 god[gɑd]）朗讀體裁。

　　從圖中可看出，中下階級（lower middle class）有別於其他階級，隨著語言體裁正式度提昇，使用 /r/ 的頻率急速增加。換言之，中下階級在輕鬆體裁中使用具社會威信發音 /r/ 的頻率較中上階級（upper middle class）低，但隨著語言體裁正式度提昇，其特別留意自己的發音，以致 /r/ 的使用頻率超越了中上階級。研究結果推測，這是因為他們具強烈向上追求社會地位的態度所致。中下階級對於自己處於不穩定的社會地位感到不滿，為追求更高的社會地位，便努力學習具社會威信的標準發音。模仿中上階級的結果，中下階級使用 /r/ 的頻率反而高出中上流級，這可視為一種矯枉過正的現象。

參考文獻　◆Labov, William (1972) *Sociolinguistic Patterns*. Philadelphia: University of Pennsylvania Press.

8　계층 차이와 언어사용 태도

　　그림은 뉴욕에서 거주하는 사람들을 4개의 사회계층(상류 중산 / 하류 중산 / 노동자 / 하층)으로 나누고, 이 4개의 계층과 모음 바로 다음에 나타나는 /r/ 발음의 사용 유무를 다음 5개의 스피치 스타일(어투)로 조사한 결과이다.

　　(1)격의없는 어투 (2)격식차린 어투 (3)(패러그래프의)낭독 어투 (4)어휘 목록에 수록된 단어 발음 어투 (5)발음의 최소대립쌍이 강조된 발음 어투(예를 들면 guard[gaːrd] 와 god[god] 의 음독 스타일)

　　그림에 따르면 하류 중산계층에 속하는 사람들은 다른 계층에 속하는 사람들에 비해 격식차린 대화를 하며, 대화가 진행될수록 위신있는 /r/ 을 사용하는 쪽으로 발음이 급격히 이행해 가는 것을 알 수 있다. 즉, 말투를 그다지 의식하지 않는, 격의없는 어투에서는 하류 중산계층 사람들은 상류 중산계층에 속하는 사람들만큼 위신형 /r/ 을 발음하지 않지만, 격식차린 대화로 갈수록 어투에 주의를 하여 /r/ 을 정확히 발음하려고 의식한다. 그 결과, 상류 중산계층 사람들을 능가하게 된다. 그 이유로서는 하류 중산계층에 속하는 사람들의 강한 향상심을 들 수 있다. 자신들의 불안정한 사회적 지위에서 벗어나 보다 높은 지위를 추구하며 위신을 세울 수 있는 표준적인 발음을 익히고자 열심히 노력하기 때문이다.

참고문헌　◆윌리엄 라보프(Labov, William:1972) *Sociolinguistic Patterns*. Philadelphia: University of Pennsylvania press.

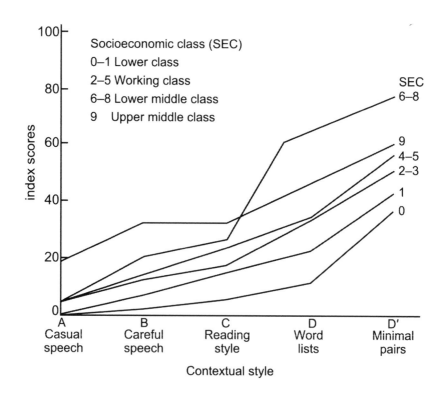

【 階層差と言語使用態度 】

9 | 敬語運用の階層差

　富山県五箇山郷の一集落の構成員全員を相互に対象にして、「どこへ行くか」と相手に行き先をたずねる時の「行く」に対応する形式を、リーグ戦方式で調査した結果である。図において、話し相手の側をよく見ると、敬意の度合いの最も高い形式イカッサルで表現される人物にｎ家の人物が多いことが分かる。すなわちイカッサルとイキャルとの使い分けを規定しているのは"家"ではないかと考えられるのである。

　この集落では、ｎ家、ｔ家、ａ家、ｕ家が血縁関係にあり、この中でｎ家が本家として優位に立っている。一方、ｊ家、ｋ家は、この集落のどの家とも相互に血縁関係を持ってはいない。したがって、この運用は、各家の社会的地位とかかわってなされていることが認められるのである。

　逆に話し手側に目を移すと、イカッサルは女性が比較的多用することが分かる。すなわち、女性が男性に比べて、より高い待遇価値を持つ語を多く使用する傾向が認められるのである。これは"家"の中での女性の地位ともかかわっていよう。

参考文献　◆Sanada, Shinji (1993) The dynamics of honorific behavior in a rural community in Japan. *Multilingua* 12-1

9　Social Class Differences in the Use of Honorifics

　The graph shows interview data regarding *iku* (go) in the expression *doko e iku ka* (where are you going?) towards all members of a small community in Gokayama, Toyama. A close look at the choice of variants shows that it is often the "n" household to whom the highest honorific form, *ikassaru*, is employed by other community members. The factor of "household" plays a role in determining the variant; i.e. *ikassaru* or *ikyaru*.

　In this community, the "n," "t," "a," and "u" households belong to the same family. The "n" household has historically occupied a very high social position in this village. However, the "j" and "k" households do not belong to any family in this community. Therefore, the honorific behavior in this community is characterized by the social status of each household.

　The graph also shows that the highest honorific form, *ikassaru*, is favored by female speakers. It shows that female speakers tend to prefer higher honorific forms to male speaker. This would have a lot to do with the status of females in the household.

Reference　◆Sanada, Shinji (1993) The dynamics of honorific behavior in a rural community in Japan. *Multilingua* 12-1

9 階級差異與敬語運用

本圖顯示以富山縣五箇山鄉的一個村落居民進行全數調查所得結果。針對句子「どこへ行く(你要去哪裡?)」的動詞「行く(iku,去)」進行訪談,結果發現聽者(listeners)中被以具最高敬意的形式「ikassaru」對話的以 n 家最多。換言之,敬語的選用取決於門戶之間的地位關係。

在這個村落,n 家、t 家、a 家以及 u 家之間具血緣關係,其中又以本家的 n 家地位最為崇高;j 家、k 家則與村落裡任何一戶人家皆無血緣關係。我們可以說:敬語的使用與每戶人家之間的社會地位息息相關。

而從說話者(speakers)的使用則可發現,女性大多使用「ikassaru」。換言之,女性比男性較常使用敬意高的詞彙。此現象應源自女性在「家」中的地位較低之故。

參考文獻　◆Sanada, Shinji (1993) The dynamics of honorific behavior in a rural community in Japan. *Multilingua* 12-1

---

9 경어운용의 계층 차이

그림은 도야마현(富山県) 고가야마(五箇山)의 어느 한 마을에 거주하는 주민들 전원을 상호 대상으로 「どこへ行くか: doko e ikuka(어디에 가는가)」라고 상대방에게 행선지를 물을 때, 「行く: iku(가다)」에 대응하는 표현 형식을 리그전 방식으로 조사한 결과를 나타낸 것이다. 그림에서 대화 상대방을 자세히 보면, 경의의 정도가 가장 높은 형식인「イカッサル: ikassaru(가시다)」로 표현되는 인물에 "n" 가계(家系)의 인물이 많은 것을 알 수 있다. 즉, 이 마을에서는「イカッサル: ikassaru(가시다)」와 「イキャル: ikyaru(가시다)」의 사용을 구분하는 규정은 "가계(家系)"로 삼고 있는 듯하다.

이 마을에서는 "n" 가계, "t" 가계, "a" 가계, "u" 가계가 혈연관계에 있고, 이 가운데 "n" 가계가 본가로서 우위에 서 있다. 한편, "j" 가계, "k" 가계는 이 마을의 어느 가계와도 서로 혈연관계를 맺고 있지 않다. 따라서 이 운용은 각 가계의 사회적 지위와 관계가 있음을 알 수 있다.

반대로 화자측으로 눈을 돌리면 「イカッサル: ikassaru(가시다)」는 비교적 여성이 많이 사용하는 것을 알 수 있다. 즉, 여성이 남성에 비해 보다 높은 대우 가치를 지니는 말을 많이 사용하는 경향을 보이는 것이다. 이것은 가계(家系)내에서 차지하는 여성의 지위와도 관련이 있을 것으로 생각된다.

참고문헌　◆사나다 신지(Sanada, Shinji:1993) The dynamics of honorific behavior in a rural community in Japan. *Multilingua* 12-1.

'Where are you going?' (Individuals are identified by a letter indicating the household to which they belong, followed by their age.)

Speakers

Listeners

Listeners \ Speakers	u88 F	k86 M	n84 M	k83 F	n73 F	u66 F	j65 F	k58 M	t52 M	t52 F	a48 M	a46 F	n44 M	j43 M	n43 F	k43 F	j39 F	t33 M	t27 F	n22 M	a21 M	t19 F	k17 F	j16 F	k15 M	j14 F
u 88 F	—	○	○	○	○	○	○	○	○	○	○	○	○	○	○	○	○	○	○	○	○	<	○	<	○	<
k 86 M	○	—	○	○	○	○	○	○	○	○	○	○	○	○	○	○	○	○	○	○	○	<	○	<	○	<
n 84 M	●	●	—	○	●	●	●	●	●	●	●	●	●	●	●	●	●	●	●	●	●	<	○	<	○	<
k 83 F	○	*	○	—	○	○	○	○	○	○	○	○	○	○	○	○	○	○	○	○	○	<	○	<	○	<
n 73 F	●	●	○	●	—	●	●	●	●	●	●	●	●	●	●	●	●	●	●	●	●	<	○	<	○	<
u 66 F	○	○	○	○	○	—	○	○	○	○	○	○	○	○	○	○	○	○	○	○	○	<	○	<	○	<
j 65 F	○	○	○	○	○	○	—	○	○	○	○	○	○	○	○	○	○	○	○	○	○	<	○	<	○	<
k 58 M	○	*	○	○	○	○	○	—	○	○	○	○	○	○	○	○	○	○	○	○	○	<	○	<	○	<
t 52 M	○	○	○	○	○	○	○	○	—	●	○	●	○	●	○	●	○	●	○	●	○	<	○	<	○	<
t 52 F	○	○	○	○	○	○	○	○	*	—	●	○	●	○	●	○	○	●	○	●	○	<	○	<	○	<
a 48 M	●	○	●	●	●	●	○	●	○	●	—	●	●	●	●	○	○	●	○	<	●	*	●	<	<	<
a 46 F	●	○	●	●	●	○	○	●	○	●	*	—	○	●	●	●	<	○	<	<	*	<	<	<	<	<
n 44 M	●	●	○	●	●	●	●	●	●	●	●	●	—	●	●	●	<	○	*	●	<	<	<	<	<	<
j 43 M	○	○	○	○	○	○	○	○	○	○	○	●	○	—	●	○	<	○	<	●	<	<	<	<	<	<
n 43 F	●	●	●	●	●	●	●	●	●	●	●	○	*	●	—	<	<	<	*	●	<	<	<	<	<	<
k 43 F	○	○	○	○	○	○	○	○	○	○	*	○	○	○	○	—	○	○	○	○	<	○	<	○	<	<
j 39 F	○	○	○	○	○	○	○	○	○	○	○	○	○	*	○	○	—	○	○	○	<	○	<	○	<	<
t 33 M	●	●	●	●	●	○	○	●	●	●	●	○	○	○	○	*	○	—	<	<	<	<	<	<	<	<
t 27 F	*	○	○	○	○	○	○	○	*	*	*	<	○	○	○	<	○	<	—	<	<	*	<	*	<	*
n 22 M	○	*	*	*	*	○	●	●	*	*	●	*	<	*	<	*	<	<	*	—	*	<	<	*	<	*
a 21 M	○	*	*	○	○	<	●	*	*	<	*	*	*	●	<	<	<	*	<	<	—	<	*	*	<	*
t 19 F	*	*	*	*	*	*	○	*	*	*	*	<	*	<	○	<	<	<	○	<	<	—	<	*	<	*
k 17 F	*	*	*	*	*	*	*	*	*	*	*	*	*	*	*	*	*	*	*	*	*	*	—	<	*	*
j 16 F	*	*	*	*	*	*	*	*	*	*	*	*	*	*	*	*	*	*	*	*	*	*	*	—	*	*
k 15 M	*	*	*	*	*	*	*	*	*	*	*	*	*	*	*	*	*	*	*	*	*	*	*	*	—	*
j 14 F	*	*	*	*	*	*	*	*	*	*	*	*	*	*	*	*	*	*	*	*	*	*	*	*	*	—

● ikassaru (High Honorific)
○ ikyaru (Honorific)
< ikareru (New Honorific)
* iku (Neutral)

M = male
F = female

【 敬語運用の階層差 】

10 | 年齢差と地域差

　新潟県糸魚川市早川谷におけるグロットグラム（年齢×地点図）である。「じゃがいも」を表す形式の分布が示されている。A 方向が下流域、Z 方向が上流域である。下流域のゴロイモの類と上流域のジョーショイモの類の対立が見える。

　ゴロイモの類の中では、ゴロザイモが中流域から上流域にかけて若年層で勢力がなく等語線は傾いている。ゴロサクは地点 B から F にかけて目立っている。ジョーショイモの類ではジョーシュイモが老年層に多いが、さしてきわだってはいない。

　これらの在来語形に代る新形はジャガイモであり、その侵入状況は下流域でやや顕著である。しかし、上流域の地点 Q から V あたりでもジャガイモが優勢である。したがって、在来語形がゴロイモであるかジョーショイモであるかは、ジャガイモの侵入に影響を与えてはいない、ということになる。

参考文献　◆徳川宗賢(1993)『方言地理学の展開』ひつじ書房

10　Age Differences and Geographical Differences

　The graph is a glottogram from Itoigawa city (in Niigata prefecture). A glottogram plots the age of informants with their geographical location in order to visualize the spatial spread (in apparent time) of a linguistic feature. Here we see the distribution in apparent time of the form *jagaimo* 'potato'. The letter A represents the downstream direction of this valley; the letter Z is upstream. We see an opposition between the *goroimo* forms (downstream and *jôshoimo* forms (upstream)).

　We see that the *goroimo* forms are loosing ground with the younger speakers of the upstream areas. This is visually evident because of the diagonal tilt of the isogloss in the graph. *jôshuimo* is found largely, though not exclusively, among older speakers.

　The new form which is replacing these traditional dialect forms is the standard Japanese form *jagaimo*. The standard form is more widespread at the far upstream and far downstream ends of the graph showing that it is spreading into both the areas formerly occupied by *goroimo* and by *jôshoimo*.

Reference　◆Tokugawa, Munemasa (1993) *Hôgen Chirigaku no Tenkai.* Hitsuji Shobô.

10　年齡差異與地域性差異

　　右圖乃關於新潟縣系魚川市早川谷「jagaimo（馬鈴薯）」一詞的「年齡 × 地點語言分布圖（glottogram）」。圖中 A 的方向為下游，Z 為上游。我們可以清楚看出下游流域 goroimo 類（以○△▽標示）和上游流域 jôshoimo 類（●■）的對立狀況。

　　goroimo 類中的 gorozaimo，從中游到上游幾乎不被年輕世代使用，等語線呈現傾斜現象。而 gorosaku 從地點 B 到 F 則非常顯著。jôshoimo 類的 jôshuimo 則多為年長者所使用，但並不特別明顯。

　　這些固有用詞漸為新詞 jagaimo 所取代，尤其下游最為顯著。不過，上游的 Q 到 V 附近 jagaimo 亦占優勢。因此可得知：不論固有用詞是 goroimo 還是 jôshoimo，並不影響 jagaimo 入侵的程度。

參考文獻　◆德川宗賢（1993）《方言地理学の展開》ひつじ書房

10　연령차와 지역차

　　그림은 니가타현(新潟県) 이토이가와시(糸魚川市) 하야카와타니(早川谷)의 글로토그램(glottogram : 연령차×지역)으로, 「じゃがいも : jagaimo(감자)」를 의미하는 다양한 형식의 분포를 나타낸 것이다. A방향이 하류지역, Z 방향이 상류지역이다. 하류지역의 「ゴロイモ : goroimo 류」와 상류지역의 「ジョーショイモ : jôshoimo 류」의 대립이 보인다.

　　「ゴロイモ : goroimo 류」중에서는 「ゴロザイモ : gorozaimo」가 중류지역에서 상류지역에 걸쳐 신세대층의 사용 비율이 약세를 보이며, 등어선(等語線)은 기울어져 있는 것을 알 수 있다. 「ゴロサク : gorosaku」는 지점 B 에서 F 에 걸쳐 사용 비율이 두드러진다. 「ジョーショイモ : jôshoimo 류」에서는 「ジョーシュイモ : jôshuimo」를 사용한 노년층이 많지만 사용 비율이 결코 두드러진 것은 아니다.

　　이들 재래어형을 대신하는 신형은 「ジャガイモ : jagaimo」이고, 그 침투 상황은 하류지역에서 다소 두드러진다. 그러나 상류지역의 지점 Q부터 V부근에서도 「ジャガイモ : jagaimo」의 사용 비율이 우세하다. 따라서 재래어형이 「ゴロイモ : goroimo」인지, 「ジョーショイモ : jôshoimo」인지는 「ジャガイモ : jagaimo」의 출현에 영향을 주지 않았다고 할 수 있다.

참고문헌　◆도쿠가와 무네마사 (德川宗賢 : 1993) 『方言地理学の展開』ひつじ書房

Terms for "potato"

○ goroimo, goro, natsugoro	● jôshoimo, jôsho	N no answer
△ gorozaimo, gorozaimu	■ jôshuimo	
▽ gorosaku	— jagaimo	

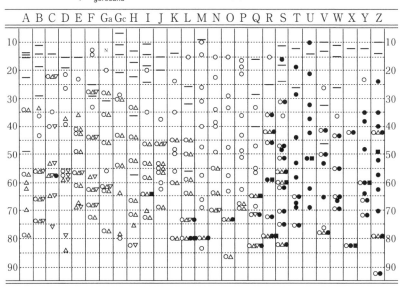

【 年齢差と地域差 】

11 年齢差と性差

いわゆる "ら抜きことば" の大阪市での実態である。「起きることができる」ということを新形のオキレルで表現する人は30代以上では男性の方により多いことが認められるのに対して、20代以下では反対に女性の方により多く用いられていることが認められる。この逆転現象はいったい何によるものだろうか。標準形を好むはずの女性が誤用とされているオキレルを多用するのはなぜだろうか。見方を変えれば、女性が多く使用しているということは、その語形が誤用だとは思われていないからである。つまり、若い女性はオキレルを非標準形とは考えず、標準形と考えているということになる。

　男性によってまず取り込まれ、広まり、多数派となったオキレルを、女性が標準と考えて使用し始めた結果、ますますオキレルの普及に拍車がかかったのであろう。

参考文献　◆井上文子(1991)「男女の違いから見たことばの世代差」『月刊日本語』4-6

11 Age Differences and Gender Differences in Potential Expressions

Among some speakers of Japanese, the potential form -rareru in expressions such as oki-rareru ('can wake up') is being replaced by the innovative form -reru. The graph shows the percentage of this innovative form. We see that the usage of this innovative morphological form is increasing among younger speakers. Males lead the innovation among speakers up to their 30's, but a crossover occurs with the females taking the lead among the youngest groups. One possible explanation for this crossover effect is that, as the form becomes more and more commonplace, it begins to sound more "correct" among the more standard-conscious female speakers. In other words, whereas older women have considered the innovative form non-standard and thus been reluctant to use it, younger female speakers may actually think of this new innovative form as the "correct" form and thus use it even more than males of the same age group.

Reference ◆ Inoue, Fumiko (1991) Danjo no chigai kara mita kotoba no sedaisa. *Gekkan Nihongo* 4-6

11 年齡差異與性別差異

　　圖顯示大阪市內「ら抜きことば（ranukikotoba，省略 ra 的詞）」之使用現況。日語表可能的動詞「起得來、能起來」傳統為「oki-rareru」，但使用省略 ra 的新形式「oki-reru」的人逐漸增加。從圖中我們可以看出，30 歲以上使用「oki-reru」的主要為男性，而 20 歲以下則以女性居多。此逆轉現象是如何產生的呢？通常較喜好使用標準形式的女性為何會使用被認為是錯誤的「oki-reru」呢？

　　換個角度思考，我們可以說，女性之所以較常使用「oki-reru」是因為其不被認為是一種錯誤的用法。也就是說，年輕女性認為她們所使用的「oki-reru」是標準形式。原本由男性開始使用的「oki-reru」逐漸普及，甚至被女性視為標準形式。如此一來，應該會加快「oki-reru」普及的速度。

參考文獻　◆井上文子 (1991)〈男女の違いから見たことばの世代差〉《月刊日本語》4-6

---

11 연령차와 성차

　　그림은 오사카시(大阪市)에서 사용되는 이른바 「ら: -ra 가 빠진 말」의 사용 실태를 나타낸 것이다. 「일어날 수 있다」는 것을 의미하는 표현 형식 「起きることができる: Okiru kotoga dekiru」의 새로운 표현 형식으로 「起きれる: okireru」를 사용하는 사람이 30대 이상에서 남성이 여성보다 많은 반면, 20대 이하에서는 여성이 남성보다 많은 것을 알 수 있다. 이러한 현상이 일어나는 이유는 도대체 무엇일까? 표준형을 선호할 것으로 예상되는 여성이 오용(誤用)으로 여겨지는 「起きれる: okireru」를 선호하는 이유는 도대체 무엇일까? 관점을 달리하면 여성이 많이 사용하고 있다는 것은 여성들이 그 어형을 오용(誤用)으로 생각하지 않기 때문일 것이다. 즉 젊은 여성은 「起きれる: okireru」를 비표준형으로 생각하지 않고 표준형으로 생각하는 것이다.

　　남성이 먼저 받아들이고 보급시킨 결과, 다수파가 된 「起きれる: okireru」를 여성들도 점차 표준형으로 생각하고 보급한 것이다.

참고문헌　◆이노우에 후미코 (井上文子：1991)「男女の違いから見たことばの世代差」『月刊日本語』4-6

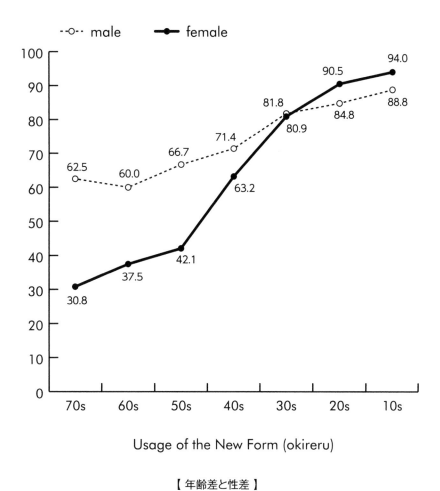

【 年齢差と性差 】

Usage of the New Form (okireru)

12 学校用語

　学校の授業などにかかわる表現（「学校用語」）には地域特有のものがさまざまに存在している。それはその用語の多くが、仲間うちの、いわばスラングとして発生したものだからである。スラングには、その集団のメンバーの連帯感や互いの仲間意識を確認するといった機能がある。

　「放課後」ではなく、「休み時間」一般のことをホーカ（「放課」）と言うのは名古屋の周辺だけである。データは、1995年6月から12月にかけて、各地の大学の学生を対象にアンケート調査をして得られた結果である。

　文化祭などでの発表に使う、いわゆる「模造紙」のことをビーシと言うのもまた名古屋の周辺だけである。なお、富山県ではガンピシ、香川県、愛媛県、沖縄県ではトリノコヨーシと言う。その他の地域はモゾーシである。

　体育館で履く靴、いわゆる「体育館シューズ」をカンバキと言うのは東京を中心とした関東地方である。

参考文献　◆高橋顕志・井上史雄(1996)『気づかない方言・全国分布図』私家版

12　School Slang

　Regional differences exist in the expressions used in schools. In fact, most of those expressions were coined as 'slang,' as they were used among close friends. Slang functions to strength the membership of the group, and to recognize mutual companionship.

　In Nagoya City *hôka* refers to the 'break between classes,' and not 'after school' as in standard Japanese. The data were obtained through questionnaire surveys of university students in various localities between June and December in 1995.

　Similarly 'poster paper' called *mozôshi* in standard Japanese, is called *bîshi* only in Nagoya. It is also called as *gampishi* in Toyama Prefecture, and *torinokoyôshi* in Kagawa, Ehime, and Okinawa Prefectures. In other areas, the standard Japanese *mozôshi* is used widely.

　It is in the Kantô Region where includes Tokyo as its center, that gymnasium shoes are called *kambaki*.

Reference　◆Takahashi, Kenji and Inoue, Fumio (1996) *Kizukanai Hogen Zenkoku Bumpuzu.* Manuscript

12 學校用詞

　　關於學校生活用詞，日本各地存在地區性特色。因為學校用詞大多來自朋友間的行話（slang）。行話具有加強群體成員之間連帶感以及確認彼此友誼的功能。

　　1995 年 6 月至 12 月在日本各地針對大學生進行問卷調查的結果顯示，只有名古屋周邊地區稱下課休息時間為「放課（hôka）」（其他地區的「放課」是放學後之意）。另外，在大學園遊會等發表場合會使用的「模造紙（mozôshi）」（日式上等紙），僅名古屋周邊地區稱為ビーシ（bîshi），富山縣稱其為ガンピシ（gampishi），香川縣、愛媛縣、沖繩縣稱其為トリノコヨーシ（torinokoyôshi），而其他地區則稱其為モゾーシ（mozôshi）。在體育館穿的「體育館鞋」，只有以東京為主的關東地方稱為カンバキ（kambaki）。

參考文獻　◆高橋顯志・井上史雄 (1996)《気づかない方言・全国分布図》私家版

---

12 학교 용어

　　학교 수업에 관계되는 표현(「학교 용어」)에는 일반적으로 지역 특유의 것이 많이 존재한다. 그것은 용어의 상당수가 또래말인 이른바 「속어(slang)」에서 유래하기 때문이다. 「속어」에는 그 집단 구성원의 연대감이나 상호 연대의식을 확인하는 기능이 있다.

　　「放課後：hôkago」가 방과후의 의미가 아니라, 일반적인 「쉬는 시간」을 나타낼 때 「放課：hôka(방과)」라고 말하는 현상은 나고야(名古屋) 주변에서만 볼 수 있다. 데이터는 1995년 6월부터 12월에 걸쳐 각지의 대학생을 대상으로 앙케트 조사를 해서 얻은 결과이다.

　　학교 축제나 문화축제 행사에 사용하는 이른바 「모조지(模造紙)」를 「모조-시：mozôshi」라 하지 않고, 「ビーシ：bîshi」라고 하는 것도 나고야(名古屋)와 그 주변 지역에서만 볼 수 있는 현상이다. 「모조지(模造紙)」를 도야마현(富山県)에서는 「ガンピシ：gampishi」라고 하고, 가가와현(香川県), 에히메현(愛媛県), 오키나와현(沖縄県)에서는 「トリノコヨーシ：torinokoyôshi」라고 한다. 그 밖의 지역에서는 「モゾーシ：mozôshi」로 불린다.

　　체육관에서 신는 신발, 이른바 「체육관 슈즈」를 도쿄(東京)를 중심으로 한 간토 지방 (関東地方)에서는 「カンバキ：kambaki」라고 부른다.

참고문헌　◆다카하시 겐지·이노우에 후미오 (高橋顕志・井上史雄：1996)『気づかない方言・全国分布図』私家版

言語変種

地域的変種

属性とことば

手話

Use of 'hôka' (recess) at school

● use it as a general term
▲ use it as a short recess
○ no use

【 学校用語 】

13 若者語

　情報化が進む現代社会でもっとも顕著なことの一つは、パソコンやケータイなどの新たな通信媒体が急激に普及したことである。その中でも、ケータイのメール機能を用いたコミュニケーションの広まりが注目される。特に、短大生・大学生の間では、ケータイの普及率はほぼ100%である。

　ここに示したのは、短大生・大学生がメールの冒頭に記す挨拶ことばである。例えば、「おはよう型」「こんにちは型」などは、日常会話での挨拶ことばよりもバラエティに富んでいる。また、「おぱ☆」「おちかれん☆」のように、絵文字を用いる傾向が著しい。単なる文字情報にとどまらず、視覚情報も取り込んだ多様なコミュニケーション行動が特徴なのである。

参考文献　◆井上史雄・荻野綱男・秋月高太郎(2007)『デジタル社会の日本語作法』岩波書店

13　Argot of the Young

　New media such as personal computers, mobile phones, and text messaging services have become widespread rapidly in modern and highly computerized society. In particular, the spread of the communication behaviors by means of text messaging services in the cell phones is outstanding. Among the college and university students, percentage of those who have cell phone reaches up to almost 100%.

　Table is a summary of the greeting expressions at the beginning of the e-mail message by college/university students. As seen in such types as *ohayô* type and *konnichiwa* type, the number of expressions used in each type is much more diverse in the text messages. Along with these characteristics, the use of picture (e.g. ☆) is an outstanding feature. Language behaviors in the text message are realized with both literal and visual information.

Reference　◆Inoue, Fumio; Tsunao, Ogino; Akitsuki Kotaro (2007) *Dejitaru Shakai no Nihongo Saho*. Iwanamishoten.

13 年輕人用詞

　　在資訊傳播普及的現代社會，電腦或手機等通信媒體急速增加，利用手機簡訊進行溝通的現象驟增，大專學生的手機普及率幾乎高達 100%。

　　表顯示大專學生使用手機簡訊時的開頭用詞。我們可以看出，例如「ohayô type（早安型）」、「konnichiwa type（你好型）」的用詞比日常生活中實際使用的招呼用詞更具多樣性。

　　另外，「おぱ（opa）☆」、「おちかれん（ochikaren）☆」等利用圖示代替文字的現象明顯增加。不僅使用文字，亦加入圖像視覺資訊的溝通方式已形成新潮流。

參考文獻　◆井上史雄・荻野綱男・秋月高太郎（2007）《デジタル社会の日本語作法》岩波書店

---

13 신세대어

　　정보화가 진행되는 현대사회에서 가장 현저하게 나타난 현상 중 하나로 컴퓨터나 휴대폰 등의 새로운 통신매체가 급격히 보급된 것을 들 수 있다. 그 가운데에서도 휴대폰에 내장된 메일 기능은 현대인들의 의사전달 확대에 커다란 영향을 미쳤다. 특히 전문대생이나 대학생들은 휴대폰을 거의 100% 소유하고 있다.

　　몇몇 특징적인 것이 있는데, 우선, 전문대생이나 대학생이 일반적으로 메일의 첫머리에 적는 인사말을 들 수 있다. 예를 들어「ohayô(おはよう)형」「konnichiwa(こんにちは)형」등은 일상회화에서 사용되는 인사말보다 그 종류가 매우 다양하다. 또 「opa ☆ (おぱ☆)」「ochikaren ☆(おちかれん☆)」과 같이 그림문자를 사용하는 경향이 현저하게 나타난다. 단순한 문자 정보 전달에 그치지 않고 시각 정보도 가미된 다양한 의사전달 행동이 특징적이다.

참고문헌　◆이노우에 후미오・오기노 쓰나오・아키쓰키 코타로 （井上史雄・荻野綱男・秋月高太郎：2007） 『デジタル社会の日本語作法』岩波書店

おはよう型 *Ohayô* Type	おはよう，おはよ，おはよ〜，おはよーさん，おはよん！， おっは！，おは〜，おっはぁ，おぱ☆
こんにちは型 *Konnichiwa* Type	こんにちは，こんにちわっ，こんにちワン，こんにちワンコ， ちは，チーッス
お元気型 *Ogenki* Type	げんき？，元気ー？，元気してる？，お元コ？
おひさしぶり型 *Ohisashiburi* Type	お久しぶり！，おっ久しぶりぶり〜！，おひさで〜す，おひさ， おひさー，おっ久ぁ〜！，お久なのね〜，ひさびさ〜
お疲れさま型 *Otsukaresama* Type	お疲れさん，おつかれさんさん，おつかれー，おつかれっス， おつかれさまっすぅ〜，おっつー，つかおれ！，おちかれん☆， イッコンニッコンおつかれサンコン
呼びかけ型 *Yobikake* Type	おう！，おす！，うっす，おッス，うぃ〜っす，ういっす， よお，やっほー，やっぽー，やあやあやあ！，にひ☆☆

【 若者語 】

14 手話の特徴

　手話は、時間軸に合わせる形で表現される音声言語とは異なり、空間情報とともに両手や顔の表情も取り込みながら表現する言語である。手の形や位置、動き、手のひらの位置、顔の表情などといった手話単語を構成する要素の組み合わせによって、さまざまな意味が表される。

　ここに示した手話は、「必要」「たんす」を表す手話である。この二つの手話は「手のひらの向き」が内側なのか（「必要」）、上を向くか（「たんす」）によって、意味の弁別がなされるのである。このように、手話単語を構成するそれぞれの異なる意味を持つ複数の要素が同時に作用することで、さまざまな意味を生成することができるのである。

参考文献　◆米川明彦（2005）『手話ということば—もう一つの日本の言語』PHP研究所

14　Linguistic Features of Sign Language

　Sign language uses spatial information, including hands, arms, and facial expressions, as places of articulation. Meanings are made by combinations of these components.

　The data is two sign language words meaning 'necessary' and 'wardrobe.' The meanings of these two sign language words are distinguished by the direction of the palm; both palms pointing inside ('necessary') or above ('wardrobe'). Apart from that, the components of these two sign language words are identical. In this way components of sign language work simultaneously to create a number of meanings.

Reference　◆Yonekawa, Akihiko (2005) *Shuwa to yû kotoba: mô hitotsu no nihon no gengo.* PHP Kenkyûjo.

14　手語的特徵

　　手語和語音語言最大的差異在於，語音語言以時間為主軸表達，而手語則利用空間資訊及臉部表情等方式表達。換言之，手語結合手的形狀、位置、動作、手掌位置以及臉部表情等要素傳達各式各樣的語意。
　　圖中的手語分別表示「必要」、「衣櫥」之意。比較二圖，我們得知手掌朝內為「必要」、手掌向上為「衣櫥」，手掌的方向具語意辨別功能。由此可看出，構成手語單詞的各要素可組成各種不同的語意。

參考文獻　◆米川明彦 (2005)《手話ということば―もう一つの日本の言語》PHP研究所

14　수어의 특징

　　수어(手語, 手話言語)는 시간축에 따라 표현되는 음성언어와는 달리, 공간정보와 함께 양손과 얼굴 표정도 겸하면서 표현하는 언어이다. 손의 모양이나 위치, 움직임, 손바닥의 위치, 얼굴 표정 등의 요소를 조합하여 다양한 의미를 표현한다.
　　그림에서 제시한 수어는 「필요」와 「장농」을 표현한 것이다. 이 두 개의 수어는 「손바닥의 방향」이 안쪽인지(「필요」), 위를 향하는지(「장농」)에 따라, 의미 변별이 이루어진다. 이와 같이 수어 단어를 구성하는 각각의 다른 의미를 지닌 복수의 요소가 동시에 작용하여 다양한 의미가 생성된다.

참고문헌　◆요네가와 아키히코 (米川明彦：2005)『手話ということば―もう一つの日本の言語』PHP研究所

"Necessary"　　　　　　"Wardrobe"

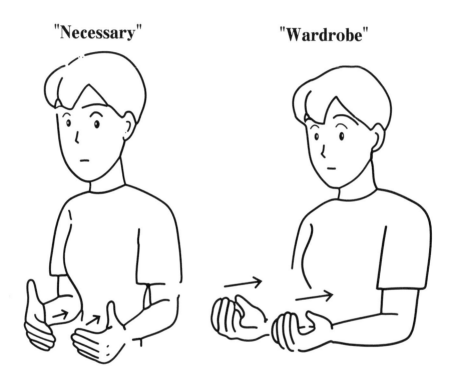

【 手話の特徴 】

15 | 手話の方言

　手話には、音声言語と同じく方言がある。これに加えて年齢・性による違いも存在する。手話もまた実に多様なのである。したがって、出身地の異なる手話使用者が手話によるコミュニケーションを図る際に、コミュニケーションギャップが生じることがある。

　その一例として、「明日」「明後日」を意味する手話の北海道と京都での方言差を取り上げた。北海道、京都とも「明日」は「人差し指」、「明後日」は「人差し指と中指」と共通している。しかしながら、「手の動き方」は北海道では「指を曲げる」のに対し、京都では「指を曲げながら手を前に出す」のである。手話コミュニケーションにおいても、方言差に関する知識が必要となるわけである。

参考文献　◆全国手話通訳問題研究会編（2005）『日本の手話いろいろ①』文理閣

15　Sign Language Dialects

　Like spoken language, sign language has a large degree of regional and social variation. In addition, social networks shape language variation. Therefore, communication gaps are likely to occur in contact situations between sign language users from different backgrounds.

　The data illustrates dialect differences in sign language. It shows the sign language words for 'tomorrow' and 'day after tomorrow' in Hokkaidô and Kyoto. What is common in both dialects is that the index finger is used for tomorrow, and the first and second fingers for 'day after tomorrow.' On the other hand, the 'movement of the hand' differs. Whereas, in the Hokkaidô dialect, the fingers are 'folded,' the hand is pushed outwards with the fingers folded in the Kyôto dialect.

Reference　◆Zenkoku Shuwa Tsuyaku Mondai Kenkyukai (ed.) (2005) *Nihon no Shuwa Iroiro 1*. Bunrikaku.

15 手語方言

手語和語音語言一樣存在地區性方言，同時亦隨年齡與性別不同而有所差異，因此我們可以說手語具多樣性。

不同地區的手語使用者之間利用手語進行溝通時偶有溝通不良之現象發生。舉例而言，北海道和京都的手語「明天」、「後天」不同。雖然兩地皆用「食指」表示「明天」、「食指與中指」表示「後天」，但「手部轉動方式」明顯不同，北海道以「彎曲手指」表示，而京都則以「邊彎曲手指邊將手向前伸出」表示。因此，手語溝通亦需認知方言差異性之存在。

參考文獻 ◆ 全国手話通訳問題研究会編（2005）《日本の手話いろいろ①》文理閣

---

15 수어의 방언

수어(手語)에도 음성언어와 마찬가지로 방언이 있다. 이와 더불어 연령, 성별에 의한 차이도 존재하는 등, 수어의 세계는 실로 다양하다. 따라서 출신지가 서로 다른 수어 사용자가 수어로 의사소통을 하고자 할 때, 상호이해의 부족(communication gap)이 생길 수 있다.

그 일례로서 다음 그림을 보면 「내일」과 「모레」를 의미하는 수어가 홋카이도(北海道)와 교토(京都)에서 제각기 다른 방식으로 표현되는 것을 알 수 있다. 홋카이도(北海道)와 교토(京都)에서는 모두 「내일」은 「검지손가락」, 「모레」는 「검지와 중지」를 사용하는 점에서는 동일하다. 그러나 손을 움직이는 방식은 홋카이도(北海道)에서는 손가락을 굽히는데 반해, 교토(京都)에서는 손가락을 굽히면서 손을 앞으로 내민다. 이러하듯 수어에서도 방언차이가 존재하며 그 방언 차이에 관련한 지식이 필요하다.

참고문헌 ◆ 전국수어통역문제연구회편（全国手話通訳問題研究会編:2005）『日本の手話いろいろ①』文理閣

"Tomorrow"

Hokkaidô　　　　　**Kyôto**

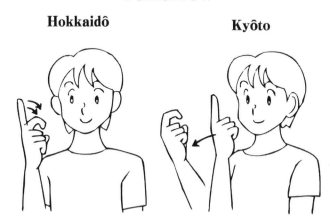

"Day after tomorrow"

Hokkaidô　　　　　**Kyôto**

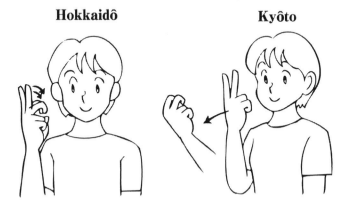

【 手話の方言 】

16 敬語形式選択の属性差

　京都府宮津市での調査（1983-84）の結果である。調査対象は、市内に居住する 15 〜 69 歳の住民の中から、無作為抽出で選び出された 400 名である。

　図は、「あなたが天の橋立を散歩していたところ偶然観光客と親しくなったとします。相手の人があなたとは（　　）の場合、その人に『どこから来たのか』と尋ねるとしたらどう言いますか」という質問をして得られたものである。（　　）には、次の①〜⑥の人物があてはまる。

　　①　10 歳くらい年下の同性　　②　10 歳くらい年下の異性
　　③　同じ年頃の同性　　　　　　④　同じ年頃の異性
　　⑤　10 歳くらい年上の同性　　⑥　10 歳くらい年上の異性

　この質問に対する回答を、待遇表現の形式によって、「A 尊敬語も丁寧語も付加していないもの（キタノン、キタン、キタンヤ、キタンカ）」と「B 尊敬語も丁寧語も付加しているもの（キナッタンデスカ、キハッタンデスカ、コラレマシタカ、ミエマシタカ）」に分け、その使用の状況を話者の性別によって示した。B は、相手の年齢が上がるにつれて使用率が増えるが、A の使用率は逆に減る。そして、女性と男性とでは、使用率の上昇、下降の割合はほぼ並行している。どの場面でも B の出現率は女性の方が一定の割合で高く、A は男性の方が一定の割合で高い。したがって、女性の方が全体的に高い段階の敬語で相手に対していることが明らかである。また、男性の場合、B と A の使用率が「年下・同性」と「年下・異性」の間で逆転していることに注目したい。

参考文献　◆国立国語研究所編（1990）『場面と場面意識』三省堂

16　Male-female Differences in the Choice of Treatment Expressions

　400 residents of Miyazu-city in Kyoto prefecture between the ages of 15 and 69 were chosen by simple random sampling and asked the following question. "You make the acquaintance of a tourist you meet while walking around Amanohashidate (a local tourist spot). In what way would you ask this person where they come from if they were the following?"

　(1) a person the same sex 10 years your junior (2) opposite sex, 10 years your junior (3) same sex, same age (4) opposite sex, same age (5) same sex, 10 years your senior (6) opposite sex, 10 year your senior

　The informants' responses shown here were divided into two groups: group A did not use either honorific or polite expressions, B used both honorific and polite. Predictably, A responses increase with the age of the interlocutor, and B responses decrease. The percentages of both male and female informants both increase and decrease in parallel. Females always favor the more polite strategies than the males. Interestingly, the majority of male respondents prefer the B expressions for all interlocutors except the younger, opposite sex category, where we see the lines crisscross showing a reversal in the typical behavior.

eference ◆The National Institute for Japanese Launguage (1990) *Bamen to Bamen Ishiki.* Sanseidô.

16 敬語形式選擇的屬性差異

在此介紹 1983-84 年於京都府宮津市進行的研究調查結果。受訪者乃自宮津市 15 ～ 69 歲居民中隨機抽選出的 400 人。

訪談問題為：「當您在『天橋立』散步時，偶然與一位觀光客結識。假設您想問對方『你來何方？』當對方是（　）的情況時，您會如何提問呢？」。（　）為下列①～⑥的人物。

① 較自己年幼 10 歲左右之同性　② 較自己年幼 10 歲左右之異性
③ 與自己同年齡之同性　　　　　④ 與自己同年齡之異性
⑤ 較自己年長 10 歲左右之同性　⑥ 較自己年長 10 歲左右之異性

依敬語有無，可將受訪者的回答分為 A、B 兩大類。A 類為「無任何敬語（キタノン、キタン、キタンヤ、キタンカ）」，B 類為「含敬語（キナッタンデスカ、キハッタンデスカ、コラレマシタカ、ミエマシタカ）」。A 類與 B 類使用狀況依性別統計後如圖所示。隨著對方年齡的增加，B 類的使用率增高，而 A 類的使用率則減少。另外，女性與男性於使用率的上昇和下降比率上大致呈現平行的狀態。無論任何場合，B 類的使用率以女性較高，而 A 類的使用率則以男性較高。因此，可得知女性整體而言使用較多敬語。值得注意的是，男性的 B 類和 A 類使用率在「較自己年幼 10 歲左右之同性」與「較自己年幼 10 歲左右之異性」之間呈現逆轉現象。

參考文獻 ◆国立国語研究所編 (1990)《場面と場面意識》三省堂

16 경어 형식 선택의 속성차

교토부(京都府) 미야즈시(宮津市)에서 조사(1983-84)한 경어 형식 선택의 속성차를 보도록 하자. 조사 대상은 시내에 거주하는 15세에서 69세까지의 주민 중에서 무작위로 추출한 400명이다.

다음 그림은 「당신이 Amanohashidate(天の橋立 : 지역 관광명소)를 산책하다가,

우연히 관광객과 친해졌다고 가정하고, 상대가 당신과는 (　)의 경우, 그 사람에게 "어디에서 왔는가"를 어떠한 표현을 사용해서 질문할 것이냐"는 물음에 대한 결과를 나타낸 것이다. (　)에는 다음의 ①~⑥의 인물이 해당한다.

　　① 10세 정도 연하 동성　　② 10세 정도 연하 이성
　　③ 동년배 동성　　　　　　④ 동년배 이성
　　⑤ 10세 정도 연상 동성　　⑥ 10세 정도 연상 이성

이 질문에 대한 응답을 대우 표현 형식에 따라 두 개의 그룹「A : 존경어도 정중어도 부가되지 않은 것 (キタノン : kitanon, キタン : kitan, キタンヤ : kitanya, キタンカ : kitanka)」과, 「B : 존경어와 정중어 모두 부가된 것 (キナッタンデスカ : kinattandesuka, キハッタンデスカ : kihattandesuka, コラレマシタカ : koraremashitaka, ミエマシタカ : miemashitaka)」으로 나누어, 그 사용 상황을 화자의 성별에 따라 나타냈다. B 는 상대의 연령이 올라감에 따라 사용률이 증가하지만, A 의 사용률은 반대로 감소한다. 그리고 그룹별 남녀간 사용률의 상승, 하강의 비율은 거의 병행한다. 모든 장면에서 B 의 출현률은 여성 쪽이 일정 비율로 높고, A 는 남성 쪽이 일정 비율로 높다. 따라서 여성 쪽이 전체적으로 높은 단계의 경어로 상대와 대화하고 있는 것을 알 수 있다. 또 남성은 B 와 A 의 사용률이 「연하·동성」과 「연하·이성」사이에서 역전되는 것에 주목할 필요가 있다.

참고문헌　　◆ 국립국어연구소 편 (国立国語研究所編 : 1990) 『場面と場面意識』三省堂

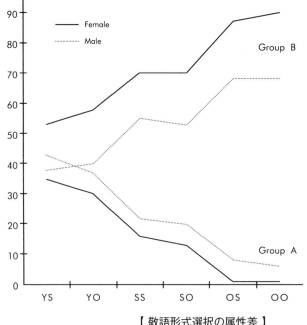

【 敬語形式選択の属性差 】

17 方言形から標準語形への変換

　奈良県大塔村での老年層と若年層の２層を対象とした調査の結果である。
物の値段について、「近所の店で」「大阪での店で」「東京での店で」のそれぞれ
において、たずねる表現形を聞いている。

　表現形はイクラ（標準語形）とナンボの２形であるが、下位場面（「近所の店」）
におけるイクラの使用では若年層が老年層を上回っている。しかし、場面が上位
になるとその状況が逆転する。すなわち、ナンボからイクラへの変換に関しては、
老年層の方が徹底しているわけである。その徹底ぶりは大阪での場合も東京での
場合も区別なくイクラを使用するという点にも現れている。一方、若年層におい
ては切り替えがゆるやかで移行的である。大阪での場合と東京での場合とで切り
替えに若干の相違も認められる。ここに、老年層と若年層の、それぞれの土地に
対する認識と態度の違いがはっきりと現れている。

参考文献　◆真田信治(1996)『地域語のダイナミズム―関西―』おうふう

17　A Switch in Dialectal and Standard Forms

　Young and elderly informants in Ôtô-village in Nara prefecture were asked how
they would ask the price of something at a shop in the neighborhood, in Osaka, and
in Tokyo.

　The two expressions seen are the standard form *ikura* and the dialect form *nan-
bo*. At the most "everyday" level (neighborhood) young informants use the standard
form more than their elderly informants, but this situation is reversed as the loca-
tion shifts to Osaka and Tokyo. The majority of the elderly informants shift from
dialect form to standard form outside of the neighborhood, and they make no dis-
tinction between Osaka (where *nanbo* is dominant) and Tokyo (where *ikura* is dom-
inant). With younger informants, we see smaller degree of the switch from *nanbo*
to *ikura* than elderly informants in all situations. These differences are thought to
reflect the different perceptions that the younger and elderly speakers have of the
three locations.

Reference　◆Sanada, Shinji (1996) *Chiikigo no Dainamizumu: Kansai.* Ôfû.

17　方言形式與標準語形式的切換

此研究以奈良縣大塔村的老年人和年輕人為對象，調查他們在「住家附近的商店」、「大阪的商店」、「東京的商店」等不同地方購物時如何詢問價格。詢價時的用詞有「いくら」(標準語) 和「なんぼ」(方言) 兩種。

在「住家附近的商店」詢價時，年輕人使用「ikura」的比率高於老年人，但在「大阪的商店」「東京的商店」詢價時，狀況則相反。也就是說，隨場合不同將「nanbo」切換為「ikura」的語言行為，老年人執行得比較徹底。老年人無論在大阪或東京，皆僅使用「ikura」。

另一方面，年輕人在方言與標準語的轉換上不如老年人明顯，而且在大阪和東京的語言使用亦有些許不同 (在東京使用 ikura 的比率比大阪高)。由此，我們可以看出老年人和年輕人對上述 3 個地方認知及態度上的差異。

參考文獻　◆真田信治 (1996)《地域語のダイナミズム―関西―》おうふう

17　방언형에서 표준어형으로의 변환

그림은 나라현(奈良県) 오토촌(大塔村)에 거주하는 노년층과 약년층의 두 연령층 발화를 대상으로, 방언형에서 표준어형으로 변환하는 정도를 나타낸 결과이다.

「인근 가게에서」「오사카(大阪)의 가게에서」「도쿄(東京)의 가게에서」라는 서로 다른 세 지점의 가게에서 물건 가격에 대해 어떻게 물을지를 조사하였다.

표현 형식은 「いくら：ikura(표준어형)」와 「なんぼ：nanbo(방언형)」의 두 가지인데, 하위 장면(「인근 가게에서」)에서 「いくら：ikura」의 사용은 약년층이 노년층을 상회한다. 그러나 상위 장면 즉, 오사카와 도쿄일 경우 그 사용 상황이 역전한다. 즉, 노년층은 「なんぼ：nanbo」보다 「いくら：ikura」를 철저히 사용한다. 이것은 오사카나 도쿄할 것 없이 모두 「いくら：ikura」를 사용한다는 점에서도 뒷받침된다. 반면에, 약년층에서는 방언형에서 표준어형으로 변환하는 데 노년층만큼 변환정도가 뚜렷하지 않으며, 오사카와 도쿄에서 다소 차이가 보인다(도쿄의 「ikura」사용 비율은 오사카보다 높음). 여기에서 위의 세 장소에 대한 노년층과 약년층의 인식과 태도 차이를 알 수 있다.

참고문헌　◆사나다 신지 (真田信治：1996)『地域語のダイナミズム―関西―』おうふう

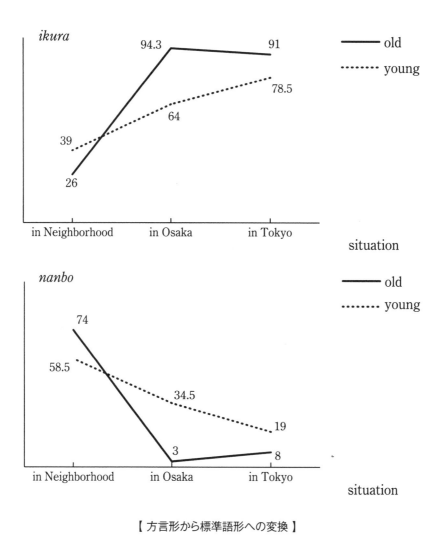

【 方言形から標準語形への変換 】

18 場面と言語変異

　在日韓国・朝鮮人の場面（「話し相手」「状況」）による母国語使用の実態を調べた結果である（日常生活において半分以上母国語を使うと答えた人を対象にしている）。

　「話し相手」では、相手が自分より年上の人あるいは親しい人ほど母国語がよく使われている。彼らの社会では、親を含め年長者に敬意を払うことが特に重要視される。相手の話しやすいことばで話すことが相手への敬意を示すことになるためと考えられる。「状況」では、あいさつ、大勢の前など、社交的な内容になるほど母国語が使われている。二世（日本生まれ）にはその傾向がよりはっきりしており、彼らの社会では、母国語が生活のことばから社交上のことばに変わりつつあるようである。

参考文献　◆生越直樹（1991）「在日韓国・朝鮮人の言語生活」『言語』20-8

18　Situation and Language Variation

　The data shows the differences in language usage by Korean nationals living in Japan, according to the situation. (The data here is limited to those who reported using Korean at least half of the time.)

　There is an increase in the use of Korean with interlocutors who are older than the speaker, and with whom the speaker is close. In Korean society, it is especially important to show respect towards one's elders, including one's parents. It may be considered more polite to use the language which is easier for the listener to understand. As for the situational differences, the use of Korean is more common with broader social functions such as "greetings" and "speaking before large numbers". This tendency is even more noticeable for the Japanese-born second generation speakers, for whom it appears the usage of Korean means shifting from the language of everyday life to a language of "sociability".

Reference　◆Ogoshi, Naoki (1991) Zainichi kankoku chôsenjin no gengo seikatsu. *Gengo* 20-8

18　場合與語言變異

表顯示「在日韓國、朝鮮人」如何隨場合（「對話者」「狀況」）語碼轉換，使用韓語的調查結果。受訪者於日常生活中的語言使用有一半以上為韓語。

如表所示，「對話者」為年長者或熟悉者時，使用韓語與其交談的比率較高。「在日韓國、朝鮮人」社會特別重視對雙親及長者的尊敬，因此以對話者較容易理解的語言交談，被視為表達敬意的方式。另外，在打招呼或眾人面前說話等具社交性質之「狀況」下也會使用母語。這種情形，日本出生的第二代尤其顯見。「在日韓國、朝鮮人」社會中的韓語已逐漸從日常生活語言轉變為社交性語言。

參考文獻　◆生越直樹 (1991)〈在日韓国・朝鮮人の言語生活〉《言語》20-8

18　장면과 언어변이

그래프는 재일 한국・조선인(在日韓国・朝鮮人)의 장면(「대화 상대」와 「상황」)에 따른 모국어 사용 실태를 조사한 결과를 나타낸 것이다(일상생활에서 절반 이상 모국어를 사용한다고 대답한 사람을 대상으로 했다).

「대화 상대」에서 상대가 자신보다 연상이거나 친한 사람일수록 모국어를 많이 사용하는 것을 알 수 있다. 재일 한국・조선인이 속해 있는 사회에서는 부모를 포함한 연장자에게 경의를 표하는 것이 매우 중요하다. 상대가 대화하기 쉬운 말로 말하는 것이 경의를 표하는 것이라 생각하기 때문일 것이다. 「상황」에서는 인사, 많은 사람 앞, 사교적인 내용일수록 모국어가 사용된다. 2세(일본 태생)에게는 그 경향이 더욱더 뚜렷하다. 그들이 속해 있는 사회에서는 모국어가 생활어에서 사교어로 변해가고 있는 듯하다.

참고문헌　◆오고시 나오키(生越直樹:1991)「在日韓国・朝鮮人の言語生活」『言語』20-8

Usage by Interlocuter

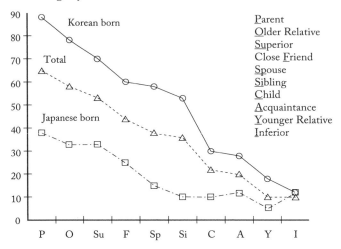

Korean born

Total

Japanese born

Parent
Older Relative
Superior
Close Friend
Spouse
Sibling
Child
Acquaintance
Younger Relative
Inferior

Usage by Situation

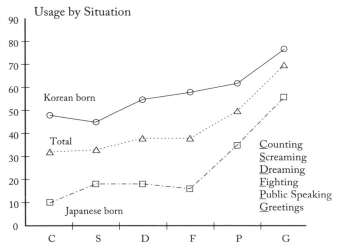

Korean born

Total

Japanese born

Counting
Screaming
Dreaming
Fighting
Public Speaking
Greetings

Data is for informants who use Korean more than half of the time. "No responses were omitted from the data."

【 場面と言語変異 】

19 ドメインと使用言語

　図は台湾でケーススタディ的に7人の高年層を対象に、あらかじめ設定したドメイン（言語使用域）でどのような言語を使用するか、その意識を調べた結果である。調査は日本植民地時代に台湾にもたらされた日本語が現在どのようなドメインで使われているのかを明らかにしようとしたものである。

　フィールドとした農村では、アミ人が約80％占めており、そこに閩南人や客家人が混ざり住んでいるため、異なる言語集団の高年層の間の接触が頻繁に起こっている。インフォーマントの日常生活において日本語の使用（★☆＊※❂❖❖で示している）は図に示すように、

　　(a)〈母語を異にする高年層隣人〉・〈母語を異にする中年層隣人〉・〈買物〉
　　　　といった異なる言語集団の高年層・中年層との接触場面
　　(b)〈配偶者〉・〈兄姉〉・〈弟妹〉のような家族との会話
　　(c)〈祈り〉・〈暗算〉といった心内発話

に見られることがわかる。

　母語を異にする高年層同士の接触場面では、現在の公用語の華語（北京語）が使用できず、その代わりに日本語がリンガフランカとして用いられているのである。また、同世代の間では母語と日本語を混ぜて使うことがあり、特に周りに知られたくない内緒ごとを話すといった隠語としての役割を果たすこともある。心内発話においても日本語が用いられることがあるのである。

参考文献 ◆簡月真（2005）「共通語として生きる台湾日本語の姿」『国文学解釈と鑑賞』70-1

---

19 Domain and Choice of Language(s)

　The figure shows the results of a survey of 7 older generation speakers in Taiwan who were asked to report which language they used in each domain. The survey aimed to investigate to what extent the Japanese language, which was brought to Taiwan during the Japanese occupation (1895-1945), is chosen in various 'domains' in present life.

　In the small village surveyed, 80% of the population are Amis. Southern Min and Hakka also live among them. Contact between older generation speakers of different linguistic backgrounds occurs on a daily basis. According to the data in the figures, Japanese (as shown as ★☆＊※❂❖❖) has the following functions;

　(a) Contact between the older generation and middle age speakers of different linguistic backgrounds as shown in domains such as 'old age neighbors of different linguistic backgrounds,' 'middle age neighbors of different linguis-

tic backgrounds,' and 'shopping.'
(b) Conversations with family members in such domains as 'spouse,' 'elder brothers and sisters,' and 'younger brothers and sisters.'
(c) Mental or internal utterances in such domains as 'prayer' and 'mental arithmetic'

In situations of contact between middle/older generations with different linguistic backgrounds, it is rather often that the official language, i.e. Mandarin, is not chosen. Instead, Japanese language is used as a lingua franca. Also, speakers mix Japanese and their ethnic languages in interactions with other speakers of the same generation. The Japanese language, in this sense, is used as an argot. Even in mental utterances, Japanese is used.

Reference ◆Chien, Yuehchen (2005) Kyôtsûgo toshite Ikiru Taiwan Nihongo no Sugata. *Kokubungaku Kaishaku to Kanshô.* 70-1.

19 領域與語言使用

　　圖乃調查台灣花蓮縣一農村的 7 位年長者內省自己於各個領域（domain）語言使用的結果。受訪者於日常生活中使用日語的領域如下（圖中的★☆＊※❂❖❖）：
　　(a)〈使用不同母語的老年人鄰居〉、〈使用不同母語的中年人鄰居〉、〈購物〉等不同族群的中老年人接觸場合
　　(b)〈配偶〉、〈兄姊〉、〈弟妹〉等家族間對話
　　(c)〈祈禱〉、〈心算〉等內心發話
　　不同族群的中老年人接觸場合，若其中一方或雙方不懂華語，即以日語為共通語（lingua franca）進行溝通。受訪者和同年代談話時，也使用母語摻雜日語，尤其講他們之間的秘密時會使用日語，在此日語扮演著一種「隱語」角色。受訪者於〈祈禱〉和〈心算〉等內心發話時亦會使用日語。

參考文獻 ◆簡月真（2005）〈共通語として生きる台湾日本語の姿〉《国文学解釈と鑑賞》70-1

19 언어사용 영역과 사용언어

　　그림은 타이완(台湾) 화롄현(花蓮県)의 한 농촌을 필드, 사례 연구(Case study) 결과를 나타낸 것이. 7 의 고연령층을 대상으, 미리 설정한 도메인(언어사용 영역)에서 어떻게 언어를 사용하는지 그 의식을 조사한 결과이. 조사 대상자의 일상생활에서 일본어 사용(★☆＊※❂✤으로 나타내고 있다)은 그림에서 보듯, 이하 (a)~(c)와 같이 나타나는 것을 알 수 있.

   (a) <모어를 달리하는 고연령층 이웃>·<모어를 달리하는 중년층 이웃>·<물건사기>라고 하는 서로 다른 언어집단에 속하는 고연령층·중년층과의 접촉장면

   (b) <배우자>·<형제>·<자매>와 같은 가족과의 회화

   (c) <기도>·<암산>과 같은 심내 발화

모어를 달리하는 중년층끼리의 접촉장면에서는 현재의 공용어인 화어(華語:베이징어)가 사용되는 대신에 일본어 링구아 프랑카(lingua franca: 모국어가 다른 사람들이 의사소통을 위해 쓰는 제3의 언어, 국제어)로서 사용된다. 또 동세대끼리는 모어와 일본어를 섞어서 사용하는 경우가 있고, 특히 주변에 알리고 싶지 않은 비밀을 말하기 위해 일본어를 은어(隱語)처럼 사용하는 경우도 있다. 심내 발화에서도 일본어가 사용되는 경우가 있다.

참고문헌　◆치엔 유에첸 （簡月真：2005）「共通語として生きる台湾日本語の姿」『国文学解釈と鑑賞』70-1

話者・EGL・年齢・性 Speaker·EGL·age·sex	配偶 spouse	兄姉 elder brother / sister	弟妹 younger brother / sister	子供 child	孫 grandchild	同高 same ethnic group, elder	異高 different ethnic group, elder	同中 same ethnic group, middle	異中 different ethnic group, middle	同若 same ethnic group, young	異若 different ethnic group, young	祈 pray	暗算 mental arithmetic	買物 shopping
Y　アミ・80・女 Amis・80・Female	☆	○	○	○	◎	○	★	○	❂	◎	●	○	＊	❂
T　アミ・78・男 Amis・78・Male	☆	☆	☆	○	◎	○	★	○	❂	◎	●	☆	＊	❂
K　アミ・69・男 Amis・69・Male	☆			○	◎		❂		❂	◎	●	○		✧
C　閩南・77・男 Southern Min・77・Male	☆	○	○	○	○	☆	★	○	✤	○	◎	○	☆	◐
L　閩南・72・女 Southern Min・72・Female	○	○	○	○	○	○	★	○	◎	○	◎	○		○
S　閩南・70・男 Southern Min・70・Male		☆				○	※		✧	○	◎	○	＊	～
H　客家・70・女 Hakka・70・Female	○	○	○	●	★	○	★	●	●	●	○		●	

*EGLはEthnic Group Languageの略。
EGL is an acronym for Ethnic Group Language.

*表では話者をEGL別に年齢の高い順に並べた。
Speakers are listed in accordance with their EGL and age.

*年齢は2003年現在。
Ages show in the list is of 2003.

凡例 Legend

母語 (ア/閩/客) Mother tongue (ア/閩/客)	○	日>母	＊
北京語 Mandarin	●	日>ア	※
日本語 Japanese	★	北/日	❂
母>北	◎	北/閩	◐
母>日	☆	北/日/ア	✧
		北/日/閩	✤

母: 母語 Mother tongue=(EGL)
ア: アミ語 Amis
閩: 閩南語 Southern Min
北: 北京語 Mandarin
日: 日本語 Japanese
＞: 前者を多用 More frequently used in
／: 併用 Both in use

【 ドメインと使用言語 】

20 | あいづち

　日韓のあいづちの頻度を調べた結果では、全般的に日本人の方が韓国人より多くあいづちを打つことが分かっている。日本人184人、韓国人408人に対し、話し相手と場面によってどのようにあいづちの頻度が変化するかを問うアンケート調査の結果は表のようであった。この表からは、目上に対して、あるいはフォーマルな場面で、日本人のあいづちの頻度は高くなるが、韓国人の場合は逆に低くなること、また、韓国人においては場面差が著しいことが理解できる。さらに、あいづちのイメージについて調査したところ、あいづちを多く打つ人に対する評価では日本人はプラス評価を、韓国人はマイナス評価をするという興味深い結果が得られている。

　なお、1対1の初対面の日本人とインドネシア人日本語学習者の会話を対象に、いつ、どのような機能であいづちを打つのかについて分析した結果は図のようであった。日本人のあいづちは、相手の発話途中での「相手の話を傾聴している(69.4%)」機能で最も多く、発話交替時(26.0%)より3倍近くも多い。一方、インドネシア人日本語学習者のあいづちは、発話交替時での「相手の話に同意している(42.9%)」機能で最も多くなっている。

　このようなコミュニケーション・スタイルの違いは、各文化での丁寧さや親近感に関わる価値観の違いを表している。

参考文献　◆任榮哲・李先敏(1995)「あいづち行動における価値観の韓日比較」『世界の日本語教育』5
　　　　　　◆李舜炯(2017)「日・印尼接触場面における日本語学習者と母語話者のあいづち的反応の機能—発話途中と発話交替時の比較考察—」『東北亜文化研究』53

20　Back Channels

　In general, Koreans are said to show back channels more frequently than Japanese. A survey was conducted with 184 Japanese and 408 Koreans by questionnaire, to investigate how the frequency of back channels change in accordance with interlocutors and situations. Data shows that in formal situations where interlocutors are senior to the speaker, Japanese demonstrate a higher frequency of back channels whereas Koreans tend to de-emphasize their frequency. Koreans also demonstrate clear stylistic differences in this behavior. The survey also asked about the images of the back channels. Results show that Japanese tend to have a more positive assessment towards those who express a number of back channels, while Koreans demonstrated a less positive assessment.

　The data show how back channels between Indonesian learners of Japanese and Japanese native speakers are used in situations of initial contact. Japanese tend to use back channels to signal "listening to the interlocutor" nearly 3 times more

(69.4%) than turn "changes" (26.0%). On the other hand, Indonesian learners of Japanese used them to show "agreeing to the interlocutor" more (42.9%) than other discourse strategies.

These results indicate that communication styles reflect a different sense of values in terms of politeness or intimacy in each culture.

Reference ◆Yim Yeon-chol and Lee Sun Min (1995) Aizuchi kôdô niokeru kachikan no nikkan hikaku. *Sekai no Nihongo Kyôiku* 5.
◆Lee Soonhyeong(2017) Functions of Back-Channels Between Indonesian Learners of Japanese and Japanese Native Speakers in Contact Situations: Contrasting Back Channels Between and Within Utterances *Journal of North-east Asian Cultures* 53.

20 應聲附和

根據調查發現，整體而言日本人比韓國人更常應聲附和（back-channeling）。本研究以問卷方式，調查 184 名日本人與 408 名韓國人隨談話對象及場合，改變應聲附和之頻率。從表中可看出，和上司、長輩對話或在正式場合，日本人應聲附和的頻率變高，而韓國人則變低。而且，韓國人隨著場合不同呈現顯著差異。再者，關於對應聲附和的印象調查研究結果顯示，日本人對應聲附和的印象為正面評價，但韓國人則為負面評價。

另外，圖顯示 1 對 1 初次見面的日本人和印尼人日語學習者於接觸場面的對話，探討其何時、使用什麼樣功能的應聲附和。日本人的應聲附和功能中以表「正在傾聽對方說話（69.4%）」最多，比對話輪替時（26.0%）高近 3 倍。而印尼人日語學習者的應聲附和則以對話輪替時表「同意對方所說的話（42.9%）」之功能最多。

這些溝通模式的差異反應各文化中對於有禮貌、親切感的定義，甚至於價值觀的不同。

參考文獻 ◆任榮哲・李先敏（1995）〈あいづち行動における価値観の韓日比較〉《世界の日本語教育》5
◆李舜炯（2017）〈日・印尼接触場面における日本語学習者と母語話者のあいづち的反応の機能—発話途中と発話交替時の比較考察—〉《東北亜文化研究》53

20 맞장구

한국어와 일본어 맞장구의 빈도 조사에서 전반적으로 일본인이 한국인보다 맞장구를 많이 치는 것으로 나타났다. 실제로 일본인 184명과 한국인 408명을 대상으로 대화 상대와 장면에 따라 어떻게 맞장구의 빈도가 변화하는가를 조사한 앙케트 결과를 보면 다음의 표와 같다. 표에서는 손윗사람에게나 격식차린 장면에서는 일본인의 맞장구 빈도는 높아지지만, 한국인은 상대적으로 낮아진다는 것, 또한 한국인은 격식차린 장면과 격의없는 장면간의 장면차가 현저하게 나타난다는 사실을 알 수 있다. 아울러 맞장구의 이미지에 대한 조사에서는 맞장구를 많이 치는 사람에 대해 일본인은 플러스 평가를 내리는 반면, 한국인은 마이너스 평가를 내린다는 흥미로운 결과도 나왔다.

또, 1대1 첫대면의 일본인과 인도네시아인 일본어학습자의 회화를 대상으로 언제, 어떠한 기능으로 맞장구를 치는지에 대해 분석한 결과는 그림과 같다. 일본인의 맞장구는 상대방의 발화도중에서 「상대방의 이야기를 경청하고 있다(69.4%)」는 기능이 가장 많고, 이것은 발화교체시(26.0%)보다 3배 가까이 더 많다. 한편, 인도네시아인 일본어학습자의 맞장구는 발화교체시에서 「상대방의 이야기에 동의한다 (42.9%)」는 기능이 가장 많다.

이러한 커뮤니케이션 스타일의 차이는 각 문화의 공손함이나 친근함에 관여하는 가치관의 차이를 나타낸다.

참고문헌 ◆ 임영철·이선민 〈任榮哲·李先敏：1995）「あいづち行動における価値観の韓日比較」『世界の日本語教育』5
◆ 이순형 〈李舜炯：2017）「日·印尼接触場面における日本語学習者と母語話者のあいづち的反応の機能─発話途中と発話交替時の比較考察─」『東北亜文化研究』53

		多くなる Increase		変化なし No change		少なくなる Decrease	
		韓国 Korea	日本 Japan	韓国 Korea	日本 Japan	韓国 Korea	日本 Japan
上下関係 Vertical relationship	目上の人に to the senior	18.2	● 61.7	10.6	18.0	● 71.2	20.2
	目下の人に to the junior	34.0	27.3	● 42.2	● 53.6	23.7	19.1
親疎関係 Closeness	親しい close	● 75.9	● 55.5	17.4	24.5	6.6	20.0
	親しくない not close	15.2	27.8	12.3	21.9	● 72.5	● 50.3
公私関係 Formality	フォーマルな場面 formal situations	13.1	● 42.4	17.9	24.5	● 69.0	33.1
	インフォーマルな場面 informatl situations	● 65.2	● 42.0	29.2	34.4	5.6	23.5
性別関係 Gender	異性に対して to the opposite sex	23.4	26.1	● 39.2	● 61.4	37.4	12.5
	同性に対して to the same sex	33.2	26.8	● 61.4	● 68.3	5.4	4.9
意見の賛否 Opinion agreement	同意するとき when to agree	● 76.5	● 87.0	20.3	12.5	3.2	0.5
	反対するとき when to disagree	21.6	14.7	10.8	7.6	● 67.6	● 77.7

注）●印は最高値を示す

NB：● shows the highest score

発話途中

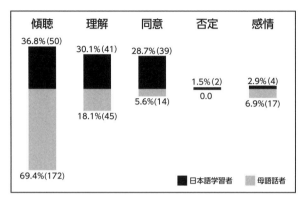

発話交替時

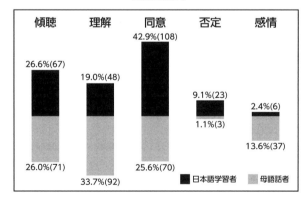

【 あいづち 】

21 | 接客行動のレジスター

　関西圏に存在する営業形態の異なる店舗（Ⅰ.百貨店、Ⅱ.スーパー、Ⅲ.個人商店）において、客（調査者）の質問に対する店員の応答を記録した結果である。「閉店は何時ですか？」に対する回答形「○時〜」における「〜」の部分の表現バラエティには、次のものがあった。

　　A身振りのみ、B「∅」、C「です」、D「になります」、E「でございます」、F「になっております」、G「（まで営業）いたします」、H「（まで営業）いたしております」、I「（まで営業）させていただいてます」、J「（まで営業）させていただいております」

　Ⅰ、Ⅱ、Ⅲ間における相違点として指摘されるのは、B、E、Fの出現の様相である。Bは、Ⅰ＜Ⅱ＜Ⅲの順に明らかに出現率が高くなっている。一方、E、Fの出現パターンはBと対称的である。ここに店舗による接客行動の姿勢の違いの一端を見て取ることができよう。

　百貨店については、電話で閉店時間を聞いたところ、その応対としてはEが実に64.9％も出現し、またHも13.5％出現した。なお、電話調査では1回目の回答後に必ず「えっ？」と聞き直しているが、その2回目の回答ではこれらは減少し、Bが激増（0％→41.7％）していることがわかる。繰り返しの発話では敬語のない形式に変換される傾向が認められる。

参考文献　◆真田信治・井上文子(1995)「関西圏における接客敬語行動―店舗形態によるバラエティ（その1）―」『阪大日本語研究』7

21　Language Behavior in Waiting on Customers

　This survey was carried out in the Kansai Region at different types of retail businesses, I. high class department stores, II. *sûpâ* or discount stores, and III. small privately run shops. The data here are the responses to the question "what time does this store close?".

　The data show the predicate form used in the utterance, with the responses arranged roughly in the order of increasing politeness:

　　A gesture,　B *da* or zero copula,　C *desu* D *-masu* E *-de gozaimasu*
　　F *-te orimasu*, G *itashimasu*, H *itashite orimasu*, I *sasete itadaite imasu*,
　　J *sasete itadaite orimasu*

　One of the differences seen between the different types of store was in the patterns of B, E, and F responses. The less polite B responses increased in the order I < II < III, while the more polite E and F showed the opposite pattern, reflecting the ways in which clerks at the three types of business interact with their customers.

When department stores responded to the question over the telephone, E accounted for 64.9% of the total, and H for 13.5%. Each query over the telephone was followed by the researcher responding. "*e*", in order to illicit a repetition. With this repetition the polite responses decreased dramatically, with the plain form B rising from 0% to 41.7%, indicating a tendency to replace honorifics with plain forms in repetitions.

Reference ◆ Sanada, S. Inoue, F. (1995) Kansaiken ni okeru sekkyaku keigo kôdô: Tenpo keitai ni yoru baraetii (sono I). *Handai Nihongo Kenkyû* 7.

21 店員待客行為的語域

表顯示關西地區幾家不同營業型態商店（Ⅰ百貨公司、Ⅱ超級市場、Ⅲ個人經營商店）的店員面對顧客（調查者）發問時之回應內容。顧客（調查者）問：「閉店は何時ですか（幾點打烊？）」，店家則答：「○時～（○點～）」，其中「～」的部分出現了下列數種回答。

A 僅肢體動作、 B「ø」、 C「です（desu）」、 D「になります（-ni narimasu）」、 E「でございます（-de gozaimasu）」、F「になっております（-ni natte orimasu）」、 G「（まで営業）いたします（（made eigyô）-itashimasu）」、 H「（まで営業）いたしております（（made eigyô）-itashite orimasu）」、I「（まで営業）させていただいてます（（made eigyô）-sasete itadakimasu）」、J「（まで営業）させていただいております（（made eigyô）-sasete itadaite orimasu）」。

Ⅰ百貨公司、Ⅱ超級市場、Ⅲ個人經營商店在 B、E、F 的使用上出現了明顯的差異。B 的使用率，以Ⅰ＜Ⅱ＜Ⅲ的順序漸增；另一方面，E、F 的使用模式則與 B 呈對比。由此可得知，商店型態不同，待客用詞亦隨之改變。

此外，本研究亦利用電話詢問百貨公司打烊時間，回答 E 者有 64.9%、H 者 13.5%。調查者在得到第一次回答後以「嗯？」再次確認，第二次得到的回答中 E 和 H 減少，B 則遽增（0%→41.7%）。由此可知，重複同樣的問句時，回答者有轉換為非敬語形式之傾向。

參考文獻 ◆真田信治・井上文子（1995）〈関西圏における接客敬語行動―店舗形態によるバラエティ（その1）―〉《阪大日本語研究》7

21 접객행동의 언어영역

다음의 표는 간사이(関西)권에 위치하는, 영업 형태가 서로 다른 점포(I.백화점, II.슈퍼, III.개인상점)에 근무하는 점원들이 손님(조사자)의 질문에 어떻게 대답하는지를 기록한 결과이다. 「폐점은 몇시입니까?」에 대한 응답형 「○시~」에서 「~」 부분의 표현 형식으로 다음과 같은 것이 있었다.

A. 몸짓만 B.「da /Ø접사」 C.「です(desu)」 D.「になります(-ni narimasu)」 E.「でございます(-de gozaimasu)」 F.「になっております(-ni natte orimasu)」 G.「(まで営業)いたします((made eigyô)-itashimasu)」

H.「(まで営業)いたしております((made eigyô)-itashite orimasu)」
I.「(まで営業)させていただきます((made eigyô)-sasete itadakimasu)」
J.「(まで営業)させていただいております((made eigyô)-sasete itadaite orimasu)」

Ⅰ. 백화점, Ⅱ. 슈퍼, Ⅲ. 개인상점 간에 차이를 보이는 것은 B, E, F 의 출현 양상이다. B 는 Ⅰ＜Ⅱ＜Ⅲ의 순으로 확실히 출현율이 높아진다. 한편, E, F 의 출현 패턴은 B 와 대조적이다. 여기에서 점포에 따른 점원들의 접객행동의 차이를 볼 수 있다.

백화점에서는 전화로 폐점 시간을 물었을 때, E 가 64.9%, H 는 13.5%나 출현했다. 또 전화 조사에서는 1회째의 응답 후에 반드시 「えっ？: et ？」라고 되묻지만, 2회째의 응답에서는 E 와 H 는 감소하고, B 가 급증 (0%→41.7%) 하고 있는 것을 알 수 있다. 반복 발화에서는 경어가 없는 형식으로 변환되는 경향이 확인되었다.

참고문헌 ◆사나다 신지・이노우에 후미코(真田信治・井上文子：1995)「関西圏における接客敬語行動―店舗形態によるバラエティ(その1)―」『阪大日本語研究』7

In person

Least Polite ←——————————————————→ Most Polite

	A	B	C	D	E	F	G	H	I	J	Tot
Ⅰ	0 0.0	24 12.1	102 51.3	32 16.1	18 9.0	20 10.1	1 0.5	1 0.5	0 0.0	1 0.5	199
Ⅱ	0 0.0	66 28.0	128 54.2	16 6.8	9 3.8	17 7.2	0 0.0	0 0.0	0 0.0	0 0.0	236
Ⅲ	1 0.3	114 36.2	139 44.1	41 13.0	0 0.0	19 6.0	0 0.0	0 0.0	1 0.3	0 0.0	315
Total	1 0.1	204 27.2	369 49.2	89 11.9	27 3.6	56 7.5	1 0.1	1 0.1	1 0.1	1 0.1	750

Ⅰ Department Stores　Ⅱ Discount Stores　Ⅲ Private Shops

Over telephone

Department Stores	A	B	C	D	E	F	G	H	I	J	Tot
1st time	0 0.0	0 0.0	3 8.1	0 0.0	24 64.9	2 5.4	2 5.4	5 13.5	0 0.0	1 2.7	37
2nd time	0 0.0	15 41.7	4 11.1	0 0.0	14 38.9	1 2.8	0 0.0	2 5.6	0 0.0	0 0.0	36

Top: Occurences　Bottom: Percentages

【 接客行動のレジスター 】

22 | 依頼表現の日米比較

　日米の敬語行動を比較対照する目的で、日本人大学生498人とアメリカ人大学生407人を対象に行なわれたアンケート調査の結果に基づいて、待遇表現の丁寧さ（politeness）意識についてのそれぞれの位置づけを探ったものである。

　日本語と英語の依頼表現の多くのバラエティが、回答者によって「気楽な〜改まった」という5段階の評価を受け、その意味での丁寧さの平均値が表のように並んだものである。順序そのもののほか、各表現形式の標準偏差がアメリカより日本で平均的に小さく、言語形式の丁寧さ意識というものは、日本の方がアメリカよりも安定しているということが示されている。

参考文献　◆井出祥子・荻野綱男・川崎晶子・生田少子(1986)『日本人とアメリカ人の敬語行動—大学生の場合—』南雲堂

22　Perceived Politeness of Request Expressions in the U.S. and Japan

　What are the differences in the perceptions of Japanese and American English speakers towards the politeness of expressions? In the data here, 498 college students in Tokyo and 407 college students in California were asked to evaluate various expressions. Expressions used in asking to borrow a pen were rated on a scale extending from 1 (least polite) to 5 (most polite).

　The results show how the conceptualizations of politeness differ in the two languages. Whereas the English expressions tend to clump up into a small number of groups, the Japanese expressions show clearer distinctions among the relative politeness levels of the expressions. An important finding was that there was more agreement among the Japanese informants regarding the relative level of a certain expression. This is seen in the fact that the standard deviations are in general higher for the English expressions than for the Japanese ones.

Reference　◆Ide, S., Ogino, T., Kawasaki, A., Ikuta, S. (1986) *Nihonjin to Amerikajin no Keigo Kôdô: daigakusei no baai,* Nan'undô.

22 請求行為的日美比較

　　為了比較對照日本與美國的敬語使用，本研究針對 498 名日本大學生及 407 名美國大學生進行問卷調查。問題之一的「借筆時的用詞」，請受訪者分別針對自己的母語判斷各種用詞的禮貌程度（politeness）。

　　判斷基準從「輕鬆」到「正式」共 5 個評價，調查結果之平均值如表所示。從表中我們可以看出：日語及英語請求行為用詞的禮貌程度之排序、用詞間的標準偏差值日本比美國小、日本對於用詞禮貌程度的普遍認知度比美國穩定。

參考文獻　◆井出祥子・荻野綱男・川崎晶子・生田少子 (1986)《日本人とアメリカ人の敬語行動―大學生の場合―》南雲堂

22 의뢰표현의 미·일 비교

　　다음의 표는 일본인 대학생 498명과 미국인 대학생 407명을 대상으로 미·일 경어 행동, 구체적으로는 대우표현의 정중함(politeness)의 의식 차이를 비교 대조한 결과이다.

　　표에서는 펜을 빌릴 때 사용하는 일본어와 영어 의뢰표현의 다양한 변이형에 대해, 조사 대상자에게 「격의없음」에서 「격식차림」에 이르는 5단계의 평가를 받아, 정중함의 평균치를 나열하여 나타내었다. 순서 그 자체외에, 표현 형식의 표준편차는 미국보다 일본 쪽이 평균적으로 낮고, 언어 형식의 정중함 의식은 일본 쪽이 미국보다도 안정적인 것으로 나타났다.

참고문헌　◆이데 사치코·오기노 쓰나오·가와사키 아키코·이쿠다 쇼코 (井出祥子・荻野綱男・川崎晶子・生田少子：1986)『日本人とアメリカ人の敬語行動―大学生の場合―』南雲堂

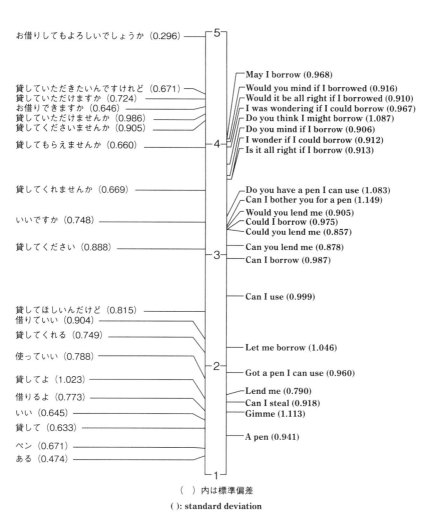

お借りしてもよろしいでしょうか (0.296) ── 5

貸していただきたいんですけれど (0.671) ─
貸していただけますか (0.724) ─
お借りできますか (0.646) ─
貸していただけませんか (0.986) ─
貸してくださいませんか (0.905) ─
貸してもらえませんか (0.660) ── 4

貸してくれませんか (0.669) ──

いいですか (0.748) ──

貸してください (0.888) ──

貸してほしいんだけど (0.815) ─
借りていい (0.904) ─
貸してくれる (0.749) ─

使っていい (0.788) ─

貸してよ (1.023) ─

借りるよ (0.773) ─
いい (0.645) ─
貸して (0.633) ─

ペン (0.671) ─
ある (0.474) ─

─ May I borrow (0.968)
─ Would you mind if I borrowed (0.916)
─ Would it be all right if I borrowed (0.910)
─ I was wondering if I could borrow (0.967)
─ Do you think I might borrow (1.087)
─ Do you mind if I borrow (0.906)
─ I wonder if I could borrow (0.912)
─ Is it all right if I borrow (0.913)

─ Do you have a pen I can use (1.083)
─ Can I bother you for a pen (1.149)
─ Would you lend me (0.905)
─ Could I borrow (0.975)
─ Could you lend me (0.857)
─ Can you lend me (0.878)
─ Can I borrow (0.987)

─ Can I use (0.999)

─ Let me borrow (1.046)

─ Got a pen I can use (0.960)

─ Lend me (0.790)
─ Can I steal (0.918)
─ Gimme (1.113)

─ A pen (0.941)

（　）内は標準偏差

( ): standard deviation

【 依頼表現の日米比較 】

言語行動

コード変換

コミュニケーション

対人関係の調整

67

23 ポライトネス

われわれは、普段、相手の面子（メンツ）を保つように話しているが、表は、相手との心理的な距離を表すのにどのような手段があり得るかについて示したものである。FTAとは、face threatening act で、面子つぶし、面汚し、脅しとでもいうべき行為である。最も上にあるのは全然配慮しないもの、下にあるのは面汚しに対する配慮が十分なもので、日本語の敬語とよく似たものである。1は思ったことをはっきり口に出すということで、最も相手の面子にかかわる。2はpositive politeness ということで、積極的に親しみを示して丁寧さを表す。3はnegative politeness ということで、「遠慮」にあたる行動である。4、5はそもそも何も言わないように、言及しないようにして、相手への配慮を表す場合である。

ヨーロッパの諸言語の談話では positive politeness をよく表す傾向があると言われる。一方、日本人は親しさを表さないが、相手に立ち入らないように丁寧にふるまう、すなわち negative politeness をよく表す傾向があると言われる。

参考文献　◆Brown, P. & S, C. Levinson (1987) *Politeness: Some Universals in Language Use.* Cambridge University Press.

23　Politeness

When people speak, they usually attempt to maintain the face of their interlocutors. The figure lists the possible strategies used to demonstrate various degrees of psychological distance with interlocutors. FTA (face threatening acts) are behaviors which cause an interlocutor to lose face, or which disgrace, or even threaten them.

A top strategy in the list does not require any consideration whilst a bottom strategy needs enough consideration to disgrace the interlocutor. These strategies have a lot to do with Japanese honorifics. 1 aims to express ideas directly, and influences interlocutors' face the most. 2 is positive politeness, which asserts politeness with closeness. 3 is, on the other hand, negative politeness, which responds to 'deference.' 4 and 5 express their consideration towards interlocutors without saying anything or without any references.

It is said that discourse in European languages tends to express positive politeness. On the other hand, Japanese tends to show negative politeness, which does not explicitly show closeness, but behaves courteously so as not to interfere with the interlocutor.

Reference　◆Brown, P. & S, C. Levinson (1987) *Politeness: Some Universals in Language Use.* Cambridge University Press.

23 禮貌

　　我們平時與人談話時會顧慮到對方的面子問題。所謂的 FTA 乃 Face Threatening Act 的縮語，是不給對方面子，損其顏面並造成威脅的行為。圖中的枝狀圖愈往上表示愈不顧慮對方，往下則為顧全對方面子的語言行為（類似日語中的敬語）。

　　圖中的 1 表示直接講出心中所想的話，完全不顧慮對方顏面；2 positive politeness 是積極地表現親切感；3 negative politeness 相當於「客氣」的行為；4 和 5 則什麼都不說，以表示對對方的顧慮。

　　歐洲語言傾向使用 positive politeness，積極地顯示親切感以表示禮貌。日本人則偏向使用 negative politeness，不積極地表現親切感，但亦不侵犯對方的私人領域，很客氣地與人相處。

參考文獻 ◆Brown, P. & S, C. Levinson (1987) *Politeness: Some Universals in Language Use.* Cambridge University Press.

---

23 공손표현

　　우리들은 보통 상대방의 체면(face)을 세워주면서 대화를 하지만, 다음의 그림은 그것보다 상대와의 심리적 거리를 나타내기 위해 어떠한 수단을 취할 수 있는지를 나타낸 것이다. FTA라는 것은 체면 위협 행위(face threatening act)로 대화에서 상대방의 체면을 구기고, 망신을 주고, 위협을 하는 등의 행위를 말한다. 가장 위에 있는 것은 상대방의 체면을 전혀 배려하지 않는 것, 아래에 있는 것은 상대방의 체면을 세워주는 것으로, 일본어의 경어와 매우 유사한 기능을 한다. 1은 상대방의 체면을 고려하지 않고 생각한 것을 전달하는 것으로 상대의 체면을 훼손한다. 2는 적극적 공손표현(positive politeness)으로 상대방에게 적극적 친숙함을 드러내며 정중함을 표현한다. 3은 소극적 공손표현(negative politeness)으로 「사양」에 해당하는 행동이다. 4, 5는 처음부터 아무 것도 말하지 않고, 언급하지 않음으로서 상대방을 배려하는 경우이다.

　　유럽의 제언어 담화에서는 적극적 공손표현(positive politeness)을 잘 나타내는 경향이 있다고 한다. 한편, 일본인은 친숙함을 나타내지 않지만 상대방을 간섭하지 않는 정중한 행동의 소극적 공손표현(negative politeness)을 잘 나타낸다고 한다.

참고문헌 ◆브라운·레빈슨 (Brown, P. & S, C. Levinson:1987) *Politeness: Some Universals in language use.* Cambridge University Press.

Cirsumstances determining
choice of strategy:

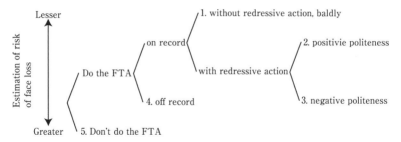

1. without redressive action, baldly

2. positivie politeness

3. negative politeness

on record

with redressive action

Do the FTA

4. off record

Lesser

Greater

Estimation of risk
of face loss

5. Don't do the FTA

【 ポライトネス 】

24 文末形式の選択

韓国の接客場面で実際に行なわれた会話を収録し、ポライトネスの観点から具体的なストラテジーを分析しようとした。

図は、儀礼的な基本接客の発話を、客を店や売り場に呼び込む発話、感謝を述べる発話、サービス行為を行なうときの発話、あいさつと、内容によってどのような文末表現が出現するかをみた結果である。

パートの応対はすべて標準語の敬意体（PF-hapsyo 体、PI-hayyo 体）が使われ、定型的なパターンを見せているが、市場では方言の敬意体（PD-haiso&hayye 体）や非敬意体（NP）も現れ、よりバラエティが多い。また、呼び込みの発話をみると、デパートでも市場でも標準語の敬意体を用いているが、デパートはフォーマルな hapsyo 体、市場ではインフォーマルな hayyo 体という結果で、市場は接客の開始からカジュアルな形式を選択していると言えよう。さらに、市場では、サービス・あいさつにおいて地域方言の敬意体を選択することによって、敬意を示しつつも、親近感を伝えていることがわかる。

参考文献 ◆金美貞(2005)「韓国における接客言語行動に関する事例研究—文末形式選択のダイナミックス—」『社会言語科学』7-2

24 Choice of the Sentence-final Expression

Spontaneous speech was recorded at various types of stores in Korea, and the ritualistic strategies in the speech were analyzed from the perspective of politeness. The basic ritualistic patterns of the sales-talk were analyzed. The data shows the sentence-final expressions observed in four facets; utterances to call in customers to the shop, utterances to express gratitude, utterances to conduct service behavior, greeting expressions, and their content.

At the department store, the politeness forms in Standard Korean were of the *PF-hapsyo* type and *PI-hayyo* type. However, at the marketplace, along with these standard forms, dialectal politeness forms (*PD-haiso* & *hayye* types) and non-politeness forms (NP) were used as well. The data on the "call-in" utterances showed as a general trend that standard politeness forms are used both at department store and at the marketplace, though *hapsyo* type was favored in the formal situation of the department store, and *hayyo* type was favored in the informal situation of the marketplace. At the marketplace, the onset of the utterance takes informal forms. Moreover, at the marketplace, local politeness forms were chosen to express deference and closeness at the same time.

Reference ◆Kim Mi Jon (2005) Kankoku ni okeru sekkyaku kôdô ni kansuru jirei kenkyû: bunmatsukeishikisentaku no dainamikkusu. *Shakaigengokagaku*, 7-2.

24 句尾形式之選取

本研究收錄韓國的百貨公司與市場等場合接待顧客的實際對話，藉由禮貌程度（politeness）觀點分析其具體的溝通策略。

圖乃將接待顧客的基本禮貌對話依內容分類為：招呼顧客進入店裡的發話（Attracting）、表示感謝之意的發話（Gratitude）、提供服務行為時之發話（Service）、打招呼（Greeting）等，並分析句尾形式之使用。

百貨公司使用標準語的敬語文體（PF-hapsyo 文體、PI-hayyo 文體），模式固定。而市場則增加方言的敬語文體（PD-haiso & hayye 文體）、非敬語文體（NP）等，使用模式較多元。關於「招呼顧客進入店裡的發話」，百貨公司和市場皆使用標準語的敬語文體。不過，百貨公司使用正式的 hapsyo 文體，而市場則為非正式的 hayyo 文體。因此可看出，市場從招呼顧客的階段便選用非正式的形式。再者，市場於提供服務和打招呼時會使用地域方言的敬語文體，一方面表達敬意，另一方面傳達親切感。

參考文獻 ◆金美貞（2005）〈韓国における接客言語行動に関する事例研究―文末形式選択のダイナミックス―〉《社会言語科学》7-2

24 문말 형식의 선택

한국의 접객 장면에서 실제 회화에 사용된 구체적인 전략(strategies)을 공손표현의 관점에서 분석한 것이다.

그림은 의례적인 기본 접객 발화, 손님을 가게나 매장으로 불러들이는 호객 발화(Attracting), 감사를 표하는 발화(Gratitude), 서비스를 행할 때의 발화(Service), 인사(Greeting)로 나누어, 내용에 따라 어떠한 문말 표현이 출현하는지를 조사한 결과를 나타낸 것이다.

백화점 점원들의 응대는 모두 표준어 경의체(PF- 합쇼체, PI- 해요체)의 사용으로 정형적인 패턴을 보이지만, 시장에서는 방언 경의체(PD- 하이소체 & - 해예체)나 비경의체(NP)와 같은 변이형도 많이 사용된다. 또 호객 발화를 보면 백화점이나 시장에서 모두 표준어 경의체(敬意體)를 사용하고 있지만, 백화점에서는 격식차린 '- 합쇼체', 시장에서는 격의없는 '- 해요체'가 사용된다는 점에서 차이를 보인다. 그리고 시장에서는 접객을 개시할 경우, 비격식적인 형식이 선택되는 것을 볼 수 있다.

더욱이, 시장에서는 서비스나·인사 등의 발화에서 지역 방언 경의체(敬意体)를 선택하여 경의를 나타내면서도 친근감을 전달하고 있음을 알 수 있다.

참고문헌   ◆ 김미정 (金美貞 : 2005)「韓国における接客言語行動に関する事例研究―文末形式選択のダイナミクス―」『社会言語科学』 7-2

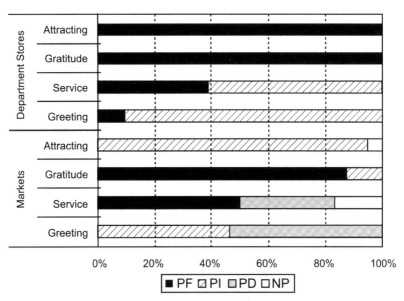

PF: Polite Formal *hapsyo* style

PI: Polite Informal *hayyo* style

PD: Polite Dialectal *haiso* & *hayye* style

NP: Non-Polite style

【 文末形式の選択 】

25 言語生活の具体的場所

　言語行動の「場面」という概念にはいろいろな要素が含まれるが、そのうち文字どおりの空間的な場所も言語生活研究のテーマとなる。

　これは、日本語を学ぼうとして来日した外国人が日々の暮らしのなかで接触することの多い日本人（教師・学生など）がふだんどのような言語生活を過しているかを把握しようとした調査から得られたものである。1週間分の記録から、それぞれの言語活動が行なわれた場所のバラエティが整理された。「Ⅰ公的生活」と呼ぶのは、いわば仕事の場面、「Ⅱ私的生活」は家庭での暮らしの場面、「Ⅲ外出先」は、この両者を結ぶ場面と付随的な生活場面である。

　表は、この各場面での語種の出現状況を示したものである。特に漢語の使用率に注目すると、Ⅰの場面で最大で、Ⅱの場面で最小になっている。Ⅲの場面はその中間であり、やや私的生活場面よりに位置しているとみることができる。すなわち、漢語の使用と場面の改まり度との相関が大きいことが指摘されるのである。

参考文献　◆日向茂男・杉戸清樹(1980)「『場面』について」『日本人の知識階層における話しことばの実態』科研費成果報告書
　　　　　　◆志部昭平・真田信治(1980)「語彙調査とその分析」同上

25　Classifications of Location in Language Life

　The concept of location plays an important role in studies of language life and language behavior. The typology here was constructed in order to grasp the concrete situations encountered by Japanese people (teachers, studies, etc.) who deal with foreign learners of the language on a daily basis. The linguistic situations which such people encountered in a week were recorded and categorized. The primary categories divide the situations into those which are (I) "public" (public situations encountered as part of the daily routine), (II) "private" (private situations encountered regularly), (III) "going out" (situations encountered irregularly).

　On the following page, we see the relative amounts of three classes of words used in these situations. Although indigenous Japanese words (*wago*) dominate in all three settings, we find that more Sino-Japanese words (*kango*) are used in public situations than in private ones, reinforcing the often-cited relationship between formal situations and the usage of Sino-Japanese words.

Reference　◆Hinata, S., Sugito, S. (1980) "Bamen" ni tsuite. *Nihonjin no Chisiki Kaisô ni okeru Hanasi Kotoba no Jittai.* Ministry of Education Grant Report.
　　　　　　◆Shibu, S., Sanada, S. (1980) Goi chôsa to sono bunseki. *Nihonjin no Chisiki Kaisô ni okeru Hanasi Kotoba no Jittai.* Ministry of Education Grant Report.

25 語言生活的具體場合

　　語言行動概念之一的「場合」包含許多要素，其中意指空間的場所是語言生活研究領域中的一大課題。

　　此研究探討與學習日語的外國人接觸頻繁的日本人（教師、學生等）之「語言生活」現狀。根據1週的紀錄，彙整出多種語言活動發生的場所後如表所示。表中的「Ⅰ公共生活（public life）」即工作場合、「Ⅱ私人生活（private life）」為家庭生活場合、「Ⅲ外出地（going out）」乃連結公共生活和私人生活的場合以及伴隨產生的生活場合。

　　表顯示各場合中的語種使用現況，其中漢語使用頻率在「Ⅰ公共生活」最高，「Ⅱ私人生活」最低，而「Ⅲ外出地」則介於中間且稍偏向「Ⅱ私人生活」。換言之，漢語的使用與場合的正式度息息相關。

參考文獻　◆日向茂男・杉戸清樹（1980）〈「場面」について〉《日本人の知識階層における話しことばの実態》科研費成果報告書
　　　　　　◆志部昭平・真田信治（1980）〈語彙調査とその分析〉同上

---

25 언어생활의 구체적 장소

　　언어행동의 「장면」이라는 개념에는 여러 가지 요소가 포함되지만 그 가운데 공간적인 장소도 언어생활 연구의 테마가 된다.

　　이것은 일본어를 배우려고 일본을 찾는 외국인이 일상생활에서 접촉하는 일이 많은 일본인(교사·학생 등)이 보통 어떠한 언어생활을 영위하고 있는지를 파악하려고 한 조사에서 알게 된 것이다. 일주일분의 기록에서 각각의 언어행동이 이루어진 다양한 장소를 정리할 수 있었다. 「Ⅰ 공적 생활」은 이른바 직장생활 장면, 「Ⅱ 사적 생활」은 가정생활 장면, 「Ⅲ 나들이 생활」은 이 양쪽을 연결하는 장면과 부수적인 생활 장면을 합친 개념이다.

　　다음에 제시한 표는 이 각각의 장면에서 나타나는 어종(語種)을 나타낸 것이다. 특히 한어의 사용율에 주목하면, 「Ⅰ 공적 생활」장면에서 가장 많고, 「Ⅱ 사적 생활」장면에서 가장 적게 나타난다. 「Ⅲ 나들이 생활」장면은 그 중간이고 다소 사적 생활 장면으로 치우치는 것을 알 수 있다. 즉, 한어의 사용과 장면의 정중도는 관련성이 크다고 할 수 있다.

참고문헌　◆히나타 시게오·스기토 세주 (日向茂男・杉戸清樹：1980)「『場面』について」『日本人の知識階層における話しことばの実態』科研費成果報告書
　　　　　　◆시부 쇼헤·사나다 신지 (志部昭平・真田信治：1980)「語彙調査とその分析」同上

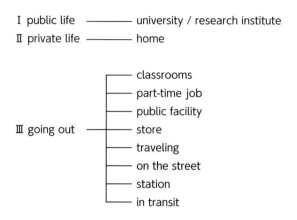

I public life ——————— university / research institute
II private life ——————— home

III going out ——————— classrooms
——————— part-time job
——————— public facility
——————— store
——————— traveling
——————— on the street
——————— station
——————— in transit

Different words

	Indigenous	Sino-Japanese	Western loanwords	Mixed compounds
I public	45.1	42.6	9.4	2.9
II private	56.9	32.7	7.5	2.9
III going out	56.4	36.4	5.2	2.0
Total	46.9	40.0	10.1	3.0

Total words

	Indigenous	Sino-Japanese	Western loanwords	Mixed compounds
I public	70.2	24.8	3.5	1.5
II private	75.1	20.4	3.3	1.2
III going out	76.2	21.7	1.5	0.7
Total	71.8	23.6	3.2	1.4

【 言語生活の具体的場所と出現語種 】

26 | 言語活動の量

　国立国語研究所が 1963 年に松江市民 688 名（男 296、女 392）を対象に、調査前日の言語活動を調べた結果である。「家で話す」「職場（学校）で話す」「その他の所で話す」「聞く」「読む」「書く」の 6 領域について、その活動を行なった人の割合が、性・年齢別に得られている。各領域の言語活動の量を相対的に示したのが図である。

　この図からは、ほぼ次のようなことが言える。

　　(1) 10 代では男よりも女の方が活発な言語活動をしている。
　　(2) 20 代では逆になり、男の話す・書く活動が増加するが、女は公的な場で話す・書く活動が減少する。
　　(3) 30 代では、男は職場での話に、女は家庭での話に、と分化する。
　　(4) 40 代でもその傾向は続くが、「その他の所」での話す活動が男は女に比べて著しく少ない。
　　(5) 50 代になると、職場の一点を除けば男女の言語活動の差はなくなる。
　　(6) 60 代では男女ともに全体の言語活動の量が減ってくる。

参考文献　◆ 林四郎（1966）「言語行動のタイプ」『文体論入門』三省堂

26　The Quantification of Language Activity

　In 1963, the NLRI conducted a survey of 688 people (296 males, 392 females) in Matsue city. They were asked which of six language activities ("talking at home", "talking at work or school", "talking in other places", "listening", "reading", "writing") they had performed during a day before the interview, and the results calculated according to gender and age group.

　The following conclusions can be drawn from the results.

　　1. Among teenagers, more females than males participate in language activities.
　　2. With informants in their 20's there is an increase in the number of males who report speaking and writing activities, and an decrease in the number of females who report speaking and writing at work.
　　3. In the 30's age-group informants, there is a clear division between the males, who speak more at work, and the females, who speak more at home.
　　4. The gender differentiation tendency seen above continues, and the number of male and female speakers who speak in places other than the workplace or home decreases.
　　5. Among those in their 50's, the gender gap narrows for activities excepting

speaking in the workplace.

6. Male and female informants over 60 show decreases in all language activity.

Reference ◆ Hayashi, Shirô (1966) Gengo Kôdô no taipu. *Buntairon Nyûmon.* Sanseidô.

26 語言活動量

　　1963 年，國立國語語言所針對島根縣松江 688 位市民（男性 296 人、女性 392 人）調查其前一天的語言活動。具體的方法即區分「在家說（Talking at home)」、「在職場（學校）說（Talking at the job or school)」、「在其他地方說（Talking in other places)」、「聽（Listening)」、「讀（Reading)」、「寫（Writing)」等 6 個領域進行訪問。訪談結果依性別與年齡整理後如圖示。

　　從圖中我們可以得知以下幾點：

　（1）10-19 歲的語言活動女性比男性活躍。

　（2）20-29 歲的男性「說」和「寫」增加，但女性於公共場合「說」與「寫」的語言活動則減少。

　（3）30-39 歲則明顯不同，男性「在職場說」而女性則「在家說」。

　（4）40-49 歲持續可見 30-39 歲的趨勢，「在其他地方說」的男性比率較女性明顯降低。

　（5）50-59 歲除了「職場」之外，男女的語言活動並無明顯差異。

　（6）60-69 歲的語言活動量男女皆趨減少。

參考文獻 ◆ 林四郎 (1966) 〈言語行動のタイプ〉《文体論入門》三省堂

26 언어 활동량

　국립국어연구소가 1963년 마쓰에(松江) 시민 688명(남 296, 여 392)를 대상으로 하루 24시간의 언어활동을 조사한 결과이다. 구체적으로는 「집에서 말하기」「직장(학교)에서 말하기」「그 밖의 장소에서 말하기」「듣기」「읽기」「쓰기」의 6영역에 대해 그 활동을 수행한 사람들의 비율이 성별·연령별로 제시되어 있다. 다음 그림은 각 영역의 언어 활동량을 상대적으로 나타낸 것이다.

이 그림을 통해서 대략적으로 다음과 같은 사실을 알 수 있다.

　(1) 10대에서는 남성보다 여성 쪽이 활발한 언어 활동을 한다.

　(2) 20대에서는 10대와는 반대로 남성의 말하기·쓰기 활동이 증가하고, 여성
　　 은 공적인 장소에서 말하기·쓰기 활동이 감소한다.

　(3) 30대에서는 남성은 직장에서 말하기, 여성은 가정에서 말하기로 분화한다.

　(4) 40대에서는 30대의 경향이 계속되지만 「그 외 장소에서 말하기」 활동에
　　 서 남성은 여성에 비해 현저히 감소한다.

　(5) 50대가 되면 직장을 제외하고 남녀의 언어 활동 차이는 없어진다.

　(6) 60대에서는 남녀 모두 전체 언어 활동량이 감소한다.

참고문헌　◆하야시 시로 (林四郎：1966)「言語活動のタイプ」『文体論入門』三省堂

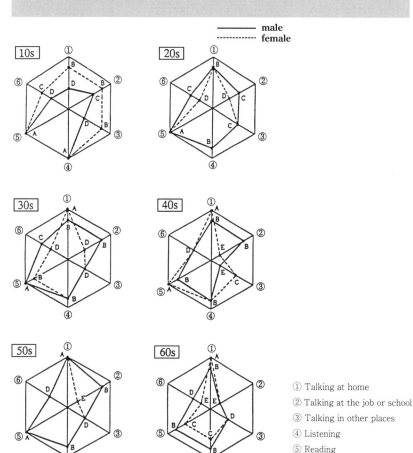

——— male
--------- female

① Talking at home
② Talking at the job or school
③ Talking in other places
④ Listening
⑤ Reading
⑥ Writing

【 言語活動の量 】

27 社会的ネットワーク

　北アイルランドのベルファスト市内の3地区（Ballymacarrett, Clonard, Hammer）で、社会的ネットワークと方言使用との相関を調べた結果である。

　B地区は、伝統的な安定した地域社会である。社会的ネットワークの強さと方言形の出現の頻度に関して、属性とかかわるきれいな相関が見える。

　C地区は、失業者が増え、その多くが外の地区に出稼ぎに行くようになって、地域社会が崩壊しつつあるところである。ここでは、社会的ネットワークと方言使用の間に相関がほとんど認められない。

　H地区は、町の再開発の過程にあって、不安定になっている地域社会である。社会的ネットワークが全体的に弱くなっており、それと方言形の出現の頻度との間の関係がはっきりしなくなっている。

参考文献　◆Milroy, Lesley (1980) *Language and Social Networks.* Oxford Blackwell.

27　Social Network and Vernacular Usage

　The three graphs show the relationship between the usage of a non-standard linguistic form and the strength of the speaker's social network.

　Ballymacarett male speakers tend to be more deeply involved in social networks and also to use the vernacular forms more often. Of the three communities surveyed, this one showed the closest relationship between network scores and the use of the vernacular, and also the clearest pattern of gender and age differentiation. It is traditional working class area with a homogeneous form of employment (the shipyard).

　Clonard, which shows almost no relationship at all between network strength and vernacular usage, had suffered an even greater disruption of its traditional social networks, with chronic local unemployment forcing many of the residents to seek employment outside of the community and thus broadening the range of their social contacts.

　Hammer, which shows a weaker relationship between network and vernacular usage, is an area in which the traditional social networks had been severely disrupted by the relocation of large numbers of residents due to urban redevelopment.

Reference　◆Milroy, Lesley (1980) *Language and Social Networks.* Oxford Blackwell.

27 社會網絡

　　圖分別顯示北愛爾蘭貝爾法斯特市境內三地區（Ballymacarrett、Clonard、Hammar，以下簡稱 B、C、H）社會網絡與方言使用相關性的調查結果。

　　B 地區為安定的傳統形態地區性社會，由其社會網絡的緊密度與方言使用頻率可看出屬性不同所造成的明顯差異。C 地區因失業人口增加，大部份居民至外地工作，以致傳統社會逐漸崩壞。在這個地區，社會網絡與方言使用之間幾乎無相關性。H 地區正處於重新開發階段，是個不安定的區域性社會。社會網絡整體減弱，其與方言使用頻率的關連性變得不清楚。

參考文獻　◆ Milroy, Lesley (1980) *Language and Social Networks.* Oxford Blackwell.

---

27 사회적 네트워크

　　북아일랜드의 벨파스트 시내에 소재한 3지구(Ballymacarrett, Clonard, Hammer)에서 사회적 네트워크와 방언 사용의 연관성을 조사한 것이다.

　　밸리마카렛(Ballymacarrett)지역은 전통적으로 생활이 안정된 지역 사회이다. 여기에서는 사회적 네트워크의 결속력과 방언형의 출현 빈도와 속성과의 상관관계가 뚜렷하게 나타난다.

　　클로나드(Clonard)지역에서는 실업자가 증가해 그 대부분이 타지역으로 돈벌이를 하러감에 따라 지역 사회의 기반이 붕괴되고 있는 실정이다. 여기에서는 사회적 네트워크와 방언 사용 사이에 연관성이 거의 보이지 않는다.

　　해머(Hammer)지역은 도시 재개발 과정으로 불안정한 지역사회이다. 사회적 네트워크가 전체적으로 취약해져 사회적 네트워크와 방언형의 출현 빈도와의 상관관계는 명확하지 않다.

참고문헌　◆ 밀로이 레슬리(Milroy, Lesley:1980) *Language and Social Networks.* Oxford Blackwell.

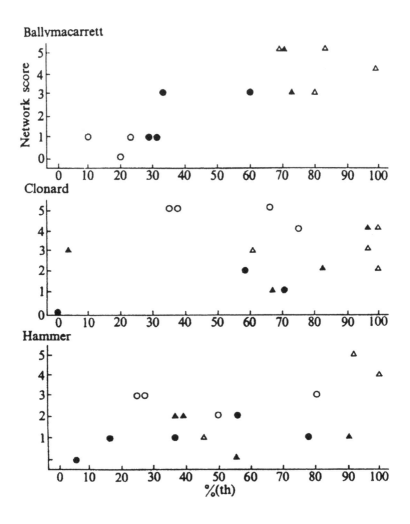

【 社会的ネットワーク 】

28 意見を交換する相手

　日本では何らかの集団に帰属していることが社会生活上において必要とされるのが普通である。肩書きが大事なのもそのためである。そのような集団帰属は、その集団内では、集団に忠誠を尽くし、その成員と親しく平和につきあうことを求める。個人間でとりかわした約束が、その後、帰属集団内に生じた都合によって容易にキャンセルされるのは日常よく経験するところである。

　日本リサーチセンター総合研究所がオピニオン・リーダーを対象に行なった「コミュニケーション構造に関する調査」（1976 年）のなかで、家族以外での、マスコミ情報・プライバシー・報道さしとめ・地価の情報などについて意見の交換をするとしたら、主としてどんな人が多いかという質問に対して、各部門領域を平均して、「職場の同僚」が 46％を占める。「その他の友人や近所の人」は 8％である。対話による意見形式も帰属する職場集団の内側とだけである。

参考文献　◆柴田武（1977）「日本人の言語生活」『岩波講座日本語2　言語生活』岩波書店

28　Option Exchanges

　Group membership is a large part of life in Japanese society, and this is one reason why job titles are so important in communicative situations. Membership in such a group often depends upon the maintenance of peaceful relationships, and the informal exchange of opinions in the manner of *nemawashi* are vital.

　The data here is from a survey of "opinion leaders" who were asked with whom they exchange opinions about topics in the media, issues of privacy and non-disclosure of information, land prices, etc. With all of the informant groups, the top response was "colleagues at work" (mean of 46%), while "other friends, or neighbors" trailed at less than 8%, indicating that opinions are formed within one's own professional group.

Reference　◆Sibata, Takesi (1977) Nihonjin no gengo seikatsu. *Iwanami Kôza Nihongo 2 Gengo Seikatsu.* Iwanami Shoten.

28　交換意見的對象

　　在日本，普遍認為隸屬某個團體是維持社會生活不可或缺的。這是因為日本人重視頭銜所致。隸屬某個團體意味著對該團體盡忠、與團體內部成員融洽相處，於是日常生活中便常遇到為了所屬團體而輕易取消自己個人約定的狀況。

　　日本研究中心綜合研究所於 1976 年以意見領袖為對象實施的「溝通構造相關調查」中，曾問及受訪者除了家人之外，主要與哪些人進行關於媒體資訊、個人隱私、禁止報導、地價資訊等問題的意見交換。調查結果顯示，「職場的同事」佔 46%、「其他朋友和鄰居」為 8%。交換意見的對象似乎僅限於自己隸屬的職場內部。

參考文獻　◆柴田武 (1977)〈日本人の言語生活〉《岩波講座日本語2　言語生活》岩波書店

28　의견 교환 상대

　　일본의 사회생활에서는 일반적으로 어떠한 집단에 귀속되는 것을 필요로 한다. 직함이 중요한 것도 그 때문이다. 집단 내에서는 집단에 충성을 다하고 집단 구성원과 사이좋게 지내는 것을 추구한다. 일본인들은 개인 간에 주고받은 약속이 귀속집단 내에서 발생한 사정이나 형편에 따라 쉽게 취소되는 것을 일상에서 자주 경험하게 된다.

　　일본 리서치 센터 종합연구소가 여론 지도자(opinion leaders)를 대상으로 행한 「의사 전달 구조에 관한 조사(1976)」 중에서 가족 이외에 메스컴 정보·프라이버시·보도금지·토지가격 정보 등에 대해 의견을 교환한다고 한다면 주로 어떤 사람과 하느냐는 질문에 「직장 동료」가 46%(각 부분 영역을 평균한 수치임)를 차지했다. 「그 밖의 친구나 가까운 지인」은 8% 였다. 또한 대화를 통한 의견 교환도 귀속하는 직장 집단 내부의 사람에 한정되는 것을 알 수 있다.

참고문헌　◆시바타 타케시 (柴田武 : 1977)「日本人の言語生活」『岩波講座日本語2　言語生活』岩波書店

	total	central government	regional government	field of specialty			
				economics, management	humanities	engineering	other
number	457	63	69	66	98	87	74
colleague at work	46.2%	57.1	49.3	30.3	49.0	46.0	44.6
acquaintance in mass media	3.9	——	2.9	1.5	5.1	2.3	0.8
acquaintance in goverment	12.7	20.6	30.4	1.5	7.1	13.8	5.4
member of a research group interested in the future	6.6	——	1.4	19.7	5.1	8.0	5.4
fellow member of a club or oranization (not directly related to issue)	5.5	3.2	——	6.1	6.1	1.1	16.2
other friend or neighbor	7.9	3.2	2.9	12.1	10.2	10.3	6.8
person in related business or government bureau	5.5	7.9	10.1	10.6	3.1	1.1	2.7
other	2.8	4.8	1.4	3.0	1.0	4.6	2.7
no one comes to mind	7.9	3.2	1.4	13.6	12.2	11.5	2.7
no response	1.1	——	——	1.5	1.0	1.1	2.7

【 意見を交換する相手 】

29 | 社会的コミュニティと変異

在日、および在米の韓国人の言語能力（自己評価）を調べた結果である。

在日韓国人では、韓国語が「できる」という人が年齢が若くなるにつれて急激に減ってきている。一方、日本語が「できる」という人は年齢にかかわらずほぼ100％である。

在米韓国人では、韓国語の「できる」人は若年層でやや下がるものの高い水準を保っている。一方、英語が「できる」という人は年齢が若くなるにつれて急激に増えてきている。

したがって、在日韓国人は韓国語能力が、在米韓国人は英語能力が低いということになる。このような差異が生じる背景には、在日・在米韓国人の形成の歴史にかかわる生々しい諸要因が絡んでいよう。また、言語習得の難易度もそこにかかわっているようである。

参考文献　◆任榮哲(1993)『在日・在米韓国人および韓国人の言語生活の実態』くろしお出版

29 Speech Communities and Variation

Yim investigated the language situation of people of Korean descent living in Japan and the United States. With the Korean language, the Korean-Americans' data shows a predictable pattern with fewer informants claiming competency as the age decreases. Even so, the number of young informants reporting they can speak Korean is still over 80%. In contrast, with informants living in Japan, the percentage of younger informants who report being able to speak Korean is very small. Even with the older informants, the percentage is just above half, due to the fact that even many of these are second generation.

With language ability in the tongues of the countries of residence, there are also great differences in the two groups. The self-reported ability of Japanese-Korean informants to speak Japanese is close to 100% and shows virtually no age-group variation. In contrast, only a third of older Korean-Americans report competency in English, and even with younger informants the number is less than 80%.

Reference　◆Yim, Young Cheol (1993) *Zainichi, Zaibei-Kankokjin oyobi Kankokujin no Gengo Seikatsu no Jittai*. Kurosio Shuppan.

29 社群與變異

　　此為「在日韓國人」及「在美韓國人」自我語言能力評價之調查結果。在日韓國人中會說韓語的人數隨著年齡下降而驟減，會說日語的人數則與年齡無關約達100%。在美韓國人中會說韓語的年輕人雖稍減，但整體仍保持高水準，而會說英語的人數則隨著年齡下降而呈驟增現象。

　　由此可見，在日韓國人的韓語能力及在美韓國人的英語能力皆低。此現象與在日韓國人、在美韓國人形成的歷史背景息息相關，同時也可能和語言習得的難易度有所關聯。

參考文獻　◆任榮哲 (1993)《在日・在米韓国人および韓国人の言語生活の実態》くろしお出版

29 사회적 공동체와 변이

　　재일 및 재미 한국인의 언어 능력(자기평가)을 조사한 결과이다.

　　재일 한국인 중에서 한국어를 「할 수 있다」고 응답한 사람은 연령이 낮아질수록 급격히 줄어들고 있다. 한편 일본어를 「할 수 있다」고 응답한 사람은 연령에 관계없이 거의 100%이다.

　　재미 한국인 중에서는 한국어를 「할 수 있다」고 응답한 사람은 약년층에서 조금 감소하지만 높은 수준을 유지하고 있다. 한편 영어를 「할 수 있다」고 응답한 사람은 연령이 낮을수록 급격히 증가하고 있다.

　　따라서 재일 한국인은 한국어 능력이, 재미 한국인은 영어 능력이 낮다는 것을 알 수 있다. 이러한 차이의 배경에는 재일・재미 한국인의 형성에 관여한 역사적 제요인이 개입되었을 것이다. 또 언어습득의 난이도도 그러한 차이의 배경에 관여하고 있는 것으로 보인다.

참고문헌　◆임영철 （任榮哲:1993）『在日・在米韓国人および韓国人の言語生活の実態』くろしお出版

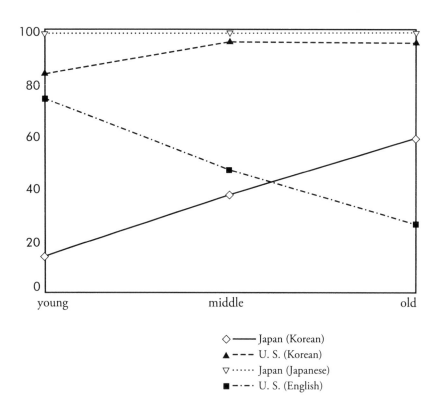

100

80

60

40

20

0

young   middle   old

◇ —— Japan (Korean)
▲ --- U. S. (Korean)
▽ ····· Japan (Japanese)
■ -·- U. S. (English)

【 社会的コミュニティと変異 】

30 生活と語彙

　　ここでは生活語彙の中に位置する養蚕語彙の一部を取り上げる。表は、群馬県藤岡市方言における「蚕」についての造語の型と語構造の組み合わせを描いたものである。造語の型には、次の3つのタイプがある。

専門型：「蚕」を表す形式を持ち、養蚕世界での出現率が高い語。いわゆる、
　　　　養蚕世界での専門語彙としての性質が強いものである。

造語型：一般の生活でも用いられている既成語を造語成分とし、養蚕世界で新
　　　　たに造られた語。いわゆる、一般性の高い語形を養蚕世界に対応させ
　　　　て、養蚕語彙として成立したものである。

比喩型：既成語をそのままの形式で養蚕世界に対応させることによって、比喩
　　　　的な意味で用いられている語。すなわち、本来は養蚕世界で用いられ
　　　　る語形ではなかった一般性の高い既成語が、そのままの形式で養蚕世
　　　　界に対応したことによって、比喩的な用法に生まれかわったと考えら
　　　　れるものである。

参考文献 ◆新井小枝子(2000)「養蚕語彙の研究―意味分野《蚕》《桑》《繭》の造語法をめぐって―」『方言語彙論の方法』和泉書院

30　Life and Vocabulary

　　The data here deals with a part of silkworm (sericulture) vocabulary. The table shows combinations of coined words and their structure in the Fujioka dialect of Gunma Prefecture. There are three types of coined words.

Technical Type: Words representing 'silkworm' with high frequencies in the
　　　　　　　　world of sericulture.

Coined Type　　: Words coined on a word used in daily life.

Metaphor Type: Words with metaphoric meanings.

Reference ◆Arai, Saeko (2000) Yôsangoi no Kenkyû: Imibunya 'kaiko,' 'kuwa,' and 'mayu' no zôgohô o megutte. *Hôgen Goiron no Hôhô.* Izumishoin.

30 生活與詞彙

在此探討生活詞彙中的養蠶詞彙。表乃描繪群馬県藤岡市方言中關於「蠶」的創詞方式與詞彙結構的組合類型。創詞方式有下列 3 種類型：

　專門型：具有含「蠶」的形式，且為養蠶業界使用比率非常高的詞。換言之，
　　　　　具養蠶業界的專業用詞性質。

　造語（創詞）型：以日常生活中既存的詞彙為成分所創造出的養蠶業界創詞。換
　　　　　言之，將一般性高的形式應用至養蠶業界。

　比喻型：直接將日常生活中既有的詞彙運用至養蠶業界，產生具隱喻效果的
　　　　　詞。

參考文獻　◆新井小枝子（2000）〈養蠶語彙の研究—意味分野《蚕》《桑》《繭》の造語法をめぐっ
て—〉《方言語彙論の方法》和泉書院

---

30 생활과 어휘

여기에서는 생활어휘 속에 들어 있는 양잠 어휘의 일부를 다루었다. 다음의 표는 군마현(群馬県) 후지오카시(藤岡市) 방언에서 「누에」의 조어형과 단어 구조의 조합을 나타낸 것이다. 조어형으로는 다음의 3가지 형태가 있다.

　전문형 : 「누에」를 나타내는 형식을 지니고 양잠 세계에서의 출현율이 높은 단
　　　　　어. 소위 양잠 세계에서 사용되는 전문 어휘적인 성질이 강한 것이다.

　조어형 : 일상생활에서도 사용되는 기성어를 조어 성분으로 하고, 양잠 세계에서
　　　　　새롭게 만들어진 단어들이다. 이른바 일반성이 높은 단어형을 양잠 세계
　　　　　에 대응시킨 결과, 양잠 어휘로 성립한 것이다.

　비유형 : 기성어를 그대로 양잠 세계에 대응시킴으로써 비유적인 의미로 사용되
　　　　　는 단어들이다. 즉, 본래는 양잠 세계에서 사용되는 어형이 아닌, 일반성
　　　　　이 높은 기성어가 그대로 사용되는 단어들이다. 양잠 세계에 대응함으로
　　　　　써 비유적인 용법으로 다시 사용된 것으로 생각된다.

참고문헌　◆아라이 사에코（新井小枝子：2000）「養蚕語彙の研究—意味分野《蚕》《桑》《繭》の造語法
をめぐって—」『方言語彙論の方法』和泉書院

造語の型 (Types of coinage) / 語構造 (Word structure)	専門型　21語 Technical type: 21 words	造語型　5語 Coined type: 5 words	比喩型　6語 Metaphor type: 6 words
単純語　5語 Simple word: 5 words	ズー（熟蚕）		タネ（種） ゴロ ホシー オシャレ（お洒落）
準単純語　4語 Semi-simple word: 4 words	ハッキョー・サン（白狂蚕） リョッキョー・サン（緑狂蚕）	バン・バン（晩晩）	バン・シュー（晩秋）
複合語　20語 Compound word: 20 words	ハル＝ゴ（春蚕） ナツ＝ゴ（夏蚕） アキ＝ゴ（秋蚕） ケ＝ゴ（毛蚕） ジー＝ゴ（爺蚕） ニバン＝ゴ（二番蚕） サンド＝ゴ（三度蚕） カイ＝コ（蚕） ヤスミッ＝コ（休み蚕） オキッ＝コ（起き蚕） オクレッ＝コ（遅れ蚕） シロッ＝コ（白蚕） ウミッ＝コ（膿蚕） フシッ＝コ（節蚕） タレ＝コ（垂れ蚕） ホソリッ＝コ（細り蚕）	アタマ＝スキ（頭透き） フシッ＝タカ（節高） ウミ＝ヒキ（膿引き）	クイ＝ニゲ（食い逃げ）
派生語　3語 Derived word: 3 words	オーカイ＝コ（御蚕） オーコーサマ（御蚕様）	ヤスマーズ（休まず）	

【 生活と語彙 】

31 親族呼称の日米比較

　日本社会では、自分より上の世代に属する者はすべて目上であり、自分を同じ世代の者との間では、年齢の上下が目上目下を決定する。ただし夫婦の間では年齢差はあまり意味がなく、同位者とすべきもののようである。

(1) 話し手（自己）は、目上目下の分割線の上に位する親族に人称代名詞を使って呼びかけることはできない。反対に、分割線より下の親族には、すべて人称代名詞で呼びかけることができる。

(2) 話し手は、分割線より上の人を普通は親族名称で呼ぶ。しかし、分割線より下の者に親族名称で呼びかけることはできない。

(3) 話し手は、分割線より上の者を名前だけで直接呼ぶことはできない。これに対し、分割線の下に位する者は名前だけで呼ぶことができる。この点、英語では自分の兄や姉に名前だけで呼びかけることができるので、日本語と異なる。

(4) 話し手が、分割線より上の者に対して自分を名前で称することは可能であるが、分割線より下の者に対しては通例これを行わない。

(5) 話し手は、分割線の下に位する者を相手とするときは自分を相手の立場から見た親族名称で言うことができるが、分割線より上の者に対してはそれができない。

　ただし、これらはあくまで原則であって、特定の家族や場面でこの規則を破っている例も多い。

参考文献　◆鈴木孝夫(1973)『ことばと文化』岩波書店

31　Kinship Terms in Japanese and English

　The manner in which the address forms of kinship terms are used differs in Japanese and English. In Japanese society, all of those who belong to older generation are seniors, and in the same generation, age determines the senior/junior relationship. The age differences, on the other hand, do not function for husband and couple; they treat equally each other.

　Address forms of kinship are illustrated by the positions of the dotted lines in the graphs. When addressing those family members above the line, (1) Ego must use their kinship address, and (2) Ego cannot refer to him/herself by a kinship term. When addressing those below the line, (3) Ego cannot address them using a kinship term, and (4) Ego can refer to him/herself by a kinship term.

　Above mentioned are basic rules; it is often the case when these rules are overridden among family members or situations.

Reference ◆ Suzuki, Takao (1973) *Kotoba to Bunka*. Iwanami Shoten.

31 親屬稱謂的日美比較

在日本社會裡，比自己輩分大者皆為長輩，而同輩間則以年齡決定輩分大小。不過，夫妻之間即使年齡有所差距亦被視為同輩。

圖分別顯示日本與美國的親屬稱謂，從圖中可看出以下幾點：

(1) 在日本社會中，說話者（自己）不能用人稱代名詞稱呼分割線上方的親屬(長輩)。相反地，分割線下方的親屬(晚輩)皆可以人稱代名詞稱呼之。

(2) 在日本社會中，說話者通常用親屬稱謂稱呼分割線上方的人，但不用親屬稱謂稱呼分割線下方的人。

(3) 在日本社會，不可對分割線上方的長輩直呼其名，但可對分割線下方的人直呼其名。英語則可直接稱呼兄姊的名字，與日語不同。

(4) 日本社會中，說話者面對分割線上方的人時可以用名字自稱，但面對分割線下方的人則不以名字自稱。

(5) 日本社會中，說話者面對分割線下方的人時，可用對方稱呼自己的親屬稱謂自稱，但不可對分割線上方的人如此使用。

不過，這些只是大原則，有些家庭或某些場合可觀察到許多例外。

參考文獻 ◆ 鈴木孝夫 (1973)《ことばと文化》岩波書店

31 친족호칭의 미·일 비교

일본 사회에서는 자신보다 윗세대에 속하는 사람은 모두 윗사람이고, 동일 세대로 여기는 사람들 사이에서는 연령의 상하가 손위, 손아래를 결정한다. 다만 부부 사이에서는 연령차는 그다지 의미가 없고 위상이 같은 사람(同位者)으로 취급해도 될 듯하다.

(1)화자(자신)는 손위, 손아래의 분할선상에 위치하는 친족에게 인칭대명사를 사용해서 부를 수 없다. 반대로 분할선보다 아래쪽에 있는 친족에게는 모두 인칭대명사로 부를 수 있다.

(2)화자는 분할선보다 위쪽에 있는 사람을 보통은 친족 명칭으로 부른다. 그러나 분할선보다 아래쪽에 있는 사람에게는 친족 명칭으로 부를 수 없다.

(3)화자는 분할선보다 위쪽에 있는 사람을 이름만으로 부를 수 없다. 이에

반해, 분할선 아래에 위치하는 사람은 이름만으로 부를 수 있다. 영어에서는 자신의 형이나 누나를 이름만으로 부를 수 있다는 점에서 일본어와는 다르다고 할 수 있다.

⑷화자는 분할선보다 위쪽에 있는 사람에게 자신을 이름으로 호칭하는 것은 가능하지만, 아래쪽에 있는 사람에게는 통례적으로 자신을 이름으로 호칭하지 않는다. (예를 들면, 「신지」라는 이름의 화자가 자신의 조부와 말할 때 「신지가 할게」는 가능하지만, 아들과 말할 때 「신지가 할게」라고는 하지 않는다)

⑸화자는 분할선 아래쪽에 있는 사람을 대화 상대로 할 때는 상대방의 입장에서 본 친족 명칭으로 화자 자신을 호칭할 수 있지만, 분할선보다 위쪽에 있는 사람에게는 그렇게 호칭할 수 없다.

　다만, 이것은 어디까지나 원칙이고, 특정의 가족이나 장면에서 이 규칙을 어기는 예도 많다.

참고문헌　◆스즈키 타카오〔鈴木孝夫：1973)『ことばと文化』岩波書店

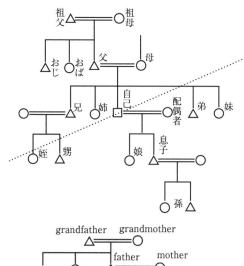

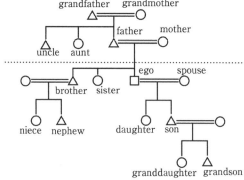

【 親族呼称の日米比較 】

32 | 「男らしさ」「女らしさ」

　「男／女」にかかわる連想語を収集し、得られた表現形をプラス／マイナス評価語に分けて分析した結果である。〈管理・指揮能力〉〈支配能力〉にかかわる語は「男らしさ」のプラス評価語となり、〈服従・奉仕〉に適した性格を表す表現が女性に与えられるプラス評価語となる。また、〈指揮能力の欠如〉は「－男らしさ」つまり「女らしさ」を表すものであるから、指揮能力の欠如した（＝男らしくない）男性には「女のくさったの」「女々しい」などといったマイナス評価語が与えられる。他方、「－女らしさ」は「男らしさ」とはならずに、女性に多く適用されるマイナス評価語となって現われる。

　このように、言語によって体系づけられた「男らしさ」と「男らしさの否定形としての女らしさ」という二元対立からは、優位集団である男性の意向に沿う形で「女らしさ」が決定されていること、女性の視点がこの体系に入り込んでいないことが指摘される。「男」から「男の否定形としての女」へ、「女」から「女の否定形としての"女らしくない女"」へと一方方向に働くような仕組みになっている。

参考文献　◆野呂香代子（1988）「日本語と『男女の文化』―日常語がつくる知識体系と圧力―」『待兼山論叢』日本学篇22

32　Masculinity and Femininity

　In this study, informants were asked to rate words related to masculinity and femininity on several evaluative "plus/minus" scales. Masculinity was associated with possible rankings for "management and leadership skills" and "authority". Femininity received more positive evaluations on words associated with "obedience and servitude". "Lack of leadership skills" was associated with "minus masculinity", and with "plus femininity". A man of this type is labeled with negative expressions, such as *onna no kusatta no* 'a rotted woman' or as *mêmêshii* 'sissy'. On the other hand, "minus femininity" is not equated with "plus masculinity", but rather with various other negative qualities.

　In this way we see that linguistic conceptions of "masculinity" and "femininity as the lack of masculinity" are formed by a male dominated society, without the consideration of a female viewpoint. Thus we see a unidirectional movement in the system from "male" to "female as the opposite of male", and from "female" to "a non-feminine female as the opposite of female".

Reference　◆Noro, Kayoko (1988) Nihongo to "Danjo no bunka": Nichijôgo ga tsukuru chishiki taikei to atsuryoku. *Machikaneyama Ronsô (Nihongakuhen)* 22

32　男性特質與女性特質

此研究蒐集「男／女」相關用詞，並依正面評價及負面評價進行分類，結果如圖所示。

〈管理、領導能力〉〈支配能力〉相關用詞被歸類為具備男性特質的正面評價用詞，而〈服從、奉獻〉相關用詞則被歸類為對女性的正面評價用詞。另外，〈缺乏領導能力〉代表「缺乏男性特質」，也就是「具備女性特質」。因此缺乏領導能力（缺乏男性特質）的男性會被冠上「像個女人」「娘娘腔」等負面評價詞。然而，「缺乏女性特質」卻不等於「具備男性特質」，而且「缺乏女性特質」的詞彙大多為對女性的負面評價詞。

從相關詞所建構出的「具備男性特質」和「不具備男性特質」二元對立可看出：「女性特質」乃由居優勢地位的男性決定，女性的視點並未被列入。亦即，缺乏男性特質的人偏向女性特質，但缺乏女性特質的人則會被批評為不像女人的女人。這樣的用詞顯現男女不平等的社會結構。

參考文獻　◆野呂香代子 (1988)〈日本語と「男女の文化」―日常語がつくる知識体系と圧力―〉《待兼山論叢》日本学篇22

32　「남자다움」과「여성스러움」

다음에 제시한 표는 「남／여」에 관련한 연상어를 수집하여 얻어진 표현형을 플러스／마이너스 평가어로 나누어 분석한 결과를 나타낸 것이다. 〈관리·지휘능력〉, 〈지배능력〉에 관계하는 단어는 「남자다움」을 의미하며 플러스 평가가 주어지게 된다. 〈복종·봉사〉에 관계하는 단어는 「여성스러움」을 나타내는 적합한 단어가 되며, 여성에게 주어지는 플러스 평가어가 된다. 또 〈지휘능력의 결여〉는 「－(마이너스)남자다움」으로 「여성스러움」을 나타낸다. 따라서 지휘 능력이 결여된 (＝남자답지 못한) 남성에게는 「미적지근한 남자」, 「사내답지 않다」등 마이너스 평가어가 부여된다. 한편 「－(마이너스)여성스러움」은 「남자다움」을 의미하지는 않으며 여성에 대해 마이너스 평가어로 표현된다.

이와 같이 언어에 따라 체계화된 「남자다움」과 「남자다움의 부정형으로서의 여성스러움」이라는 2항대립에서는 우위집단인 남성의 의향에 따르는 형태로 「여성스러움」이 결정된다는 것, 여성의 시점이 이 체계에 들어갈 여지가 없다는 것을 지적할 수 있다. 즉, 「남자」에서 「남자의 부정형으로서의 여성」으로, 「여성」에서 「여성의 부정형으로서 「여성스럽지 못한 여성」이라는 일방적인 방향으로 움직이는 구조가 되어 있다.

참고문헌　◆노로 카요코 (野呂香代子：1988) 「日本語と『男女の文化』―日常語がつくる知識体系と圧力―」
　　　　　　　『待兼山論叢』日本学篇22

| masculinity | men | positive evaluations | powerful
decisive
reliable
responsible
logical |
| | | negative evaluations | selfish
violent
lewd
shabby |

minus masculinity	men		sissy sluiiy
		negative evaluations	weak indecisive emotional unreliable narrow-minded talkative pestering
femininity	women	positive evaluations	beautiful cute kind, considerate straightforward demure

| minus femininity | women | negative evaluations | fat
ugly
standoffish
boastful
impertinent
strong-minded |

【 「男らしさ」「女らしさ」 】

33 | 男性の名前・女性の名前

　男性と女性の名前の後部形態素（添字）の世代差を見た結果である。なお、カテゴリーの凡例の右の（　）は％の計である。たとえば、1900年代の37.5は、対象にした5つの添字で全体の37.5％が占められていることを表している。

　男性においては「お」が注目される。この音を表す漢字は「雄、男、夫、生、郎」などである。1940年代までは着実に増加していたが、最近は衰退の一途を辿っている。男性の名前は多様化しつつあると言って良いようである。

　一方、女性においてはバラエティが少ない。対象にした上位5つの添字で80％以上がカバーされる。1位の「こ」は全体の50％をこえている。この「こ」は1940年代をピークにきれいな山型をなしている。「こ」に代って増えているのは「み」、あるいは「か」であるが、添字を持たない名前も増えている（あや、まい、なつ、など）。

参考文献　◆田原広史(1991)「人名」『日本語学』10-6

33　Male and Female Names

　The data shows the popularity of various suffixes used in male and female given names. The top five suffixes are shown with percentages. For example, with names of male babies born between 1900 and 1909, these top five suffixes accounted for 37.5% of the total.

　Look at the suffix -o which may be written with a variety of Chinese characters meaning male, man, husband, life, etc. Its usage increased dramatically up until the 1940's when its popularity began to decrease. From the general drop in the percentage of the total which these five suffixes account for, we see that the use of suffixes in male names has decreased.

　We see much less synchronic variety with female names. Here the top five suffixes combined have at times accounted for over 90% of the total. In fact, the suffix -ko alone has at times reached almost 80%. This suffix also peaks out in the 1940's and begins to fall steadily after that. In its place, we find an increase not only in suffixes like -mi as seen here, but also in names (such as *Aya* and *Mai*) which do not use suffixes at all.

Reference　◆Tahara, Hiroshi (1991) Jinmei. *Nihongogaku* 10-6

33　男性名字與女性名字

　　圖顯示男女名字後綴的世代差異。圖右上括號內數字為百分比，例如 1900 年代男性名字調查結果中的 37.5，表示該調查對象的 5 個後綴占全體的 37.5%。

　　男性名字「o」的變化最明顯。「o」可用「雄、男、夫、生、朗」等漢字書寫，雖然 1940 年代以前逐年增加，但近年則逐漸減少。男性的名字可以說是愈趨多元。

　　另一方面，女性名字的變化比較少，排名前五名者超過 80%。第一名的「ko」占整體的 50% 以上，其使用於 1940 年代達高峰，呈現典型的山形圖。取代「ko」而日益增加的有「mi」或「ka」，而不含後綴的名字（aya、mai、natsu 等）亦逐漸增加。

參考文獻　◆ 田原広史 (1991)〈人名〉《日本語学》10-6

33　남성의 이름·여성의 이름

　　그림은 남성과 여성의 이름 끝 글자로 사용되는 후부형태소(첨자 : – 雄, – 男, – 夫, – 子, – 美, – 香 등)의 세대차를 살펴 본 결과이다. 더욱이 범주의 범례 오른쪽 괄호는 백분율(%)의 합계이다. 예를 들면 남성의 경우 1900년대에 괄호안의 37.5 라는 표기는 조사 대상으로 한 5종의 첨자가 전체의 37.5% 를 차지하는 것을 나타낸다.

　　남성의 이름에서 이름 끝글자로 사용된 첨자로는 「– お : o」가 주목된다. 이 음을 나타내는 한자는 「雄, 男, 夫, 生, 郎」 등이 있다. 1940년대까지는 착실히 증가했지만 최근에는 쇠퇴하는 추세이다. 남성의 이름은 다양화하고 있다고 해도 좋을 것이다.

　　한편 여성의 이름에서는 변이형이 적다. 조사 대상으로 한 상위 5종의 첨자만으로 80% 이상이 충당된다. 1위인 「– こ : ko」는 전체의 50% 를 넘는다. 이 「– こ : ko」는 1940년대를 경계로 확실히 산 모양을 그리고 있다. 「– こ : ko」를 대신해 증가하고 있는 것은 「– み : mi」 또는 「– か : ka」이지만, 첨자를 가지지 않는 이름도 증가하고 있다(あや : Aya, まい : Mai, なつ : Natsu 등).

참고문헌　◆ 다하라 히로시 (田原広史 : 1991)「人名」『日本語学』10-6

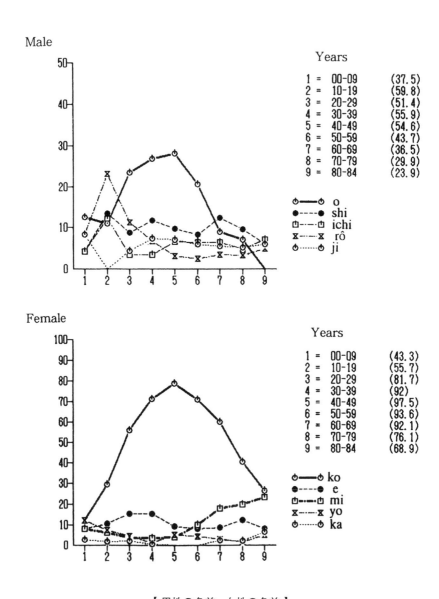

Male

Years

1	=	00-09	(37.5)
2	=	10-19	(59.8)
3	=	20-29	(51.4)
4	=	30-39	(55.9)
5	=	40-49	(54.6)
6	=	50-59	(43.7)
7	=	60-69	(36.5)
8	=	70-79	(29.9)
9	=	80-84	(23.9)

o
shi
ichi
rô
ji

Female

Years

1	=	00-09	(43.3)
2	=	10-19	(55.7)
3	=	20-29	(81.7)
4	=	30-39	(92)
5	=	40-49	(97.5)
6	=	50-59	(93.6)
7	=	60-69	(92.1)
8	=	70-79	(76.1)
9	=	80-84	(68.9)

ko
e
mi
yo
ka

【 男性の名前・女性の名前 】

34 「一子」の付く芸名

　宝塚歌劇団の団員を対象に、本名と芸名について、それぞれに全員の中で占める「一子」の割合を、団員の生まれた年によって5年ごとにまとめ、その変遷を見た結果である。

　宝塚創設の時点では、女性の名前としてはまだ比較的斬新であったと思われる「一子」を芸名として実に90%以上の生徒が用いている。これは、一般社会での「一子」の名付けのピークと言われる1935年〜45年に先立つこと約20年である。しかし、本名での「一子」の上昇とはまさに逆に、芸名の「一子」は急激に降下していく。一方、本名の「一子」は1945年をはさんでしだいに減り始めている。こうしてすっかり色あせてしまったかに見える「一子」であるが、近年の生徒の芸名に、再び活発に姿を見せるようになってきている。この傾向はあるいは一般社会での女性の名に「一子」が再生する、そのさきがけとなるものかもしれない。

参考文献　◆泉佳子(1987)「宝塚歌劇団生徒の芸名」真田信治編『命名の諸相―社会命名論データ集(1)―』

34　The Usage of *-ko* in Women's Names

　Takarazuka is a famous and well-established all-women's musical comedy repertoire company in which all the members use stage names. Data was collected on the "given name" part of members' stage names. The graph shows the percentage of members whose stage names and real names end in *-ko*, according to the periods (divided into five year internals) in which they were born.

　When the company was established early in the 20th century, real names with *-ko* were still relatively rare (less than 30%). Women entering the company at this time chose a stage name using *-ko* more than 90% of the time. As the use of *-ko* became more popular in the world at large (as indicated by the increasing usage of *-ko* in the real names of actresses), it began to loose its exotic appeal as a stage name.

Reference　◆Izumi, Yoshiko (1987) Takarazuka kagekidan seito no geimei. *Meimei no Shosô: Shakai Meimeiron Deitashû* (1). Sanada, Shinji (ed).

34 含「-子」的藝名

本研究以寶塚歌劇團成員為對象，探討其本名及藝名中含「-子」的比例，並依出生年份每隔 5 年劃分為一組，以觀察年代變化。

寶塚草創時期，女性名字含「-子」是非常新穎稀少的，但當時有高達 90% 以上的寶塚藝名含「-子」。一般人流行用「-子」命名的全盛時期為 1935 ～ 45 年，而寶塚團員藝名的命名約 20 年前就已領先風潮。不過，相較於本名使用「-子」者增加，藝名使用「-子」者則驟減。本名使用「-子」者於 1945 年左右開始減少。然而，近年來藝名「-子」的使用再度復甦。這也許會帶來一般社會再次使用「-子」的風潮。

參考文獻 ◆泉佳子 (1987)〈宝塚歌劇団生徒の芸名〉真田信治編《命名の諸相―社会命名論データ集(1)―》

---

34 「-子:ko」가 붙는 예명

다카라쓰카(宝塚) 가극단의 단원을 대상으로 사용중인 본명과 예명을 조사하였다. 그림은 단원 전체에서 「-子:ko」가 차지하는 비율을 단원이 출생한 해에 따라 5년 단위로 정리해 그 변천을 살펴본 결과를 나타낸 것이다.

다카라쓰카 창설 시점(1913년)에서는 여성 이름으로서 아직 비교적 참신하다고 여겨졌던 「-子:ko」를 90%이상의 생도가 예명으로 사용하고 있다. 이것은 일반 사회에서 「-子:ko」를 명명하기 시작한 것으로 알려진 1935년~ 1945년과 비교하면 약 20년 앞선 것이다. 그러나 본명에서 「-子:ko」가 증가하는 것과는 반대로, 예명에서 「-子:ko」의 사용은 급격히 감소하게 된다. 한편 본명에 「-子:ko」를 사용한 비율은 1945년을 경계로 점차 감소하고 있다. 이와 같이 완전히 퇴색해 버린 듯이 보이는 「-子:ko」이지만, 최근 생도의 예명으로 「-子:ko」가 다시 활발히 사용되고 있다. 이러한 경향은 일반 사회에서 여성의 이름에 다시 「-子:ko」를 사용하는 풍조의 선봉에 있는지도 모르겠다.

참고문헌 ◆이즈미 요시코 (泉佳子：1987) 「宝塚歌劇団生徒の芸名」 真田信治編 『命名の諸相―社会命名論データ集(1)―』

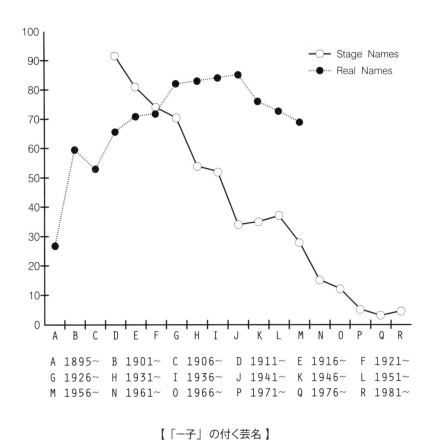

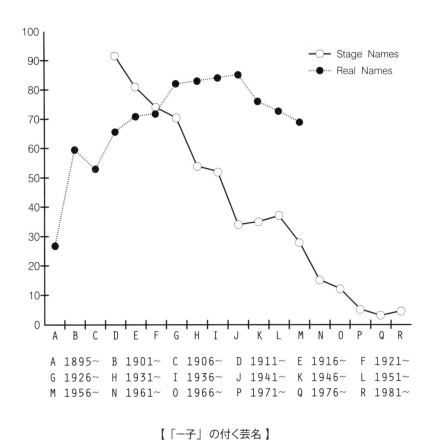

A 1895~   B 1901~   C 1906~   D 1911~   E 1916~   F 1921~
G 1926~   H 1931~   I 1936~   J 1941~   K 1946~   L 1951~
M 1956~   N 1961~   O 1966~   P 1971~   Q 1976~   R 1981~

【「―子」の付く芸名】

言語生活

言語活動の領域

スピーチコミュニティ

ことばと文化

35 外来語の流入時期

　現在まで生き残っている外来語に限定して、外来語辞典を対象とした調査から得られた結果である。対象は、楳垣実『増補外来語辞典』（1972 東京堂出版）で、調査語彙は見出し語のすべてである。

　各時代ごとに、どの国からの外来語が多いかを見ると、鎌倉時代まではサンスクリット語のみであるが、室町時代になるとポルトガル語が最も多くなる。江戸時代はオランダ語が主流になり、明治時代以降は英語が中心となっている。

　なお、グラフの折れ線で見ると、フランス語とドイツ語が似たパターンとなり、ラテン語とギリシャ語が似たパターンになることも興味深い。これらの言語はそれぞれ外来語としての性格が似ていると言えそうである。

参考文献　◆荻野綱男（1988）「日本における外来語の流入時期と原語」『計量国語学』16-4

35　Foreign Borrowings by Historical Period

Looking at these results from a survey of the headwords in a loanword dictionary by Minoru Umegaki in 1972, we can see how the source languages of borrowings in Japanese have changed over the ages. (The number of loans from Chinese is much greater than that of any of the languages listed here, but these have not been included.) Sanskrit was the top source of loans in the Kamakura era (1192-1333), with Portuguese taking the lead in Muromachi (1336-1573), and Dutch in the Edo era (1603-1867). In the Meiji era (1868-1911), French and German increased sharply. Interestingly, these two languages show very similar patterns here, as do Greek and Latin, suggesting that similar factors in Japanese which facilitated borrowings from these languages. In the 20th century, English became the leading source of borrowed words.

Reference　◆Ogino, Tsunao (1988) Nihongo ni okeru gairaigo no ryûnyû jiki to gengo. *Keiryô kokugogaku* 16-4

35 外來語的借入時期

　　本研究以外來語辭典為對象，針對留存至今的外來語（借詞）進行調查。調查
對象乃楳垣実《增補外来語辞典》（1972 年東京堂出版）裡的所有詞項。
　　各時代分別使用來自哪個國家的外來語？鎌倉（Kamakura）時期為止僅有梵
語；室町（Muromachi）時期以葡萄牙語最多；江戶（Edo）時期以荷蘭語為主；明治
（Meiji）時期以後則以英語為中心。從圖中的折線可看出，法語和德語呈現類似的
模式，而拉丁語則和希臘語類似。

參考文獻 ◆ 荻野綱男（1988）〈日本における外来語の流入時期と原語〉《計量国語学》16-4

35 외래어의 유입시기

　　그림은 현재까지 사용되고 있는 외래어에 한정하여 외래어 사전을 대상으로 한
조사에서 얻어진 결과를 나타낸 것이다. 구체적으로는 조사 어휘로 우메가키 미노
루(梅垣実)의 『增補外来語辞典』(1972, 東京堂出版)에 게재된 표제어 전체를 조사
대상으로 한 것이다.
　　각 시대별로 보면 가마쿠라(鎌倉)시대까지는 외래어가 모두 산스크리트어이다. 무
로마치(室町)시대가 되면 포르투갈어 외래어 비중이 높아진다. 에도(江戶)시대에는
네덜란드어가 주류를 이루고 메이지(明治)시대 이후는 영어가 압도적으로 많아진
다.
　　또한 그래프에서 꺾은선을 보면 프랑스어와 독일어, 라틴어와 그리이스어가 유사
한 패턴을 보이는 것도 흥미롭다. 이들 언어는 외래어로서의 성격이 서로 비슷하다
고 말할 수 있을 것이다.

참고문헌 ◆ 오기노 쓰나오 (荻野綱男：1988)「日本語における外来語の流入時期と原語」『計量国語学』16-4

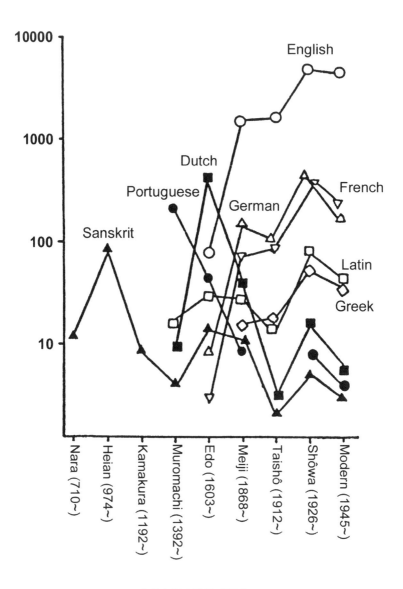

10000

1000

English

Dutch

Portuguese

German

French

Sanskrit

100

Latin

Greek

10

Nara (710~)
Heian (974~)
Kamakura (1192~)
Muromachi (1392~)
Edo (1603~)
Meiji (1868~)
Taishô (1912~)
Shôwa (1926~)
Modern (1945~)

【 外来語の流入時期 】

106

36 外来語に関する意識

近年、コンピュータや医療・福祉をはじめとする分野で、外来語が増加した。これに伴い、和語、漢語、外来語の選択に関する意識にも変化が生じている。2004 年、国立国語研究所は満 15 歳以上の全国住民 4,500 人を対象に全国調査を実施し、3,090 人からの回答を得た。

ここでは「サポート」という外来語と、それに対応する漢語（「支援」）と和語（「手助け」）との使い分け意識について、三つの場面を設定して質問した結果を示す。グラフからは、外来語は「友達同士で話すとき」、漢語は「大勢の人の前で話すとき」、和語は「初めて会うお年寄りと話すとき」にもっとも割合が多いことが読み取れる。場面による語種の使い分けが認められるのである。

参考文献 ◆国立国語研究所 (2005)『外来語に関する意識調査II（全国調査）』国立国語研究所

言語接触

外来語

36 Attitudes toward Loanwords

Recently, the number of loanwords in Japanese has increased in the fields of computers, medicine, and welfare. Attitudes towards a choice of loanwords, *wago* (Native Japanese words) and *kango* (Sino-Japanese words) are changing as well. In 2004, the National Institute for Japanese Language conducted a nation-wide survey towards 4,500 residents (15 years old and above), and 3,090 responded to the survey.

The data show the results of one question regarding use of the loanword *sapôto* 'support,' its *kango*-form, *shien*, and its *wago*-form, *tedasuke*, in three situations. The results showed that loanwords are favored when 'talking to friends,' whereas *kango*-forms is used when 'talking in front of a large audience,' and *wago*-form are used when 'talking to the elderly.' The choice of word is determined by the situation.

接触言語

方言接触

Reference ◆The National Institute for Japanese Language (2005) *Gairaigo nikansuru Ishikichôsa II (Zenkokuchôsa).* The National Institute for Japanese Language.

36 外來語使用意識

　　隨著近年來電腦、醫療或福利領域的外來語（借詞）急速增加，一般民眾對「和語」、「漢語」以及「外來語」的選用意識亦產生變化。國立國語研究所於2004年針對全國15歲以上國民4,500人進行調查，獲得3,090人的答覆。以圖為例，該研究調查在「與朋友說話時」「於眾人面前說話時」「和初次見面的老人家說話時」三種場合中，外來語「サポート（sapôto）」、漢語「支援（shien）」以及和語「手助け（tedasuke）」三詞之選用。結果顯示：外來語在「與朋友說話時」、漢語在「於眾人面前說話時」、和語在「和初次見面的老人家說話時」使用比率最高。換言之，語意相同但語種不同的詞，其使用會隨著場合不同而有所改變。

參考文獻　◆ 国立国語研究所（2005）《外来語に関する意識調査II（全国調査）》国立国語研究所

---

36 외래어 의식

　　최근 컴퓨터나 의료・복지를 비롯한 분야에서 외래어가 증가하고 있다. 이에 따라 일본 고유어, 한어, 외래어의 선택과 관련한 의식에도 변화가 일어나고 있다. 그림은 2004년 국립국어연구소에서 만 15세 이상의 주민 4,500명을 대상으로 전국 조사를 실시하여 3,090명으로부터 회신을 받아 정리한 결과를 나타낸 것이다.
　　「지원」이라는 의미를 가진 외래어(「サポート：sapôto」)와, 의미적으로 대응하는 한어(「支援：shien」)와, 일본 고유어(「手助け：tedasuke」)를 어떻게 구별하여 사용하는지를 3개의 장면을 설정하여 조사한 것이다. 그래프의 결과를 통해 외래어는 「친구끼리 말할 때」, 한어는 「많은 사람들 앞에서 말할 때」, 일본 고유어는 「처음 만나는 연장자와 말할 때」에 주로 사용한다는 것을 알 수 있다. 장면에 따라 어종별로 다른 단어들이 사용되는 것을 확인할 수 있는 좋은 예라고 할 수 있다.

참고문헌　◆ 국립국어연구소（国立国語研究所：2005）『外来語に関する意識調査II（全国調査）』国立国語研究所

【質問】話す相手によって，使う言葉も変わってくると思います。ここでは，友達どうしで話すとき，大勢の人の前で話すとき，初対面のお年寄りと話すときの3つの場面で，あなたが使う言葉をお尋ねします。それぞれの場面で，次のどれを使いますか。

[Question] We choose different language forms in accordance with different interlocutors. Which word would you choose out of three words (*sapôto*, *shien*, *tedasuke*, all of which mean 'support') (a) when you talk with your friends. (b) when you talk in front of a large audience. (c) when you talk to an elder for the first time?

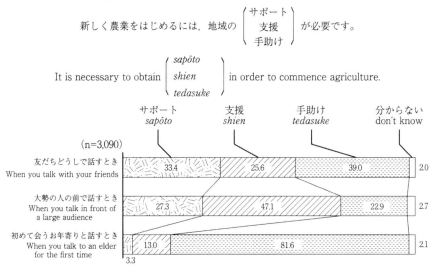

【 外来語に関する意識 】

言語接触

外来語

接触言語

方言接触

109

37 | 地名の交替 —アイヌ語から日本語へ—

　北海道がかつてアイヌの人々の専住地であったときは，地名はすべてアイヌ語であったはずである。しかし，その地名もしだいに日本語地名に浸食されてきた。

　図は，アイヌ語地名がどのように退縮し，代りに日本語地名がどのように浸透していったかを示したものである。五万分の一地形図をもとにして，それぞれの地域で，アイヌ語地名が多いか日本語地名が多いかを調べた結果である。

　上は，1915〜24年の地図，下は，1976年の地図による。日本語地名の浸透はここ約50年間に驚くべきものがある。現在，日本語地名は，道南はもちろん，道央でも優勢である。一方，襟裳岬あたりの南部から東部にかけて，そして稚内付近の北部あたりではアイヌ語地名が優勢なことが認められる。

参考文献　◆柴田武(1987)『柴田武にほんごエッセイ1　ことばの背後』大修館書店

37　Shifts in Place Names:
From Ainu to Japanese

　Hokkaidô was once inhabited exclusively by Ainu people, and we can reasonably assume that the place names at this time were all Ainu. With the coming of Japanese settlers, however, Ainu place names began to give way to Japanese names.

　The graph indicates this shift over time. 268 localities were chosen from 1:50,000 map, and each locality was categorized by the proportion of the place names of Japanese or Ainu origin. The map at the top is for the period 1915-1924; the bottom for 1976. We see a dramatic increase in the use of Japanese place names within this fifty-year period. In the later map, Japanese place names are pervaded not only on the south part of the island, but in the central area as well. On the other hand, Ainu place names are still prevalent around Erimo Point and eastward, and in the northern most areas of Wakkanai.

Reference　◆Sibata, Takesi (1987) *Nihongo Essay I, Kotoba no Haigo*. Taishûkan shoten.

37 地名的交替—從愛努語到日語—

在北海道只有愛努人居住的時代，地名皆為愛努語。然而，現今北海道的地名漸被日語所取代。

圖顯示愛努語地名被日語地名取代的過程，使用以比例 5 萬分之 1 的地圖，標示各地區愛努語地名與日語地名的多寡。

上圖為 1915 年至 1924 年的地圖，下圖為 1976 年的地圖。我們可以看出這 50 年間，日語地名的滲透力相當驚人。現在，日語地名不僅北海道南部，在北海道中部地區亦佔優勢。不過，襟裳岬一帶由南至東、稚內附近的北部仍以愛努語地名為優勢。

參考文獻　◆柴田武 (1987)《柴田武にほんごエッセイ1　ことばの背後》大修館書店

37 지명의 교체 -아이누어에서 일본어로-

홋카이도(北海道)가 일찍기 아이누인들의 거주지였을 때 지명은 모두 아이누어였을 것이다. 그러나 그러한 아이누어 지명도 점차 일본어 지명으로 변화되어 왔다.

그림은 아이누어 지명이 어떻게 위축되어 물러나는지, 반면에 일본어 지명이 어떻게 침투해 갔는지를 나타낸 것이다. 5만분의 1지형도를 바탕으로 해서 각각의 지역에서 아이누어 지명이 많은지 일본어 지명이 많은지를 조사한 결과이다.

위의 것은 1915년 ~1924년도 지도이고, 아래 것은 1976년도 지도에 따른 것이다. 일본어 지명은 약 50년 동안에 놀랄만한 침투 양상을 보이고 있다. 현재 일본어 지명은 홋카이도 남쪽은 물론, 홋카이도 중앙에서도 위세를 떨치고 있다. 한편, 에리모사키 (襟裳岬) 근처의 남부에서 동부, 그리고 왓카나이(稚內) 부근의 북부 근처에서는 아이누어 지명이 우세하다.

참고문헌　◆시바타 타케시 (柴田武：1987) 『柴田武日本語エッセイ1　ことばの背後』大修館書店

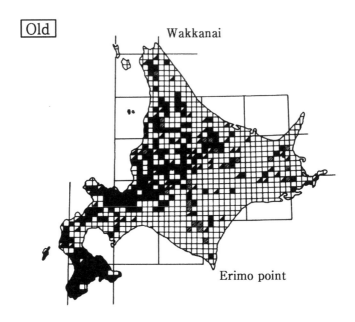

Old

Wakkanai

Erimo point

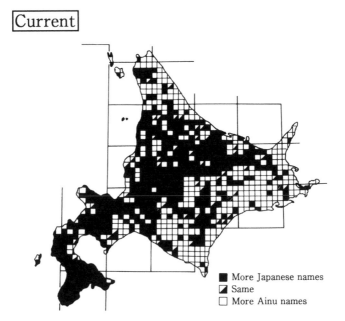

Current

■ More Japanese names
◪ Same
□ More Ainu names

【 地名の交替 －アイヌ語から日本語へ－ 】

38 | 小笠原混合言語の成立

　小笠原諸島は、もともと無人島であったが、1830年代以降、英語やポルトガル語、チャモロ語など、さまざまな言語を話す人々が島に入植し、そこに多言語社会を作り出した。そこでは、一種のピジン英語がコミュニティの共通言語として使用され、それを母語とする話者が現れることによってクレオール化が進んだようである（小笠原クレオール英語）。その後、1870年代になってさまざまな日本語方言を使用する日本人が多数入植し、そこに、日本語諸方言や小笠原英語、ハワイ語などが混ざり合った小笠原コイネー日本語が形成されるに至った。その後、この2言語の併用状況を経て、20世紀前半に言語形成期を迎えた人々にとっては、この2言語が混合した小笠原混合言語が母語となった。

　小笠原は、第二次世界大戦の終結から1968年の返還に至るまでアメリカに統治されたが、その間、一貫して使用されたのは、この混合言語であった。その使用を促したのは、自分たちを欧米系島民として、日本人やアメリカ軍と区別しようとするアイデンティティであり、祖先の言語を部分的にでも継承しようとする積極的な姿勢であった。

参考文献　◆ダニエル・ロング編 (2002)『小笠原学ことはじめ』南方新社

38　Establishment of the Ogasawara Mixed Language

　The Ogasawara or Bonin Islands were originally unpopulated. Since the 1830s, speakers of numerous languages such as English, Portuguese and Chamorro, migrated to these islands, creating a multilingual society. A kind of Pidgin English was widely spoken as a common language. Creolization of this pidgin occured through the acquisition of native speakers (Ogasawara Creole English).

　Later, in the 1870s, a number of Japanese migrants with various Japanese dialectal backgrounds moved to these islands. Ogasawara koine Japanese was formed through the mixing of Japanese dialects. A diglossic situation lasted until the mid-twentieth century. Speakers whose language formation period was during the mid-twentieth century regard the Ogasawara Mixed Language as their mother tongue.

　The United States controlled these islands from 1945 to 1968 when they were returned to Japan. The Mixed Language saw its peak during this period.

Reference　◆Long, Daniel (ed.)(2002) *Ogasawaragaku Kotohajime*. Nampôshinsha.

38 小笠原混合語的成立

　　小笠原諸島原本是個無人島，但 1830 年代之後，使用英語、葡萄牙語、查摩洛語等語言的人進入島內，形成一個多語言社會。為了溝通，他們使用一種英語洋涇濱（pidgin）。隨著以英語洋涇濱為母語者出現，遂漸形成「小笠原英語克里奧爾」。1870 年代，來自日本各地的人移居小笠原，混合日語各方言、小笠原英語以及夏威夷語成份的「小笠原共同語（koine）日語」因而形成。歷經這兩個語言併用的狀況之後，20 世紀前半度過語言形成期的人則以此二語言混合而成的小笠原混合語言為母語。

　　小笠原自第二次世界大戰結束至 1968 年歸還日本的期間受美國統治，當時島上使用的便是小笠原混合語言。使用該語言的主要因素在於居民欲顯示自己是歐美系島民，自己和日本人或美軍不同的認同意識以及欲傳承祖先語言的積極態度。

參考文獻　◆ダニエル・ロング編（2002）《小笠原学ことはじめ》南方新社

---

38 오가사와라 혼합 언어의 성립

　　오가사와라제도(小笠原諸島)는 원래 무인도였지만 1830년대 이후 영어나 포루투갈어, 차모로어 등, 다양한 언어를 말하는 사람들이 섬으로 들어와 생활함으로서 다언어 사회가 만들어졌다. 이곳에서는 일종의 피진(pidgin) 영어가 공동체의 공통 언어로써 사용되어 피진 영어를 모어로 하는 사람들이 생겨나면서 크레올화(creolization)가 진행된 듯하다(오가사와라 크레올 영어 Ogasawara Creole English). 그 후, 1870년대가 되어 다양한 일본어 방언을 사용하는 일본인이 다수 섬으로 들어가 생활함에 따라 일본어 제방언이나 오가사와라 영어, 하와이어 등이 혼합된 오가사와라 코이네(koine) 일본어가 형성되기에 이르렀다. 이후, 이들 오사가와라 크레올 영어와 오가사와라 코이네 일본어가 병행하며 사용되다가 20세기 전반에 들어서면서 언어 형성기를 맞이한 사람들은 이 두 언어가 혼합된 오가사와라 혼합 언어를 모어로 사용하게 되었다.

　　오가사와라는 제 2차 세계대전 종결로부터 1968년까지 미국의 통치하에 있었다. 그러다가 일본에 반환되는데 그 사이에 꾸준히 사용된 것은 이 혼합 언어였다. 오가사와라 도민(島民)들은 자신들이 일본인도 미군도 아닌, 구미계(歐美系)의 도민이라는 의식이 강해져, 언어 정체성을 지키기 위해 선조의 언어를 부분적으로나마 계승하고자 하는 적극적인 자세를 보여준다.

참고문헌 ◆다니엘 롱 편 (ダニエル・ロング編：2002)『小笠原学ことはじめ』南方新社

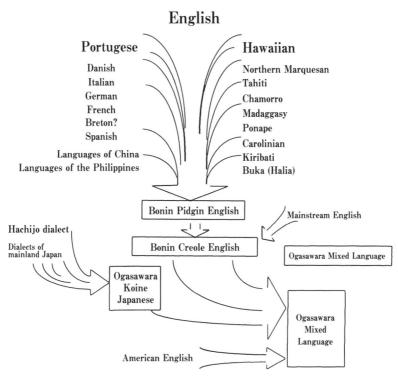

【 小笠原混合言語の成立 】

39 | 在日コリアン

在日コリアンは来日の時期によって、オールドカマーとニューカマーに二分できる。2006年現在の人口は、オールドカマーが約47万人、ニューカマーが約14万人であるが、表にそれぞれの言語使用の概況を示している。

オールドカマーには、日本植民地時代に来日した一世とその子孫、および戦後から80年代にかけて結婚などの事情で来日した人々などが含まれる。日本植民地時代にすでに来日したオールドカマーのコミュニティでは、韓国語から日本語への言語シフトが進み、日本語を母語とする世代が増えてモノリンガル化している。戦後に来日した人々は韓国語を母語とするが、オールドカマーのコミュニティに溶け込もうとして、生活しながら日本語を習得してきた。それに対して、ニューカマーは80年代以降に来日した留学生（就学生）や駐在員、日本人や永住者の配偶者などによって構成される。民族意識に依拠しつつも母国語を隠さざるを得ないオールドカマーとは異なり、ニューカマーは韓国語を積極的に用いている。

留意したいのは、こういったニューカマーの影響を受けて、オールドカマーコミュニティにおいても母国語が復活しつつあるという点である。

参考文献 ◆金美善(2009)「言語景観における移民言語のあらわれかた―コリアンコミュニティの言語変容を事例に―」庄司博史・P. バックハウス・F. クルマス『日本語の言語景観』三元社

39 Korean-Japanese

Korean-Japanese can be categorized into old-comers and new-comers based on their arrival period. Their population is in 2006 about 470,000 old-comers and about 140,000 new-comers. Their language use in their life in Japan is summarized in the table.

Old-comers refer to the first generation, who migrated to Japan during the Japanese colonial time, their children and grandchildren, and those who came to Japan because of family matters between 1945 and 1980s. In old-comer communities, language shift from Korean to Japanese proceeded as monolingual speakers of Japanese increased. Those who came to Japan after 1945 had Korean as their mother tongue, and made efforts to acquire Japanese in order to become a member of the community. New-comers, on the other hand, are students and spouses of Japanese or permanent Korean residents. Unlike old-comers who were required to hide their mother tongue despite their strong ethnic identity, new-comers frequently use the Korean language.

What should be noted here is that, influenced by new-comers, Korean usage rebounds even in old-comer communities.

Reference ◆ Kim, Mison (2009) 'Gengokeikan niokeru imingengo no arawarekata: korian komyuniti no gengo henyô o jireini.' Shoji, H. and Backhaus, P. (eds.) *Nihon no gengokeikan*. Sangensha.

39　在日韓國人

「在日韓國人」依其渡日時期可分為舊移民（old comer）和新移民（new comer）。2006 年在日韓國人舊移民約 47 萬人，新移民約 14 萬人，其語言使用概況如表所示。

舊移民含日治時期渡日的第一代（一世）與其子孫，以及戰後至 80 年代期間因結婚等因素移居日本者。日治時期移居日本的舊移民社群已發生韓語轉移至日語的現象（language shift），以日語為母語的人數增加，而漸單語化。戰後移居者雖然以韓語為母語，但其為了融入舊移民社群，而努力在日常生活中學習日語。相對地，新移民主要包含 80 年代之後赴日的留學生、駐在員、與日本人或擁有日本永久居留權者結婚之韓國人配偶。新移民積極地使用韓語，和雖然保有民族意識卻又不得不隱藏韓語的舊移民明顯不同。

值得注意的是，受新移民的影響，舊移民社群的韓語似乎有逐漸復甦的跡象。

參考文獻 ◆ 金美善（2009）〈言語景観における移民言語のあらわれかた―コリアンコミュニティの言語変容を事例に―〉庄司博史・P. バックハウス・F. クルマス編《日本語の言語景観》三元社

39　재일 코리안

재일 코리안은 일본을 찾은 시기에 따라 올드커머(old-comer)와 뉴커머(new-comer)로 양분할 수 있다. 2006년 현재, 인구는 올드커머가 약 47만명, 뉴커머가 약 14만명으로 알려져 있는데, 다음의 표에서는 각각의 언어사용 개요와 상황을 나타내고 있다.

올드커머에는 일본 식민지시대에 일본에 건너간 1세대와 그 자손 및 전후(戰後)부터 80년대에 걸쳐 결혼 등의 사정으로 일본으로 건너간 사람들이 포함된다. 일본 식민지 시대에 이미 일본으로 건너간 올드커머의 공동체에서는 한국어에서 일본어로 언어 교체가 진행되었다. 일본어를 모어로 하는 세대가 증가함으로서 단일언어화(monolingual)가 정착된 것이다. 전후에 일본으로 건너간 사람들은 한국어가 모어이지만, 올드커머 공동체에 동화되기 위해 생활하면서 일본어를 습득해 왔다. 그에 반해 뉴커머는 80년대 이후에 일본으로 건너간 유학생(취학생)이나 주재원, 일본인이나 영주자의 배우자 등에 의해 구성된다. 민족의식이 강하면서도 모국어인 한국어를 감출 수 밖에 없는 올드커머와는 달리, 뉴커머는 한국어를 적극적으로 사용하고 있다.

유의해야 할 점은 이러한 뉴커머의 영향을 받아 올드커머 공동체에서도 모국어인 한국어가 부활하고 있다는 것이다.

참고문헌　◆김미선 (金美善：2009)「言語景観における移民言語のあらわれかた―コリアンコミュニティの言語変容を事例に―」庄司博史・P.バックハウス・F.クルマス編『日本の言語景観』三元社

	渡日期 Period to enter Japan	世代 Generation	母語 Mother tongue	理解言語 Passive language	使用言語 Language
オールドカマー Old-comer	20世紀前半 First half of the 20th century	一世 First generation	韓 Korean	日韓 Japanese and Korean	日韓 Japanese and Korean
		二世 Second generation	日 Japanese	日韓 Japanese and Korean	日 Japanese
		三世以降 Third generation onward	日 Japanese	日 Japanese	日 Japanese
	終戦～80年代 End of World War II to 1980s	一世 First generation	韓 Korean	日韓 Japanese and Korean	日韓 Japanese and Korean
ニューカマー New-comer	80年代～ 1980s onward	一世 First generation	韓 Korean	日韓／韓 Japanese and Korean/Korean	日韓／韓 Japanese and Korean/Korean

【 在日コリアン 】

40 宜蘭クレオール

　台湾東部の宜蘭県の山間部に、現地のアタヤル語／セデック語と日本語との接触によって生まれた新しい言語変種が存在する。宜蘭クレオール（Yilan Creole）と名づけられたこの言語変種は、アタヤル語を基層とし、日本語を上層とする独自の体系を持った「言語」である。

　宜蘭クレオールは主に宜蘭県の寒渓村と東岳村、金洋村、澳花村に住むアタヤル人によって用いられている。その使用には、地域差や個人差も存在しているが、当該地域での言語運用の傾向をおおまかにまとめると、表のようになる。

　高年層は日本語教育を受けたかどうかによって２つのグループに分けられる。70歳以上の世代は宜蘭クレオールと日本語との違いを認識し、使い分ける人が多い。

　表から、宜蘭クレオールを日常生活の中で頻繁に使うのは中年層までであること、世代間の継承はあるものの、若年層には受け継がれなくなりつつあることがわかる。

参考文献　◆真田信治・簡月真(2008)「台湾の日本語クレオール」『言語』37-6

40 Yilan Creole

　Deep in the mountains of Yilan Prefecture in Eastern Taiwan, a new language emerged as the result of language contact between the local languages, Atayal and Sediq and Japanese. This language, Yilan Creole, is Japanese-based, but is a new language, heavily influenced by Atayal.

　Yilan Creole is spoken among the Atayal people in villages such as Hanhsi, Tungyueh, Chinyang, and Aohua in Yilan Prefecture. Regional and individual differences do exist. The table is an overview of general trends of language use in these villages.

　Two groups can be categorized based on Japanese language education experience. Those who are 70 years old or above can recognize the differences between Yilan Creole and Japanese, and distinguish between the two languages.

　The table shows that it is the middle-age generation that uses Yilan Creole more frequently in daily life. Yilan Creole has been transmitted across those three generations, but it is no longer being used by the younger generation and is therefore facing extinction.

Reference　◆Sanada, Shinji and Chien, Yueh-chen. (2008) Taiwan no Nihongo kureôru. *Gengo* 37-6.

40　宜蘭克里奧爾

　　台灣東部宜蘭縣的山地村落存在一種由當地的泰雅語和日語接觸後形成的新語言變種，研究者稱其為宜蘭克里奧爾（Yilan Creole）。宜蘭克里奧爾乃具獨立系統的「語言」，主要以日語和泰雅語為主，並包含華語等語言的成分。

　　宜蘭克里奧爾使用者主要為居住在宜蘭縣寒溪村、東岳村、金洋村和澳花村的泰雅族人。其使用現況具區域差異和個人差異，不過主要的趨勢可整理如表。表中高齡層可依曾受日本教育與否再細分為二。70歲以上的高齡層多數人認知宜蘭克里奧爾和日語的差異，並區分使用。

　　從表中可看出，日常生活中頻繁使用宜蘭克里奧爾的是中高齡層，宜蘭克里奧爾雖有世代間傳承，但年輕人已漸不使用。

參考文獻　◆真田信治・簡月真（2008）〈台湾の日本語クレオール〉《言語》37-6

40　이란(宜蘭) 크레올

　　타이완(台湾) 동부의 이란현(宜蘭県) 산간부에, 현지의 아타얄(Atayal)어 / 시디그(Seediq)어와 일본어가 접촉하여 생겨난 새로운 언어변종이 존재한다. 이란 크레올(Yilan Creole)이라고 이름 붙여진 이 언어변종은 일본어를 베이스로 한 것이지만, 아타얄어의 많은 요소와 중국어 등의 일부 요소도 가미된 독자적인 체계를 지닌 「언어」이다.

　　이란 크레올은 주로 이란현의 한시촌(寒溪村)과 동이에촌(東岳村), 진양촌(金洋村)과 아우화촌(澳花村)에 거주하는 아타얄인에 의해 사용되고 있다. 그 사용에는 지역차나 개인차도 존재하지만, 해당 지역에서의 언어운용 경향은 대략 다음의 표와 같이 정리할 수 있다.

　　고연령층은 일본어교육을 받았는지 아닌지에 따라 두 개의 그룹으로 나눌 수 있다. 70세 이상의 세대는 이란 크레올과 일본어와의 차이를 인식하고 구별해서 사용하는 사람들이 많다.

　　표를 보면 중년층들은 이란 크레올을 일상생활 속에서 빈번히 사용하며 세대간의 계승은 있지만 약년층에는 계승되지 않고 있다는 점을 알 수 있다.

참고문헌　◆사나다 신지・치엔 유에첸 (真田信治・簡月真：2008)「台湾の日本語クレオール」『言語』37-6

Table Present conditions of usage of Yilan Creole (2008)

elder generation		"middle-aged generation"	"younger generation"
above age 70	age 60–69	age 30–59	under age 29
(Atayal, Seediq)	(Japanese)	Yilan Creole	(Yilan Creole)
Japanese	Yilan Creole	Chinese	Chinese
Yilan Creole	(Chinese)		

Languages given in brackets ( ) are less used or not used.

【 宜蘭クレオール 】

121

41 | サハリン日本語

　サハリン（旧樺太）は、アイヌ人やニブフ人、ウイルタ人、日本人、朝鮮人、ロシア人、ウクライナ人が生活する多民族・多言語の島である。サハリンの南半分を日本が領有した1905年から1945年の40年間、日本人と現地住民との交流が盛んであった。

　図は、その当時の樺太と関わりのある日本人と現地住民との関係を、「出稼ぎ労働者」と「日本人移住者」とに分け、それぞれを取り巻く社会言語的状況を示したものである。現地住民には教室での日本語教育を受けた人もいれば、番屋などに滞在した出稼ぎ労働者とのやり取りから日本語を自然習得した人もいた。現地には東北方言的特徴を含む日本語を使う住民がいるが、彼らの日本語は自然習得によるものであろう。

参考文献　◆朝日祥之（2005）「海と方言—島の間の方言の伝播—」『日本語学』24-9

41　Sakhalin

　Sakhalin (formerly Karafuto) is a multiethnic as well as a multilingual island. There are a number of ethnic groups such as Ainu, Nivkh, Uilta, Japanese, Korean, Russian, Ukrainian, and others. For 40 years between 1905 and 1945 when Japan owned the southern part of the island, interactions between Japanese and local islanders were frequent.

　The figure illustrates the sociolinguistic situation and the relationship between Japanese and local islanders. Japanese were categorized as 'temporary labors' and 'Japanese migrants.' Some local islanders went to school to acquire the Japanese language; others acquired Japanese naturally through their interactions with temporary laborers at *banya*, temporary housing along the coastline of the island. In the latter case, their Japanese include a number of dialectal features from Tôhoku dialects. This is an outcome of the natural acquisition of the Japanese language.

Reference　◆Asahi, Yoshiyuki (2005) Umi to Hôgen: Shima no aida no hôgen no dempa. *Nihongogaku* 24-9.

41 庫頁島

　　庫頁島〔舊稱樺太〕是愛努人、尼夫赫人、鄂羅克人、日本人、朝鮮人、俄國人以及烏克蘭人等多民族所組成的多語言島嶼。日本於 1905 年至 1945 年的 40 年間佔領庫頁島南半部，與當地人交流頻繁。

　　當時居住於庫頁島的日本人和當地居民的關係、語言使用環境等如圖所示。首先，日本人可分成「勞動者」和「移民」。而當地居民有些在學校接受日語教育，有些則和來自日本的勞動者接觸後學會日語。有些庫頁島居民所使用的日語含日本東北地區方言特色，這應該是自然習得所致。

參考文獻　◆ 朝日祥之 (2005)〈海と方言―島の間の方言の伝播―〉《日本語学》24-9

41 사할린 일본어

　　사할린(옛, 가라후토 : 樺太)은 아이누인이나 길랴크인, 윌타인, 일본인, 조선인, 러시아인, 우크라이나인이 생활하는 다민족·다언어의 섬이다. 일본이 사할린의 남반부를 점령한 1905년부터 1945년까지 40년간 일본인과 현지 주민과의 교류가 왕성했다.

　　그림은 그 당시의 사할린과 관계가 있는 일본인(「돈벌이 목적 이주 노동자」와 「일본인 이주자」)과 현지 주민을 둘러싼 사회언어적 상황을 나타낸 것이다. 현지 주민 가운데에는 교실에서 일본어교육을 받은 사람도 있지만, 청어·연어잡이 어부들이 묵는 파수막 등에서 체재하던 돈벌이 목적 이주 노동자와의 교류를 통해 일본어를 자연스럽게 습득한 사람도 있었다. 현지에는 도호쿠(東北) 방언의 특징이 섞인 일본어를 사용하는 주민이 있는데, 아마 그들이 사용하는 일본어는 자연스러운 언어생활을 통해 습득한 것으로 생각된다.

참고문헌　◆ 아사히 요시유키 (朝日祥之：2005)「海と方言―島の間の方言の伝播―」『日本語学』24-9

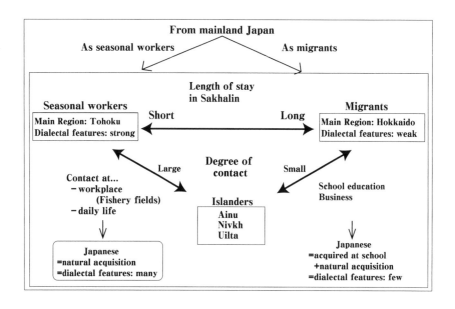

【 サハリン日本語 】

42 ウチナーヤマトゥグチ

　沖縄では方言（ウチナーグチ）と標準語（ヤマトゥグチ）の長い葛藤の歴史のなかから、ウチナーグチと習得目標としてのヤマトゥグチとの大きな隔たりの中間に、ウチナーヤマトゥグチ（沖縄大和口）と称される第3のバラエティが生成された。これは琉球方言のフィルターによって変形した標準語を指すものである。具体的には、次のような形式である。

　　タベタールサー〈食べてしまったよ〉　②
　　カリマショー〈貸してください〉　③
　　イキキレル〈行くことができる〉　④
　　クルハズ〈来るだろう〉　⑤

　図の①はバラエティとしてのウチナーヤマトゥグチの使用意識である。年層がさがるにつれて使用意識が高くなるようである。②以下は、具体的形式に関しての使用意識である。③を除いて高校生における使用意識がやや高い。

参考文献　◆大野眞男（1995）「中間方言としてのウチナーヤマトゥグチの位相」『言語』24-12a

42　Uchinâ-yamatuguchi

　It is often said that the traditional local dialect in Okinawa, called *Uchinâguchi* has been replaced by standard Japanese, called in Okinawa *Yamatuguchi*. A third intermediate speech variety known as *Uchinâ-yamatuguchi* has emerged between them. This variety has developed with standard Japanese as a target language, but transformed through contact with the Ryûkyû dialect.

　The graph shows the consciousness of *Uchinâ-yamatuguchi* usage. This consciousness increases in the younger speakers. The graph also shows the usage of some specific expressions which are regarded as features of this intermediate variety. The levels of usage for all of these (excepting 3) are comparatively high among high school students.

Reference　◆Ono, Masao (1995) Chûkan hôgen to shite no Uchinâ-Yamatoguchi no isô. *Gengo* 24-12.

42 沖縄大和語（Uchinâ-yamatuguchi）

　　沖縄方言（Uchinâguchi）與標準語（Yamatuguchi）經過長期對立的歷史後，形成了介於沖縄方言和標準語間的第三種語言變種— Uchinâ-yamatuguchi（沖縄大和語）。換言之，這個語言是經由琉球方言的濾網（filter）過濾後，變形而成的標準語。具體舉例依 Uchinâ-yamatuguchi、標準語翻譯、中譯序列如下：

　　　tabetârusâ 〈tabeteshimattayo〉 吃掉了唷 ②
　　　karimashô 〈kashitekudasai〉　請借我 ③
　　　ikikireru 〈ikukotogadekiru〉 能去 ④
　　　kuruhazu 〈kurudarô〉 會來吧 ⑤

　　圖中的①是 Uchinâ-yamatuguchi 的使用意識。年齡愈低使用意識似乎愈高。②～⑤則顯示具體形式的使用意識。高中生除了③之外的使用意識略高。

参考文献　◆ 大野眞男（1995）〈中間方言としてのウチナーヤマトゥグチの位相〉《言語》24-12

---

42 우치나 야마투구치

　오키나와(沖縄)에서는 방언(우치나구치)과 표준어(야마투구치) 사이의 오랜 갈등의 역사가 존재한다. 오키나와 방언인 우치나구치(沖縄口)와 습득 목표언어인 야마투구치(大和口)와의 대립속에서 우치나 야마투구치(沖縄大和口)라고 불리는 제 3의 변이형이 생성되었다. 이것은 류큐방언(琉球方言)에 영향을 받아 성립된 표준어이다. 구체적으로는 다음과 같은 형식이다.

　　　タベタールサー：tabetârusâ ＜食べてしまったよ：tabeteshimattayo ＞ ②
　　　カリマショー：karimashô ＜貸してください＞ ③
　　　イキキレル：ikikireru ＜行くことができる＞ ④
　　　クルハズ：kuruhazu ＜来るだろう＞ ⑤

　그림의 ①은 변이형으로서 우치나 야마투구치를 사용하는 사람들의 의식을 나타낸 것이다. 연령층이 낮아짐에 따라 사용 의식이 높아지는 것 같다. ②이하는 구체적 형식을 사용하는 사람들의 의식이다. ③을 제외하면 고교생의 사용 의식이 조금 높다.

참고문헌　◆ 오노 마사오 (大野眞男：1995) 「中間言語としてのウチナーヤマトゥグチの位相」 『言語』24-12

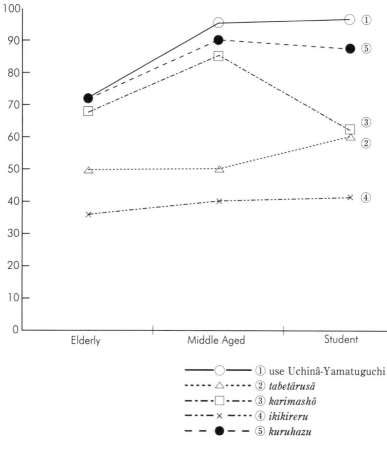

外来語

接触言語

方言接触

43 変化のプロセス（利賀川）

　北陸、富山県西南部でのアクセント変異形についてのグロットグラム（年齢×地点図）である。横軸は地点、縦軸は話者の年齢である。2拍名詞のある語群（類別語彙の2・3類）に関して、話者ごとのそのバリエーションを量的に表したものである。特に利賀川の流域におけるこの語群のアクセント形のゆれ（HL～LH）について、HL形が古く、LH形が地点17（下流）から、地点1（最上流）にかけて新しく広がりつつあることが判明した。そして、その広がり、変化プロセスのパターンは、いわゆるS字型のカーブを描いていることも認められた。このグラフは、近年言われるようになった「パーセントグロットグラム」そのものである。なお、この利賀谷調査は1968年7月から開始している。その最初の報告は1971年であった。

参考文献　◆真田信治(1979)『地域語への接近—北陸をフィールドにして—』秋山書店

43　Process in Linguistic Change (Togagawa)

　Glottograms show the temporal and spatial aspects of language use. This graph displays the variants of the pitch accent in the southwestern part of Toyama Prefecture. The glottogram plots the speakers' ages (the temporal aspect) on the vertical axis and their locations (the spatial aspect) on the horizontal axis for certain pitch accents of bimoraic nouns (e.g., *uta, kawa, saka, hana*). In the *Togagawa* (the Toga River) area, pitch accents are realized either as HL (old) or LH (new). The new accent spreads from left to right in the glottogram, or from downstream (location 17) to upstream (location 1) along the Toga River. The diffusion of the pitch accent change presents an S-shaped curve. This type of glottogram is called a "percent glottogram." This survey was conducted in July 1968, and the first report was published in 1971.

Reference　◆Sanada, Shinji (1979) *Chiikigo heno Sekkin: Hokuriku o fiirudo nishite.* Akiyamashoten.

43 語言變化過程（利賀川）

　　圖為日本北陸地區富山縣西南部地區重音使用的「年齡 × 地點語言分布圖（glottogram）」。橫軸標示地點、縱軸則為受訪者年齡。該研究針對 2 拍名詞的詞群（類別詞彙的 2、3 類），將各受訪者的變異量化。如圖示，利賀川流域的該詞群重音變異（HL 形（High − Low）與 LH 形（Low − High））中 HL 形較古老，LH 形則較新。LH 形分布廣達地點 17（下游）至地點 1（最上游），其變化模式呈現 S 型曲線。此圖即為近年所謂的「百分率年齡地點語言分布圖」。順帶一提，本研究於利賀谷所進行的調查從 1968 年 7 月便開始，研究成果最初發表於 1971 年。

參考文獻 ◆ 真田信治（1979）《地域語への接近—北陸をフィールドにして—》秋山書店

43 언어변화 과정(도가가와:利賀川)

　　호쿠리쿠(北陸), 도야마현(富山県) 서남부에서 사용되는 방언 액센트 변이형에 관한 글로토그램(glottogram: 연령×지점도)을 보도록 하자. 가로축은 지점, 세로축은 화자의 연령이다. 2박 명사의 특정 어군(종류 Z 어휘 2·3종류)에 관해서 화자별로 그 변이형을 양적으로 나타낸 것이다. 특히 도가가와(利賀川) 유역에 거주하는 사람들이 사용하는 2박 명사의 특정 어군의 액센트형 변이(HL~LH)를 조사한 결과, HL 형이 오래된 액센트형이고, LH 형이 지점 17(하류)에서 지점 1(최상류)에 걸쳐 새롭게 확산되고 있다는 사실이 밝혀졌다. 그 확산과 변화과정의 패턴 또한 소위 말하는 S 자형 커브를 그리고 있는 것으로 확인되었다. 이 그래프는 최근 알려진 「퍼센트 글로토그램」이라는 것이다. 더욱이 이 도가타니(利賀谷)에서 실시한 조사는 1968 년 7월부터 시작한 것이다. 그 최초의 보고는 1971년이었다.

참고문헌 ◆ 사나다 신지 (真田信治 : 1979) 『地域語への接近—北陸をフィールドにして—』 秋山書店

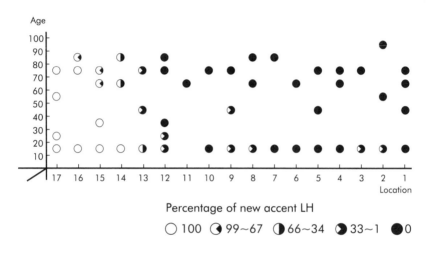

Percentage of new accent LH

◯ 100　◗ 99~67　◑ 66~34　◑ 33~1　● 0

【 変化のプロセス（利賀川）】

44 変化のプロセス(十津川)

西日本の多くの方言では、助詞の「て」のあるなしによって進行態と結果態との区別を行なっている（例：散りよる／散っとる）。

図は、紀伊半島（奈良県御所市－和歌山県新宮市間）を対象としたグロットグラムで、進行態と結果態の区別のあるなしを示したものである。

「区別なし」は御所市、五條市、西吉野村北部と大塔村、十津川村の若年層に現れ、「区別あり」は新宮市、熊野川村、本宮町と十津川村、大塔村、西吉野村南部の40代以上に見られる。このことから明らかに、「区別なし」が新しく、「区別あり」が古いと認められる。

このグロットグラムでは、北から進行態と結果態とを区別しない新しい体系が若年層に食い込むように侵入してきているさまが読み取れる。すなわち、南に行くにつれて、進行態と結果態とを区別する古い体系が存在していることになるわけである。

言語接触

外来語

接触言語

方言接触

参考文献 ◆井上文子(1992)「『アル』・『イル』・『オル』によるアスペクト表現の変遷」『国語学』171

44 Aspects of Aspect Change (Totsukawa)

In many dialects of western Japan, there is a morpho-syntactic difference in aspectual expression between the progressive (ending in *-yoru* or a variant thereof) and the resultative (ending in *-toru* or a variant thereof). This differentiation has disappeared, however, from the dialects of Osaka and Kyoto which comprise the cultural and geographical center of western Japan.

The glottogram shows whether or not speakers on the Kii peninsula (south of the Osaka-Kyoto area) differentiate between the two aspects forms.

In the graph here, we see that speakers without the differentiation are concentrated among the younger informants at the northern end of the survey area, closer to the Osaka-Kyoto urban center. Conversely, speakers with the differentiation are found among the informants above forty in the southern areas further from the urban hub. We see that the dialects which differentiate between the two aspect categories are older and that the lack of differentiation is spreading from the rapidly urbanizing areas in the north to the more isolated areas in the mountainous south.

Reference ◆Inoue, Fumiko (1992) "Aru", "Iru", "Oru" ni yoru asupekuto hyôgen no hensen. *Kokugogaku* 171

44　語言變化過程（十津川）

　　許多西日本方言藉由助詞「て（te）」的有無區分進行貌與結果貌（例如：散りよる chiriyoru／散っとる chittoru）。

　　圖乃「年齡×地點語言分布圖（glottogram）」，探討紀伊半島（奈良縣御所市至和歌縣新宮市）各地點和年齡層是否區別使用進行貌與結果貌。

　　「無區別」出現於御所市、五條市、西吉野村北部、大塔村以及十津川村的年輕人，「有區別」則為新宮市、熊野川村、本宮町、十津川村、大塔村、西吉野村南部四十歲以上居民。由此可推論：「無區別」較新，而「有區別」較舊。

　　另外，從圖中可看出進行貌與結果貌無區別的新體系自北部（奈良縣御所市）漸漸地滲入年輕族群的語言使用中。換言之，愈往南，使用區別進行貌與結果貌舊體系的情形愈明顯。

參考文獻　◆井上文子（1992）〈「アル」・「イル」・「オル」によるアスペクト表現の変遷〉《国語学》171

44　언어변화 과정 (도쓰카와:十津川)

　　서일본(西日本) 대부분의 방언에서는 조사 「て:-te」의 유무에 따라 진행태와 결과태를 구별하고 있다(예: 散りよる chiriyoru(떨어지고 있다)／散っとる chittoru(떨어졌다).

　　그림은 기이반도(紀伊半島;나라현(奈良縣) 고세시(御所市), 와카야마현(和歌山縣) 신구시(新宮市))에 거주하는 사람들을 대상으로, 진행태와 결과태의 구별 유무를 조사한 글로토그램(glottogram)이다.

　　고세시(御所市), 고조시(五條市), 니시요시노촌(西吉野村) 북부와 오토촌(大塔村), 도쓰가와촌(十津川村)에 거주하는 약년층들은 구별하지 않는 반면, 신구시(新宮市), 구마노가와촌(熊野川村), 혼미야정(本宮町)과 도쓰가와촌(十津川村), 니시요시노촌(西吉野村) 남부에 거주하는 40대 이상의 지역민들은 진행태와 결과태를 구별한다. 진행태와 결과태를 구별하는 것은 오래된 일이며, 구별하지 않는 것은 최근의 일이다.

　　이 글로토그램에서는 진행태와 결과태를 구별하지 않는 새로운 체계가 북쪽 지방에 거주하는 약년층에 깊이 침투해 있음을 보여준다. 반대로, 남쪽으로 갈수록 진행태와 결과태를 구별하는 옛 체계가 여전히 존재한다.

참고문헌　◆이노우에 후미코 (井上文子:1992)「『アル』・『イル』・『オル』によるアスペクト表現の変遷」『国語学』171

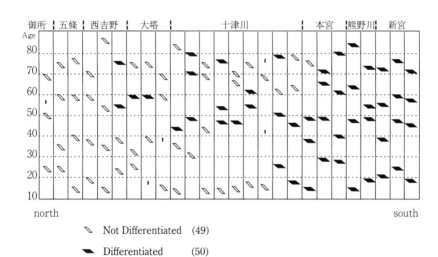

御所 ┃ 五條 ┃ 西吉野 ┃ 大塔 ┃ 十津川 ┃ 本宮 ┃熊野川┃ 新宮

north

south

↘ Not Differentiated (49)

◣ Differentiated (50)

ı Unclear (5)

【 変化のプロセス（十津川）】

中間型方言体系の分布

　たとえば「書く」という動詞の場合、それを打ち消す言い方は、大阪市では「書ケヘン」が一般であり、京都市では「書カヘン」が一般である。ところで、京都市で「書ケヘン」と言うと、〈書くことができない〉という可能の意味になる。京都市の「書ケヘン」と大阪市での「書ケヘン」とでは表現意図が異なっているのである。大阪市で「書ケヘン」は〈書かない〉ということであるから、〈書くことができない〉ということを言うときには「書カレヘン」と言わざるをえないのである。

　単純否定／可能否定の体系は、京都市では、書カヘン／書ケヘンであるのに対して、大阪市では、書ケヘン／書カレヘンであるとされるわけである。そして、この方言間には、さまざまな組み合わせの中間型方言体系が存在する。図はその状況である。なお、純粋中間方言型として示したのは、併用のない書カヘン／書カレヘンの体系である。

参考文献　◆ダニエル・ロング（1995）「形態統語体系における『中間方言』現象」『大阪樟蔭女子大学論集』32

45　The Distribution of Inter-Dialect Systems

　These data show the usage of two morpho-syntactic features—the negative and the potential negative—that differ in the Kansai dialects of Kyoto and Osaka. The negative in Kyoto is -*ahen* and the potential negative is -*ehen*, while in Osaka, the negative is -*ehen* and the potential negative is -*arehen*. It is in the suburban areas of contact between the Osaka and Kyoto dialects that a new "interdialect" phenomenon can be found. The Kyoto negative -*ahen* is used alongside the Osaka negative potential -*arehen*, and the problematic morpheme that causes homonymic clash (i.e., -*ehen*) has been eliminated.

　This interdialectal system is used most heavily in the areas between Kyoto and Osaka. In the graph, the line indicates the percentage of informants who reported using only this "pure" interdialectal system. In this case, the interdialectal system is negative, -*ahen*, and potentially negative.

Reference　◆Long, Daniel (1995) Keitai tôgo taikei ni okeru "chûkan hôgen" genshô. *Osaka Shôin Joshi Daigaku Ronshû* 32

45 中間型方言體系的分布

以動詞「書く（kaku，寫）」為例，其否定形在大阪市基本上為「書ケヘン（kakehen）」，在京都市為「書カヘン（kakahen）」。在京都市若說「書ケヘン（kakehen）」，則變成「不能寫、不會寫」表可能之意。京都市的「書ケヘン（kakehen）」與大阪市的「書ケヘン（kakehen）」語意不同。大阪市的「書ケヘン（kakehen）」表「不寫」，因此表可能的「不能寫、不會寫」需使用「書カレヘン（kakarehen）」。

換言之，單純否定／可能否定的體系在京都市為「書カヘン kakahen／書ケヘン kakehen」，大阪市為「書ケヘン kakehen／書カレヘン kakarehen」。除此之外，京都和大阪之間的地區存在多種組合的中間型方言體系（如圖示）。然而，純粹的中間方言型是單純使用「書カヘン kakahen／書カレヘン kakarehen」之體系。

參考文獻 ◆ダニエル・ロング（1995）〈形態統語体系における「中間方言」現象〉《大阪樟蔭女子大学論集》32

---

45 중간형 방언체계의 분포

「書く：kaku（쓰다）」라는 동사의 （단순）부정형으로 오사카시（大阪市）에서는 일반적으로「書ケヘン：kakehen」을 사용하고, 교토시（京都市）에서는 일반적으로 「書カヘン：kakahen」을 사용한다. 그런데 교토시에서「書ケヘン：kakehen」이라고 하면, <쓸 수 없다>는 가능의 의미가 되어버린다. 교토시의 「書ケヘン：kakehen」과 오사카시에서 사용되는 「書ケヘン：kakehen」은 서로 의미가 다른 것이다. 오사카시에서「書ケヘン：kakehen」은 <書かない：kakanai（쓰지 않다）>라는 의미가 되기 때문에, <쓸 수 없다>는 의미를 말할 때에는 「書カレヘン：kakarehen」이라고 해야한다.

단순 부정／가능 부정의 체계는 교토시에서는「書カヘン：kakahen／書ケヘン：kakehen」인데 반해, 오사카시에서는「書ケヘン：kakehen／書カレヘン：kakarehen」이 되는 것이다. 그리고 이 방언간에는 다양한 조합의 중간형 방언 체계가 존재한다. 그림은 그러한 상황을 나타내고 있다. 더욱이 순수 중간 방언형은 병용이 없는 「書カヘン：kakahen／書カレヘン：kakarehen」의 체계이다.

참고문헌 ◆다니엘 롱（ダニエル・ロング：1995）「形態統語体系における『中間言語』現象」『大阪樟蔭女子大学論集』32

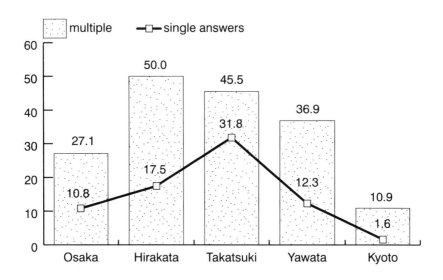

【 中間型方言体系の分布 】

46 ネオ方言形の発生

動詞「来る」の打ち消しの形、「来ない」に関する大阪市〜岡山市間のグロットグラムである。注目されるのは若年層に見られるコーヘンという形である。これは、音韻的な内的変化としては説明できない形である。大阪などではまだ比較的少ないが、神戸以西では若年層の一般的な表現形になりつつある。このコーヘンの生成に関しては標準語コナイの干渉が指摘される。標準語の浸透が著しい新興の住宅地域ほどコーヘンを多用する傾向があるからである。

赤穂より西の岡山側は、伝統的なコンがいまだに若年層にも使われているが、赤穂より東ではキヤヘンという形がいちばん上層に見られる。キヤヘンはキワセンから変化して強調の薄らいだものである。次にキエヘン、そしてケーヘンが見える。

ところで、赤穂〜西宮あたりでは10代の人たちはみんなコーヘンと言い始めているわけである。ただし、播州あたりはコーヘンの発生が少し早いようである。このコーヘンは、あるいは伝統的なコンともかかわるものかもしれない。

参考文献 ◆真田信治(1995)「大阪ことばの変容をめぐって」『関西方言の社会言語学』世界思想社

46 Neo-dialect Forms

The graph shows the results of a glottogram survey conducted at 26 locations along a line between the cities of Osaka and Okayama. The data are for the negative form of *kuru* "to come," which is *konai* in standard Japanese. The form *kôhen* is used by younger speakers. A look at the forms used among older speakers in this area (*kêhen*, *kiihin*, *kiyahen*) makes it clear that this form could not be the product of internal phonological change. This new form is still not very popular in Osaka, but in Kobe and points to the west, it has become the most widespread form among younger speakers.

In the Akô and Okayama areas, the traditional dialectal form, *kon*, is used among younger speakers, while in the Akô and Osaka areas, *kiyahen* is used among older speakers. The form *kiyahen* is formed from *kiwahen* with a loss of its emphatic meaning. *Kiyahen*, *kiehen*, and *kêhen* are also used among younger speakers. In the Akô-Nishinomiya area, most younger speakers use *kôhen*. In this region, *kôhen* developed earlier; the motivation for the change may be related to the traditional form, *kon*.

Reference ◆Sanada, Shinji (1995) Osaka kotoba no hen'yô o megutte. *Kansai Hôgen no Shakaigengogaku.* Sekai Shisôsha.

137

46 「neo方言」的形成

　　圖為大阪市（Osaka）到岡山市（Okayama）間，有關動詞「来る」（kuru・來）的否定形「来ない」（konai・不來）之「年齡×地點語言分布圖（glottogram）」。其中值得注意的是年輕族群中使用的「コーヘン」（kôhen・不來）。這個新形式的形成，無法以音韻內在變化加以說明。其在大阪等地使用者並不多，但在神戶（Kôbe）以西地區已漸成為年輕人的一般用詞。「コーヘン」（kôhen・不來）的形成應受標準語「コナイ」（konai・不來）之影響所致，因為標準語滲透愈深的新興住宅地域愈多見「コーヘン」（kôhen・不來）的使用。

　　赤穗（Akô）以西的岡山（Okayama）地區，傳統的「コン」（kon・不來）仍為年輕人所使用，但赤穗以東地區則可見高齡層多用「キヤヘン」（kiyahen・不來）。「キヤヘン」乃從「キワセン」（kiwasen）變化而成，弱化「キワセン」原有的強調之意。更往東地區還可觀察到有「キエヘン」（kiehen）和「ケーヘン」（kêhen）等的使用。

　　赤穗到西宮（Nishinomiya）附近，十幾歲的年輕人已開始使用「コーヘン」（kôhen・不來）。不過，播州（Banshû）附近似乎更早開始使用「コーヘン」（kôhen・不來）。這個「コーヘン」也許和傳統的「コン」（kon・不來）有所關聯。

參考文獻　◆真田信治（1995）〈大阪ことばの変容をめぐって〉《関西方言の社会言語学》世界思想社

---

46 네오(neo)방언형의 발생

　　그림은 오사카~오카야마(大阪~岡山) 지역에서 보이는 동사 「来る：kuru(오다)」의 부정형인「来ない：konai(오지 않다)」의 변이형을 글로토그램으로 나타낸 것이다.

　　주목되는 것은 약년층에 보이는 「コーヘン：kôhen」이라는 형태이다. 이것은 음운적인 내적 변화로는 설명할 수 없는 표현형이다. 오사카 등에서는 아직 그 사용이 미약한 편이지만, 고베(神戸)보다 서쪽에서는 약년층이 많이 사용하고 있다. 이 「コーヘン：kôhen」의 생성에 표준어 「来ない：konai」가 영향을 미치는 것으로 알려져 있다. 표준어의 침투가 현저한 신흥 주택 지역일수록 「コーヘン：kôhen」을 다용하는 경향이 있기 때문이다.

　　아코(赤穂)보다 서쪽에 위치한 오카야마에서는 전통적인 「コン：kon」을 지금까지도 약년층이 사용하지만, 아코보다 동쪽에 위치한 지역에서는 「キヤヘン：kiyahen」이라는 형태가 상층부에서 보인다. 「キヤヘン：kiyahen」은 「キワセン：kiwasen」에서 변화하여 강조의 의미가 약화된 것이다. 다음으로 「キエヘン：kiehen」, 「ケーヘン：kêhen」이 보인다.

그런데 아코 ~ 니시노미야(西宮) 부근에 거주하는 10대들은 모두 「コーヘン : kôhen」이라 말한다. 다만 반슈(播州) 부근은 「コーヘン : kôhen」 이 조금 빠르게 발생하고 있는 듯하다. 이 「コーヘン : kôhen」은 어쩌면 전통적인 「コン : kon」과도 관계가 있을지도 모른다.

참고문헌　◆사나다 신지 (真田信治 : 1995) 「大阪ことばの変容をめぐって」 『関西方言の社会言語学』 世界思想社

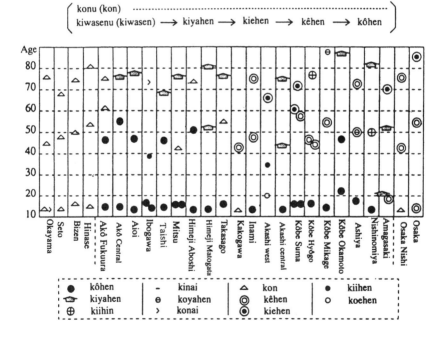

【 ネオ方言形の発生 】

47 大阪若年層のアクセント

　近年、関西の若年層のアクセントにおいて、2拍名詞の、いわゆる第4・5類（第4類は「息が」「海が」「傘が」「箸が」「舟が」などで、本来のアクセント形はLLH、第5類は「汗が」「雨が」「声が」「春が」「窓が」などで、本来のアクセント形はLHL）がLHL形で統合しつつあることが指摘されている。

　これらの語は、標準語ではいずれもHLL形で、区別なく発音される。実際、大阪の若年層では、標準語化によって、これらをHLL形に発音する人も多いのであるが、その人たちに、実験的に、第4類の語に関して、「関西アクセントで発音しなおしてみてください。」と指示して得られた結果では、本来のLLH形へ回帰する人はほとんどなく、多くの人がLHL形に修正することが明らかになっている。これは、標準語形HLLを意識しての対応変換で、まさに誤った回帰といえるものである。

　なお、このネオ方言のLHLは男性の方に典型的に観察される。

参考文献　◆岸江信介(1997)「大阪市における若年層のアクセント」『西日本におけるネオ方言の実態に関する調査研究』科研費成果報告書

47　The Accent System of Young Osaka Speakers

　In recent years a phonological merger has been underway among younger speakers in the Kansai region between the accent of so-called group 4 and group 5 two mora nouns. Historically, group 4 nouns (see the chart below) followed by the subject particle *ga* have been pronounced as Low-Low-High (LLH), while group 5 nouns have been pronounced as LHL, but in the merger, nouns in both groups have become LHL.

　In standard Japanese, these groups are merged and pronounced as HLL. Many younger Osaka speakers are able to use the standard accent, but when asked to pronounce group 4 words with the Kansai accent, they use give not the historical LLH pronunciation but LHL, in effect merger these words with those in group 5. This merger is seen as a type of "hyper-correction." From the standpoint that this accent system differs from the traditional dialect, and yet is not standard, it is termed "neo-dialect". Interestingly, in the data seen here, this neo-dialect accent is more typical among males than females.

Group	Tokyo	Kansai	Example words
1	LHH	HHH	hana-ga 'nose', ame-ga 'candy', ...
2	LHL	HLL	hashi-ga 'bridge', kami-ga 'paper', ...
3	〃	〃	hana-ga 'flower', kami-ga 'god', ...
4	HLL	LLH	hashi-ga 'chopsticks', umi-ga 'sea', ...
5	〃	LHL	ame-ga 'rain', aki-ga 'autumn', ...

Reference ◆ Kishie, Shinsuke (1997) Osaka-Shi ni okeru jakunensô no akusent. *Nishi-nihon ni okeru Neo hôgen no Jittai ni kansuru Chôsa Kenkyû.* Ministry of Education Grant Report.

言語接触

47 大阪年輕人的重音

　　近年來，關西地區年輕人的 2 拍名詞中的第 4、5 類名詞重音逐漸統合為 LHL（Low－High－Low）型。第 4 類名詞如「息が（iki-ga）」、「海が（umi-ga）」、「傘が（kasa-ga）」、「箸が（hashi-ga）」、「舟が（fune-ga）」等原本的重音為 LLH（Low－Low－High）型，第 5 類名詞則如「汗が（ase-ga）」、「雨が（ame-ga）」、「声が（koe-ga）」、「春が（haru-ga）」、「窓が（mado-ga）」等，原本的重音為 LHL（Low－High－Low）型。

　　這些詞在標準語裡皆為 HLL 型重音。事實上，大阪的年輕人雖然有不少受標準語化影響而將這些詞彙發成 HLL 型，但調查時要求其將第 4 類詞彙「用關西地區的重音再發音一次」，結果顯示大多數的受訪者使用 LHL 型，幾乎無受訪者使用關西地區原有的 LLH 型。這是因為受訪者意識標準語的 HLL 型重音，而進行對應變換的結果。可謂錯誤回歸（false regression）的一種。

　　順帶一提，這種「neo 方言」的 LHL 型之使用者主要為男性。

外来語

參考文獻 ◆ 岸江信介 (1997)〈大阪市における若年層のアクセント〉《西日本におけるネオ方言の実態に関する調査研究》科研費成果報告書

接触言語

47 오사카지역 약년층의 액센트

　　최근 간사이(関西)에 거주하는 약년층의 액센트에서 2박 명사인 이른바, 제 4·5류（제4류는 「息が：iki-ga (숨이) 」「海が：umi-ga (바다가) 」「傘が：kasa-ga (우산이) 」「箸が：hashi-ga (젓가락이) 」「船が：fune-ga (배가) 」등으로, 본래의 액센트형은 LLH, 제 5류는 「朝が：asa-ga (아침이) 」「雨が：ame-ga （비가） 」「声が：koe-ga (목소리가) 」

方言接触

「春が：haru-ga（봄이）」「窓が：mado-ga（창문이）」등으로 본래의 액센트형은 LHL）가 LHL 형으로 통합되고 있음이 지적되었다.

이들 단어는 표준어에서는 모두 HLL 형으로 구별 없이 발음된다. 실제 오사카의 약년층 중에는 표준어화에 따라 이들을 HLL 형으로 발음하는 사람도 많지만, 그 사람들에게 제 4류의 단어를 간사이 액센트로 다시 발음해 달라고 의뢰해서 얻은 결과를 보면 본래의 LLH 형으로 회귀하는 사람은 거의 없고, 대부분의 사람이 LHL 형으로 수정해서 발음하는 것을 알 수 있다. 이것은 표준어형 HLL 을 의식한 대응 변환으로 실로 잘못된 방향으로 회귀한 것이라 할 수 있다.

또한 이 네오(neo)방언의 LHL 형은 남성 쪽에서 많이 관찰된다.

참고문헌　◆기시에 신스케（岸江信介：1997）「大阪市における若年層のアクセント」『西日本におけるネオ方言の実態に関する調査研究』科研費成果報告書

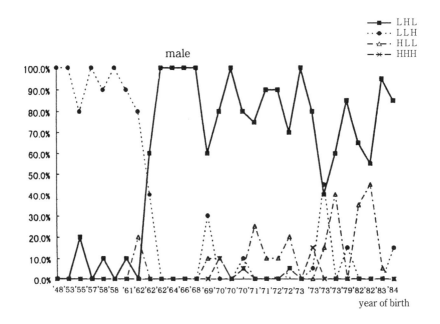

【 アクセントの変化 （大阪） 】

48 過剰般化

関西の多くの人は、「東京と関西ではアクセントが逆になっている」と意識している。

図は、京阪で LLH 形、東京で LHL 形といった、いわば例外的な対応を示す語彙について、西宮市の若年層を対象にして、そのアクセント形を調べた結果である。

LHL 形の存在は、前項での状況からしても予想されることであるが、興味深いのは、HLL 形がここにもかなりの程度に出現してきていることである。これはおそらく上掲の「東京と関西ではアクセントが逆」という意識を背景としての、類推によって生じたものであろう。これらの語彙に関しては、HLL 形は標準語(東京語)にもない形なのである。これは、まさに過剰般化による新形と認めることができよう。

言語接触

外来語

接触言語

方言接触

参考文献　◆真田信治(1987)「ことばの変化のダイナミズム―関西圏におけるneodialectについて―」『言語生活』429

48　Overgeneralization in Accent Systems

Most people in Kansai believe that the pitch accent pattern is "opposite" between Tokyo and Kansai. The data are drawn from the results of a survey of the pitch accent of bimoraic nouns among younger speakers in Nishinomiya.

The traditional Kansai dialect pronounces *asa* "flax" and *ana* "hole" as LLH, while in Standard Japanese they are pronounced as LHL. In the data above, many young Kansai speakers pronounce these as HLL. Although this pronunciation is different from Standard (and thus dialectal) Japanese, it also differs from the traditional dialect, and is thus termed a "neo-dialect." This new, nonstandard accent usage is thought to have resulted from Kansai speakers' over-generalization of a "standardization rule."

Reference　◆Sanada, Shinji (1987) Kotoba no henka no dainamizumu: Kansaiken ni okeru neo-dialect ni tsuite. *Gengo Seikatsu* 429

143

48 過度一般化

大多數的關西人認為，東京和關西的重音位置剛好相反。

圖乃以關西神戶縣西宮市的年輕人為對象，針對東京和關西的重音位置不呈相反對應關係的詞彙（京都大阪地區：LLH（Low－Low－High），東京：LHL（Low－High－Low））進行調查的結果。

雖然由前一個項目「大阪年輕人的重音」可預測 LHL 型的存在，但有趣的是，HLL 在此出現的頻率也相當地高。這也許是因為他們認為「東京與關西的重音位置剛好相反」，遂經由類推（analogy）所衍生出的結果。這些詞彙的 HLL 型重音，在標準語（東京語）裡是不存在的。此可謂藉由過度一般化（overgeneralization）所形成的新重音。

參考文獻 ◆真田信治（1987）〈ことばの変化のダイナミズム—関西圏におけるneodialectについて—〉《言語生活》429

---

48 과잉일반화

대부분의 간사이(関西) 사람들은 「도쿄와 간사이의 액센트형은 반대다」고 의식하고 있다.

그림은 「麻が：asa-ga(삼베가)」「穴が：ana-ga(구멍이)」「殻が：kara-ga(껍질이)」「革が：kawa-ga(가죽이)」「粉が：kona-ga(가루가)」 등 교토와 오사카에서는 LLH 형, 도쿄에서는 LHL 형이라는 이른바 예외적으로 대응하는 어휘에 대해 니시노미야시(西宮市)에 거주하는 약년층들이 발음하는 단어 액센트형을 조사한 결과를 나타낸 것이다.

LHL 형의 존재는 전항(47항)의 상황으로 예상되겠지만, 흥미로운 것은 HLL 형이 여기에서도 상당수 출현하고 있다는 점이다. 이것은 아마도 앞에서 언급한 「도쿄와 간사이는 액센트가 반대」라는 의식을 배경으로 한 유추(類推)에 의해 생겨난 것으로 생각된다. 이들 어휘가 지니는 HLL 형의 액센트형은 표준어(도쿄어)에도 없는 형이다. 이것은 실제 과잉일반화에 따른 신형으로 인정할 수 있다.

참고문헌 ◆사나다 신지 (真田信治：1987) 「ことばの変化のダイナミズム—関西圏におけるneodialectについて—」『言語生活』429

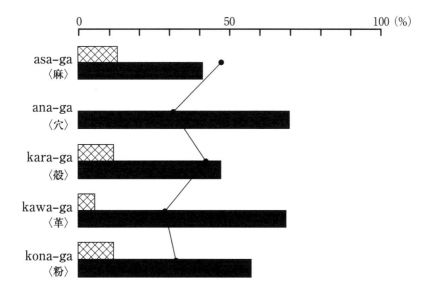

【 過剰般化 】

49 疑似標準語

　北部九州などでは、存在動詞としての「ある」という語にもアスペクト形式の「ヨル」が接続する。「いま運動会がありヨル（行われている）」「そういう意見がありヨッタ（前からあった）」のようにである。この文脈での「ヨル」「ヨッタ」も、改まった場では標準語の「テイル」「テイタ」に変換されるのである。「いま運動会があっテイル」「そういう意見があっテイタ」と。

　図は、北部九州における「あっテイル」の使用と標準語意識をたずねた結果である。この地域ではこの表現は標準語意識が高く、新聞投書欄や、ある種の趣意書など、書きことばとしてもたびたび登場している。

　このような、標準語を指向する過程で生まれる新形式（要素）で、話者が標準語だと思って使っているものは「疑似標準語」と称される。ただし、最近は「クァージ標準語」と称されるようになった。

参考文献　◆陣内正敬(1996)『北部九州における方言新語研究』九州大学出版会
　　　　　　◆真田信治(2018)『地域・ことばの生態』ひつじ書房

49　Quasi-Standard Forms

　In the dialect of northern Kyûshû, the verb of being, *aru*, may be used with the aspectual (progressive) verb ending, *-yoru*. Thus, one encounters not only sentences such as *ima undôkai ga ari-yoru* (literally, there is being a sports event now), but also *sôiu iken ga ari-yotta* (there have been some opinions). *-yoru* and *-yotta* in this context are shifted to *-teiru* and *-teita* in standard Japanese, especially in formal situations. Hence, the two sentences above become *ima undôkai ga ari-teiru* and *sôiu iken ga a-tteita*.

　The graph shows that *atteiru* is widely perceived as being standard, turning up in formal situations such as writing a letter to the editor of a newspaper. Because this is a dialectal form that speakers perceive as standard, it may be termed "quasi-standard."

Reference　◆Jinnouchi, Masataka. (1996) *Hokubu Kyûshû ni okeru Hôgen Shingo Kenkyû.* Kyûshû Daigaku Shuppankai.
　　　　　　◆Sanada, Shinji (2018) *The Ecosystem of Language in Community.* Hituzi shobô.

49 疑似標準語

在九州北部等處，存在動詞「ある（aru）」也與貌（aspect）形式的「ヨル（yoru）」接續。例如「いま運動会がありヨル（行われている）」（現正舉行運動會）、「そういう意見がありヨッタ（前からあった）」（從以前就有那種意見出現）。這些「ヨル」、「ヨッタ」在正式場合時會轉換成標準語的「テイル」、「テイタ」，例如「いま運動会があっテイル」、「そういう意見があっテイタ」。

圖為調查九州北部使用「あっテイル」的情況以及對標準語的意識所得結果。該地區居民認為「あっテイル」是標準語的人非常多，因此報紙投書欄或計畫書等文章中常見該詞出現。在轉換成標準語的過程中衍生出的新形式，使用者視其為標準語且持續使用時，我們稱之為「疑似標準語」。最近，更稱為「準標準語」。

參考文獻 ◆陣内正敬（1996）《北部九州における方言新語研究》九州大学出版会
◆真田信治（2018）《地域・ことばの生態》ひつじ書房

---

49 유사 표준어

북부 규슈(九州)에서는 존재동사 「ある：aru(있다)」라는 단어에도 애스펙트(aspect) 형식의 「ヨル：-yoru(- 고 있다 /- 어 있다)」가 접속한다. 「今、運動会がありヨル：ima undôkai ga ari-yoru(지금 운동회가 열리고 있다)」「そういう意見がありヨッタ：sôiu iken ga ari-yotta(그러한 의견이 예전부터 있었다)」와 같다. 이 문맥에서 「ヨル：yoru」「ヨッタ：yotta」도 격식차린 장면에서는 표준어인 「テイル：teiru」「テイタ：teita」로 변환된다. 예를 들면 「今、運動会があっテイル：ima undôkai ga atteiru」「そういう意見があっテイタ：sôiu iken ga atteita」로 변환된다.

그림은 북부 규슈에서 「あっテイル：atteiru」의 사용과 표준어 의식을 질문한 결과를 나타낸 것이다. 이 지역에서 이 표현은 표준어 의식이 높고 신문투고란이나 일종의 취지서 등, 문어체로도 종종 등장한다.

이러한 표준어를 지향하는 과정에서 생겨난 새로운 형식(요소)을 화자가 표준어라고 생각하며 사용하는 말을 「유사 표준어」라고 부른다. 또, 최근에는 「준 표준어(quasi 標準語)」라고 불리게 되었다.

참고문헌 ◆진노우치 마사타카 (陣内正敬：1996) 『北部九州における方言新語研究』九州大学出版会
◆사나다 신지 (真田信治：2018) 『地域・ことばの生態』ひつじ書房

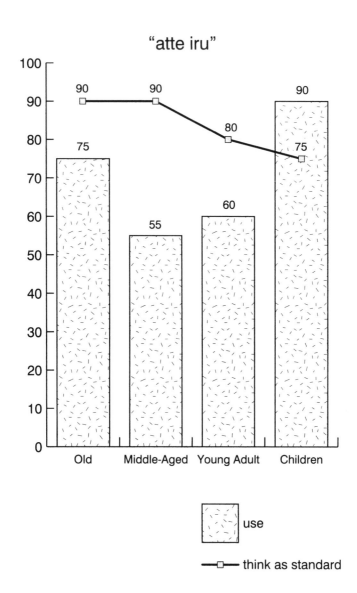

"atte iru"

use

think as standard

【 疑似標準語 】

50 共通語化40年の変化

国立国語研究所では、山形県鶴岡市を調査地点とした共通語化調査を40年にわたって実施してきた。この調査の特色は、同一内容の調査を一定の年数の間隔を置いて実施するところにある。山形県鶴岡市での調査は、1950年、1971年、1991年に、それぞれ音声・語彙・文法を中心とした調査項目を用いて実施されている。それぞれの調査では、サンプリングによって選ばれた話者が対象となった。

グラフは、音声に係わる項目に見られる共通語化点を、話者の生年順に並べて示したものである。1950年の調査から1991年の調査までの約40年の間に、山形県鶴岡市における方言的特徴が共通語的特徴に置き換えられたことが読み取れる。このような実時間調査によって、共通語化の過程を詳細に捉えることができるのである。

参考文献　◆Yoneda, Masato (1997) Survey of standardization in Tsuruoka, Japan: Comparison of results from three surveys conducted at 20-Year intervals. *Japanese Linguistics* 2.

50 Forty Years of Change in Common Japanization

The National Institute for Japanese Language conducted surveys on common Japanization in the city of Tsuruoka in Yamagata Prefecture for 40 years. The survey employed the notion of "real time" in language change. The same content of the survey was repeated at roughly 20-year intervals, in 1950, 1971, and 1991, to examine the degree of common Japanization in terms of phonology, lexicon, and morphology. Participants were randomly selected. The graph outlines the degree of common Japanization in phonology, with phonetic scores on the vertical axis and the birthyears of each speaker on the horizontal axis. The graph displays the real-time change over 40 years between 1950 and 1991. This approach enables us to render a more accurate description of language change.

Reference　◆Yoneda, Masato (1997) Survey of standardization in Tsuruoka, Japan: Comparison of results from three surveys conducted at 20-Year intervals. *Japanese Linguistics* 2.

50　共通語化的40年變化

　　國立國語研究所於山形県鶴岡市進行長達 40 年的共通語化現象調查。此調查之特色在於針對相同內容每隔一定年數即舉行一次大規模的調查。其於 1950 年、1971 年以及 1991 年，分別以抽樣選取的受訪者為對象，進行語音、詞彙和文法項目調查。

　　本圖依照受訪者的年齡排列語音項目的共通語化點數。從圖中可看出，自 1950 年至 1991 年約 40 年間，山形県鶴岡市的方言特徵已被共通語特徵所取代。由此可知，實時調查可解析共通語化的詳細過程。

參考文獻　◆Yoneda, Masato (1997) Survey of standardization in Tsuruoka, Japan: Comparison of results from three surveys conducted at 20-Year intervals. *Japanese Linguistics* 2.

50　공통어화 40년의 변화

　　국립국어연구소는 야마가타현(山形県) 쓰루오카시(鶴岡市)를 조사 지점으로 한 공통어화(共通語化) 조사를 40년간에 걸쳐 실시해 왔다.

　　이 조사의 특색은 동일한 내용을 일정 햇수 간격을 두고 조사했다는 점에 있다. 예를 들어 1950년, 1971년, 1991년에 야마가타현 쓰루오카시 방언의 음성·어휘·문법을 조사하였다. 표본 추출한 지역민이 조사의 대상이 되었다.

　　그래프는 음성 항목의 공통어화 점을 조사 대상자의 출생순으로 나타낸 것이다. 1950년에서 1991년까지 실시한 조사 결과를 보면, 약 40년간 야마가타현 쓰루오카시에서 방언적 특징이 공통어적 특징으로 교체되는 것을 알 수 있다. 이와 같이 실시간 조사를 실시하면 공통어화의 과정을 상세히 관찰할 수 있다.

참고문헌　◆요네다 마사토 (Yoneda, Masato:1997) Survey of standardization in Tsuruoka, japan: Comparison of results from three surveys conducted at 20-year intervals. *Japanese Linguistics* 2.

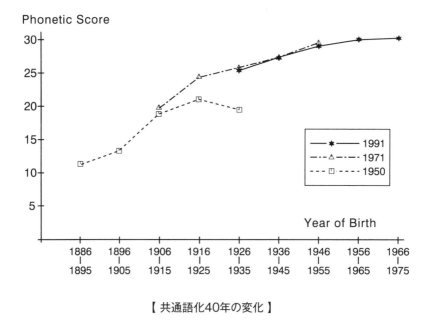

【 共通語化40年の変化 】

51 方言はいつ消滅するか

国立国語研究所の『日本言語地図』のデータを利用した研究では、1895 年前後に生まれた人々の標準語形使用率の全国総平均は約 37％であった。同じ項目で中学生（1985 年前後に生まれた人々）のデータを集め、全国総平均を計算したところ、(方言形との併用を除くと、つまり標準語形のみを使う割合は) 76.0％であった。約 90 年間にほぼ 2 倍になった。この線の傾斜を前後そのまま延長し、単純な直線的標準語化を考えると、図に示されるように全体で約 230 年の変化過程になる。1805 年あたりに生まれた人が標準語化を開始し、2035 年あたりに生まれる人で完了する。つまり、20 世紀末前後に生まれた子どもが次の世代として産む子どものころには、(統計処理に使った語彙項目については) 全国の標準語化が完成するという計算になる。

参考文献　◆井上史雄(2008)『社会方言学論考—新方言の基礎—』明治書院

51　When will the Japanese Dialects Disappear?

Out of all the dialectal features plotted in the *Linguistic Atlas of Japan* by the National Language Research Institute, whose respondents were born around 1895, Standard Japanese features constituted 37% on average. Younger speakers (born around 1985) were asked to respond to the same survey questions to measure the differences. The data show that the proportion of Standard features had risen to 76.0%; this percentage had doubled over these 90 years. If this increase continues at the same rate, common Japanization will take about 230 years to occur. The graph indicates that it started around 1805, and will reach completion among those born around 2035. In other words, common Japanization is calculated to be complete by the time those born around the end of the 20th century have children.

Reference　◆Inoue, Fumio (2008) *Shakai hôgengaku ronkô: shinhôgengaku no kiso.* Meijishoin.

51 方言何時消失

　　根據國立國語研究所《日本語言地圖》進行研究的結果指出，1895 年前後出生者的標準語形式使用率全國總平均約 37%。針對國中生（1985 年前後出生者）調查同一個語言項目後得全國總平均 76.0%（不含方言併用）。由此可看出，在這約 90 年的期間，標準語形式使用率約增兩倍。將此斜線前後延伸，只考慮單純的直線型標準語化，可看出整體約 230 年間的變化過程。標準語化從 1805 年左右出生的人開始，將會在 2035 年左右出生的人這一代完成。換言之，待二十世紀末前後出生者的下一代誕生後，（關於統計處理的詞彙項目部份）日本全國的標準語化即將完成。

參考文獻　◆ 井上史雄（2008）《社会方言学論考―新方言の基礎―》明治書院

51 방언은 언제 사라지는가

　　국립국어연구소의 『日本言語地図』에 수록된 데이터를 이용한 연구에서 1895년 전후에 태어난 사람들의 표준어형 사용율이 전국 총평균 37%로 나타났다. 동일 항목으로 중학생(1985년 전후에 태어난 사람들)의 데이터를 모아 전국 총평균을 계산한 결과 (방언형과의 병용을 제외한 표준어형만을 사용하는 비율은) 76.0%였다. 약 90년간에 거의 2배가 되었다.

　　사선의 경사를 앞뒤 그대로 연장해서 단순한 직선적 표준어화를 생각하면 그림에 나타난 것은 전체적으로 약 230년의 변화 과정을 보여주는 셈이다. 1805년경에 태어난 사람이 표준어화를 개시하여, 2035년경에 태어나는 사람이 그것을 완료한다. 즉, 20세기말 전후에 태어난 아이들이 어른이 되고 다시 그 어른들에게서 태어난 아이들이(통계처리에 사용한 어휘항목에 대해서는) 전국의 표준어화를 완성한다고 하는 계산이 된다.

참고문헌　◆ 이노우에 후미오 (井上史雄：2008)『社会言語学論考―新方言の基礎―』明治書院

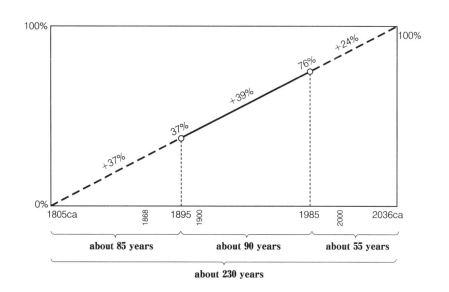

【 方言はいつ消滅するか 】

52 新方言の発生

青森県むつ市の上田屋という集落で、1964 年と 1984 年の二度にわたって「く
すぐったい」を表す語形を調べ、そのなかに現れた新語形を「新方言」と認定し
たものである。

図は、1964 年（対象 221 名）と 1984 年（対象 90 名）の調査結果である。64 年
当時には、「モチョコイ」に代って、若年層で「モチョカリ」が急速に増えている。
20 年後の 84 年の調査では、依然として「モチョカリ」が若年層の間で勢力をの
ばす傾向が見られる一方で、古形の「モチョコイ」は激減している。また、1964
年当時の予想では新方言「モチョカリ」がさらに 80％ぐらいまで勢力をのばす
と考えられていたが、1984 年になるとさらに新しい形「モチョカユイ」が発生し、
10 代から 30 代の間で用いられるようになった。ただし、「モチョカリ」の勢力
も今なお続いている。

参考文献　◆井上史雄(1989)『言葉づかい新風景(敬語・方言)』秋山書店

52　The Genesis of "New Dialect" Forms

The data show the use of a *shin hôgen* "new dialect" from two surveys (in 1964
and 1984) in the small hamlet of Uedaya in the city of Mutsu, Aomori Prefecture,
that were conducted to investigate any new dialect forms for *kusuguttai* [kusuŋut-
tae] "ticklish."

In the 1964 survey, the traditional form, *mochokoi* [motʃokoe], had given way to
mochokari [motʃokarï] among younger speakers. According to the 1984 survey,
while *mochokari* was widely used by younger speakers, the use of *mochokoi* had
fallen rapidly. Based on the 1964 survey, it was predicted that a new dialectal form,
mochikari, would be used more, with its use reaching 80% of the population in the
future. The 1984 survey suggested that a new form, *mochokayui* [motʃokajui], was
emerging; it is widely used by younger speakers from their 10s to their 30s. Howev-
er, *mochikari* is also favored today.

Reference　◆ Inoue, Fumio (1989) *Kotobazukai no Shin Fûkei*. Akiyama Shoten.

言語変化

共通語化と新方言　ことばのゆれ　移住とことば

155

52 新方言的產生

　　1964 年與 1984 年在青森縣陸奧市上田屋村落進行「くすぐったい（kusuŋuttae・癢）」的使用變化調查，其中發現的新詞被認定為「新方言」。

　　圖分別顯示 1964 年（受訪者 221 名）及 1984 年（受訪者 90 名）的調查結果。1964 年，年輕人使用新詞「motʃokari」者急速增加，漸取代「motʃokoe」。1984 年，即 20 年後的調查發現，「motʃokari」的使用在年輕人中仍呈現增加的傾向，原有的「motʃokoe」則急速減少。

　　1964 年曾預測新方言「motʃokari」的使用率會增加至 80%。至 1984 年時，「motʃokari」的勢力雖然未減，但也出現了更新的「motʃokajui」，主要為 10 歲到 39 歲之間的年輕者所使用。

參考文獻 ◆井上史雄（1989）《言葉づかい新風景（敬語・方言）》秋山書店

---

52 신방언의 발생

　　아오모리현(青森県) 무쓰시(むつ市)의 우와다야(上田屋)라고 하는 취락에서 1964년과 1984년 2회에 걸쳐 「くすぐったい：kusuguttai [kusuŋuttae] (간지럽다)」를 의미하는 어형을 조사한 적이 있다. 그 속에 나타난 신어형을 「신방언」이라고 설정하였다.

　　그림은 1964년(조사 대상 221명)과 1984년(조사 대상 90명)의 조사 결과를 나타낸 것이다. 64년 당시에는 「モチョコイ：mochokoi [motʃokoe]」를 대신하여 약년층에서 「モチョカリ：mochokari [motʃokari]」의 사용이 급증하고 있다. 20년 뒤인 1984년의 조사에서는 여전히 「モチョカリ：mochokari」가 약년층 사이에서 세력을 떨치는 경향을 보인 한편, 구형인 「モチョコイ：mochokoi [motʃokoe]」는 급감하고 있다. 또 1964년 당시의 예상으로는 신방언 「モチョカリ：mochokari」가 80% 정도까지 더욱더 세력을 떨칠 것으로 생각되었지만, 1984년이 되자 그것보다 더 신형인 「モチョカユイ：mochokayui [motʃokajui]」가 발생하여 10대에서 30대 사이에서 쓰여지게 되었다. 다만 「モチョカリ：mochokari [motʃokari]」의 세력도 지금까지 계속되고 있기는 하다.

참고문헌 ◆이노우에 후미오 （井上史雄：1989）『言葉づかい新風景（敬語・方言）』秋山書店

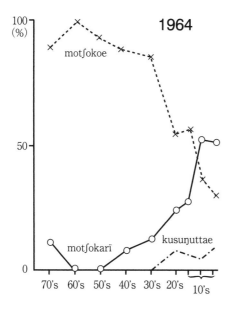

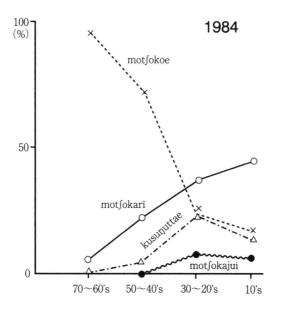

【 新方言の発生 】

53 | 共通語化と東京新方言化

　東京の若者の新方言は各地に普及する強い力を持つ。現在の東京新方言の中に
は地方・郊外から逆流したとみられるものもあるが、一度東京で使われると急速
に地方に波及する。

　このパターンを、上の方から各地方言におおいかぶさる形での標準語の普及・
共通語化と区別して表すと、図のようになる。つまり低層では、東京のことばも
地方のことばも同じレベルで相互に交流しているわけである。

参考文献　◆井上史雄(1994)『方言学の新地平』明治書院

53　Common Japanese and Tokyo "New Dialect"

　This model shows the relationship between geography and style. Speakers tend
to style-shift between standard (or common) Japanese and non-standard dialects.
Standardization occurs as change from above, but the focus here is on the role of
"new dialect" which disseminates not from above (i.e. from more formal styles), but
from below as an informal style. It often originates outside of Tokyo in the non-stan-
dard dialects of outlying regions. It then moves into Tokyo, where it is used in a
slightly higher style, and then spreads back out fueled by the prestige of Tokyo's in-
formal non-standard dialect.

Reference　◆ Inoue, Fumio (1994) *Hôgengaku no Shin Chihei.* Meiji Shoin.

53 共通語化及東京新方言化

　東京年輕人的新方言具有普及至日本各地的力量。現今的東京新方言有些是從其他地區或東京郊外逆流進入東京，而一旦在東京被使用，很快就會擴展到日本各地。

　若將此模式與由上而下普及於日本各地的標準語或共通語化進行區別，即如圖所示。我們可以看出，在最低層，東京的語言和其他地區的方言，乃以相同水準相互交流。

參考文獻 ◆井上史雄（1994）《方言学の新地平》明治書院

53 공통어화와 도쿄 신방언화

　도쿄에 거주하는 젊은이들의 신방언은 각지로 강하게 확산되는 경향을 지닌다. 현재의 도쿄 신방언 가운데에는 지방 교외에서 역류되었다고 볼 수 있는 것도 있지만, 한번 도쿄에서 사용되면 급속히 지방으로 파급된다.

　이 패턴을 상부에서 각 지역 방언에 덮어씌어지는 형태(우산형 확산 패턴)로서 표준어 보급·공통어화와 구별해서 나타내면 다음의 그림과 같다. 즉 하부에서는 도쿄어와 지방어가 같은 계층에서 상호 교류하고 있는 것을 알 수 있다.

참고문헌 ◆이노우에 후미오（井上史雄：1994）『方言学の新地平』明治書院

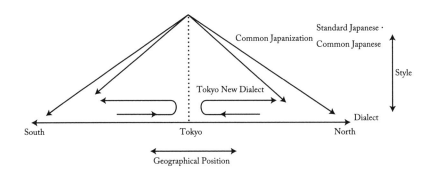

【 共通語化と東京新方言化 】

54 方言の改新

熊本では、標準語の「変だ」に相当する古い方言に「ヒューナ（ヒューニャ）・ヒョーナ（ヒョーニャ）」とナ語尾だけあってカ語尾をもたない形があった。それがカ語尾形容詞の旺盛な造語力によって「ヒューナカ・ヒョーナカ」とカ語尾を持つ形になる。ここまでが伝統的な方言としての古くから分布していた形である。この古形は高校生や中学生の世代ではすでに消失している。「ヒューナカ・ヒョーナカ」は標準形式の干渉がはたらいて、根強いカ語尾は残したまま、混交による「ヘンナカ・ヘンカ」の形が発生する。これは伝統的方言を衰退させる勢いで普及し、新しい地方共通語になる。現在、高校生で77%、20代から40代で68%前後の普及率である。70代以上の世代でも古形より新しい地方共通語の普及がやや上回っている。そして、「ヘンナカ」にさらに標準形式の干渉がはたらいて、カ語尾を標準語形容詞のイ語尾に類推した「ヘンナイ・ヘンニャー」が発生する。熊本市で使われはじめ、現在、中学生にもっとも普及している。

参考文献　◆吉岡泰夫（1990）「高校生のことばの特徴―獲得と消失―」『日本語学』9-4

54　Dialect Innovation

Originally, the dialects of Kumamoto used *hyûna* for the standard Japanese *hen da* 'strange'. Some time ago this dialect was influenced by neighboring dialects and adopted their adjective ending *ka* to form *hyûna-ka*. Recently however, this form itself is starting to decline in the face of a new form *henna-ka*. This innovative form results from retaining the local dialect's morphological rules regarding these so-called *na-* adjectives, while adopting only the lexical form from standard Japanese. This form was used by over two-thirds of the younger and middle-aged informants and beat out the older form even among the oldest informants.

More recently an even newer form has sprouted up. This form is *hennai* (and its variants) which results from adopting the standard Japanese morphological rule which attaches -*i* to the end of adjectives, and applying it to even the *na*-adjectives. This, in effect, merges the two adjectival categories which in the standard are conjugated utilizing different inflectional forms, a change which is innovative and yet moving away from standardization.

Reference　◆Yoshioka, Yasuo (1990) Kôkôsei no kotoba no tokuchô: Kakutoku to shôshitsu. *Nihongogaku* 9-4.

54 方言的革新

　　熊本方言的形容詞基本上語尾為 ka。但語意等同於標準語「変だ（henda，奇怪）」的古方言，如「hyûna（hyûnya），hyôna（hyônya）」為 na 語尾而非 ka 語尾。然而，透過 ka 語尾形容詞旺盛的構詞力，而形成了「hyûnaka，hyônaka」等 ka 語尾的新詞。

　　「hyûnaka，hyônaka」被視為熊本傳統方言，廣為使用。然而，其目前在國高中生之間已完全消失。這是由於「hyûnaka，hyônaka」受到標準語「henda」的干涉，經由混合後留下頑強的 ka 語尾，而形成「hennaka，henka」。這些新詞取代傳統方言成為新的地方共通語。目前的普及率為高中生 77 ％，20 歲～ 49 歲 68 ％左右。70 歲以上的世代也是新的地方共通語使用比率高於傳統用詞。近年來，「hennaka」再受標準語「henda」的影響，依類推作用將標準語形容詞的 i 語尾置換 ka 語尾而產生新詞「hennai，hennyâ」。熊本市開始使用，目前在國中生之間最為普遍。

參考文獻　◆ 吉岡泰夫 (1990)〈高校生のことばの特徴―獲得と消失―〉《日本語学》9-4

---

54 방언의 혁신

　구마모토(熊本)에서는 표준어인 「変だ：henda(이상하다)」에 해당하는 오래된 방언에「ヒューナ(ヒューニャ)・ヒョーナ (ヒョーニャ)：hyûna(hyûnya)・hyôna(hyônya)」라는 na- 어미만으로, ka- 어미를 가지지 않는 형태가 있었다. 그것이 ka- 어미 형용사의 왕성한 조어력에 힘입어 「ヒューナカ・ヒョーナカ：hyûnaka・hyônaka」라는 ka- 어미를 지니는 형태가 된다. 여기까지가 전통적인 방언으로서 옛날부터 분포했던 형태이다. 이 구형은 고교생이나 중학생 세대에서는 이미 소실되었다.「ヒューナカ・ヒョーナカ：hyûnaka・hyônaka」는 표준 형식의 간섭이 작용하여 깊이 뿌리내린 ka- 어미는 남겨둔 채, 혼합에 의한 「ヘンナカ・ヘンカ：hennaka・henka」형이 발생한다. 이것은 전통적 방언을 쇠퇴시키는 기세로 보급된 결과 새로운 지방공통어가 되었다. 현재 고교생에서 77%, 20대에서 40대까지 68% 전후의 보급률을 보이고 있다. 70대 이상의 세대에서도 구형보다 새로운 지방 공통어의 보급이 다소 웃돌고 있다. 그리고 「ヘンナカ：hennaka」에 더욱더 표준형식의 간섭을 받아서 ka- 어미를 표준어 형용사의 -i 어미로 유추한 「ヘンナイ・ヘンニャー：hennai・hennyâ」가 발생한다. 구마모토시(熊本市)에서 사용되기 시작해 현재 중학생에게 가장 많이 보급되고 있다.

참고문헌　◆요시오카 야스오 (吉岡泰夫：1990) 「高校生のことばの特徴―獲得と消失―」『日本語学』9-4

言語変化

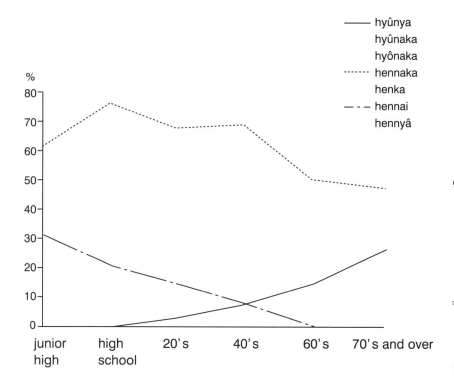

【 方言の改新 】

共通語化と新方言

ことばのゆれ

移住とことば

55 ガ行子音の交替

東京語において、いわゆる語中語尾のガ行鼻濁音が消えつつあることはつとに指摘されているところである。最近の調査によれば、その退縮のいきおいは顕著で、現在、若年層ではほとんど消失しているようである。

図は、1986年に、東京生え抜きの62人を対象に、ガ行子音のバリエーションを調査した結果である。[-g-] が漸次増えていく様相がはっきりと見える。なお、右端のポイントは、先行研究での資料を挿入したものである。それらインフォーマントが今生きているとしたならば100歳以上になるとしてプロットされている。

参考文献　◆Hibiya, Junko (1996) Denasalization of the velar nasal in Tokyo Japanese: observations in real time. *Towards a Social Science of Language, vol 1. Variation and Change in Language and Society.* John Benjamins.

55　Denasalization of Velar Nasal in Tokyo Dialect

It has been well documented that the word-medial velar /g/ is undergoing a change in Tokyo Japanese from the nasal [ŋ] to the denasalized [g]. Recent surveys show that this change has been taken rapidly. Velar nasal itself is rarely observed among younger informants today.

The graph shows the percentage of [g] tokens by age of the informant. This change is complete in the younger informants, reaching levels of 100%. The levels of the denasalized usage drop off steadily as age increases and with informants over 60, the nasalized variant is clearly predominant.

The points on the right side of the graph represent the data of informants from an earlier survey, plotted according to the ages they would be if still alive. Here we see a clear continuation of the interview data on the left, with most informants showing less than 10% of the innovative sound, and many showing zero levels.

Reference　◆Hibiya, Junko (1996) Denasalization of the velar nasal in Tokyo Japanese: observations in real time. *Towards a Social Science of Language, vol 1. Variation and Change in Language and Society.* John Benjamins.

55 ga行子音的替換

　已有許多研究指出，東京語的 ga 行鼻濁音 [ŋ] 在詞中或詞尾有漸消失的傾向。根據最近的調查，ga 行鼻濁音消失的情況顯著，現在的年輕人幾乎不使用。

　圖為 1986 年以 62 位土生土長的東京人為對象，調查 ga 行子音的變異所得結果。圖中可清楚看出有聲軟顎塞音 [g] 呈現逐漸增加的趨勢。此外，右邊的黑點是先行研究的資料，該資料受訪者如果現在還活著的話，應該是 100 歲以上。

參考文獻　◆Hibiya, Junko (1996) Denasalization of the velar nasal in Tokyo Japanese: observations in real time. *Towards a Social Science of Language, vol 1. Variation and Change in Language and Society.* John Benjamins.

55 ga행 자음의 교체

　도쿄어(東京語)에서 이른바 어중·어미의 「ガ行 : ga 행」 비탁음(鼻濁音) 소실은 일찍부터 지적되고 있는 바이다. 최근의 조사에 의하면 그 퇴출의 정도는 현저하며 현재 약년층에서는 거의 소실된 듯하다.

　그림은 1986년에 도쿄 출생 62명을 대상으로 ga 행 자음의 변이형을 조사한 결과를 나타낸 것이다. [-g-] 가 점차 증가해 가는 양상이 확실히 보인다. 더욱이 우측 끝점은 선행연구 자료를 삽입한 것이다. 지도에서는 그들 조사 대상자가 지금 생존해 있다면 100세 이상의 고령자가 되었음을 나타내 주고 있다.

참고문헌　◆히비야 준코 (Hibiya, Junko : 1996) Denasalization of the nelar nasal in Tokyo Japanese observations in realtime. *Toward a Social Science of Languagem vol 1, Variation and Change in Language and Society.* John Benjamins.

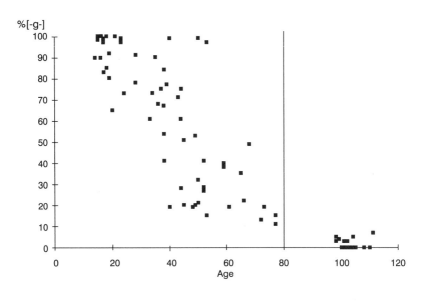

【 ガ行子音の交替 】

56 可能動詞の動態

　図は東京をフィールドとして、一段活用動詞の可能動詞形の出現状況を、面接会話調査による資料から探った結果である。

　改新（IP）形である可能動詞形の出現比率は、語の長さと明らかにかかわりをもっているようである。

　下図は、年齢的な動態を見たものである。黒丸は、会話資料に 10 個以上の改新形が現れたインフォーマントを示しているが、これらのインフォーマントの場合、年齢との相関がはっきりと認められる。

参考文献 ◆ Matsuda, Kenjirô (1993) Dissecting analogical leveling quantitatively: the case of the innovative potential suffix in Tokyo Japanese. *Language Variation and Change* 5-1.

56　The Innovative Potential Suffix in Tokyo

The data shows the usage of the innovative potential suffix seen in such words as *mireru* (standard Japanese *mirareru* 'can see') or *taberenai* (SJ *taberarenai* 'can not eat'). Matsuda's data was taken from recordings of the natural speech of Tokyo speakers. For each speaker, he counted the number of innovated forms used and calculated this as a percentage of the total number of potential forms used.

In the bottom graph, the black dots represent speakers who used the potential more than ten times; the white dots less than ten times. We see that the innovative form is used more among younger speakers, a tendency which is especially clear among the speakers for whom more data was obtained. The top graph shows that linguistic-internal factors also strongly influence the usage of the innovative form. Here Matsuda shows that the innovative form appears more with shorter stems, and does not appear at all with stems of 3 or more morae.

Reference ◆ Matsuda, Kenjirô (1993) Dissecting analogical leveling quantitatively: the case of the innovative potential suffix in Tokyo Japanese. *Language Variation and Change* 5-1.

56 可能動詞之動態

　　上圖乃以東京為田野調查之地，針對一段動詞的可能形，藉由面談方式所蒐集的語料進行分析後所得結果。結果發現，革新（IP）形的可能動詞形出現比例顯然與詞的長度有關。

　　下圖顯示年齡間的動態變化。黑點表示在語料中使用革新形式達 10 個以上的受訪者，其分佈顯示出革新形的使用率與年齡息息相關。

參考文獻　◆Matsuda, Kenjirô (1993) Dissecting analogical leveling quantitatively: the case of the innovative potential suffix in Tokyo Japanese. *Language Variation and Change* 5-1.

56 가능동사의 동태(動態)

　　그림은 도쿄를 필드로 해서 1단 활용 동사 (2그룹 동사) 의 가능동사형 출현 상황을 면접회화 조사 자료에서 찾은 결과를 나타낸 것이다.

　　혁신(IP : Innovative Potential)형인 가능동사형의 출현 비율을 보면 단어의 길이와 분명히 관계가 있는 것으로 생각된다.

　　아래 그림은 연령적인 동태를 나타낸 것이다. 검은 점은 회화 자료에 10개 이상의 혁신형이 나타난 조사 대상자를 보여주고 있는데, 이들 조사 대상자의 경우 연령과 분명히 관계가 있음을 알 수 있다.

참고문헌　◆마쓰다 겐지로(Matsuda Kenjirô : 1993) Dissecting analogical leveling quantitatively: the case of the innovative potential suffix in Tokyo Japanese. *Language Variation and Change* 5-1.

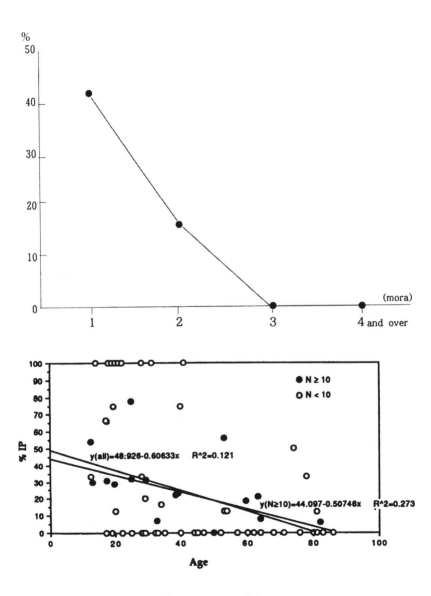

【 可能動詞の動態 】

57 語形のバラエティ

「ご飯を茶碗に〜」というコンテクストにおける動詞形のバラエティを調べた結果である。図は、各県ごとに高年層一人ずつを対象としたものである。表は、関西域の各市で若年層多数（826人）を対象としたものである。

　表を見ると、まず、京都市ではヨソウが圧倒的に多く使われていることがわかる。ヨソウにくらべると、他の語形はいずれも泡沫的である。このヨソウはしかし西に行くにつれ出現率が低くなっている。そして、これに応じるようにツグ出現率が高くなっている。神戸市においては informal な場面においてツグがヨソウを凌駕する。

　場面差について、ヨソウは全体的に場面が formal になると出現率が上昇しており、この語形が標準形と認められていることをうかがわせる。ただし、京都市の場合のみは例外で、ヨソウが逆に下降していることが注目される。京都市ではモル、ツケルが formal な場面でやや上昇する傾向が存在する。なお、ツグはすべての市で場面が formal になると出現率が下降している。これは、ツグがあくまで方言的なものと認められていることの結果であると考えられる。

参考文献　◆真田信治(1990)「京阪神・若年層における言語使用の一実態」『深井一郎教授退官記念論文集』記念事業会
　　　　　　◆柴田武(1995)『日本語を考える』博文館新社

57　Variety in Lexical Expressions

A number of verbs can be found in Japanese dialect to express 'to serve rice into a bowl.' The map is based on the answers of one elderly informant from each of the prefectures, and gives us a picture of the overall distribution of these terms. The table summarized the related data from another survey of 826 young speakers from the Kansai region.

The table shows that the verb *yosou* is used the most among Kyôto speakers, but that its popularity begins to wane as we move west and *tsugu* increases in use. In Kobe, *tsugu* has already become more popular than *yosou* in informal situations.

Yosou is preferred in formal situations in locations other than Kyoto. It indicates that this form is regarded by these speakers as standard Japanese. In Kyoto, on the other hand, there is a tendency for *moru* or *tsukeru* to be used more in informal situations. In all the locations, the usage of *tsugu* decreases in formal situations, leading us to conclude that the form is for these speakers treated as dialectal.

Reference　◆Sanada, Shinji (1990) Keihanshin jakunensô ni okeru gengo shinyô no ichi jittai. *Fukai Ichirô Kyôju Taikan Kinen Ronbunshû.* Kinen jigyôkai.
　　　　　　◆Sibata, Takesi (1995) *Nihongo o kangaeru.* Hakubunkan Shinsha.

57 詞彙的變體

　　本研究乃針對「ご飯を茶碗に〜（gohan o chawan ni，把飯〜入碗裏，盛飯）」中的動詞使用進行調查。圖顯示各縣特定1位高齡者的使用情況，而表則是關西地區各城市的年輕人（826人）的使用現況。

　　從表中可得知，京都市使用 yosou 的比率極高，相較之下其他動詞的使用率則顯得非常低。然而，yosou 的使用率愈往西邊愈低，相對地，tsugu 的使用率則愈高。神戶市受訪人在非正式場合中使用 tsugu 的比率高於 yosou。

　　整體而言，使用場合愈正式，yosou 的使用率愈高。因此，可推斷 yosou 是標準形式。不過，京都市則例外，這是值得注意的現象。京都市 yosou 的使用率下降，且在正式場合使用 moru 與 tsukeru 的頻率有略微上升的趨勢。此外，各市在正式場合使用 tsugu 的頻率下降，顯示 tsugu 被視為方言。

參考文獻 ◆真田信治 (1990)〈京阪神・若年層における言語使用の一実態〉《深井一郎教授退官記念論文集》記念事業會
◆柴田武 (1995)《日本語を考える》博文館新社

57 어형의 변이

　　「ご飯を茶碗に〜: gohan wo chawan ni 〜(밥을 그릇에 〜)」라는 문맥에서 동사형의 변이를 조사한 결과이다. 그림은 각 현마다 고연령층 한 사람씩을 대상으로 조사한 결과를 나타낸 것이다. 표는 간사이(関西) 지역의 각 시에서 약년층 다수(826명)를 대상으로 조사한 것을 나타낸 것이다.

　　표를 보면 우선 교토시(京都市)에서는 「ヨソウ: yosou」가 압도적으로 많이 사용되는 것을 알 수 있다. 「ヨソウ: yosou」와 비교하면 다른 어형은 모두 의미가 없다. 그러나 이 「ヨソウ: yosou」는 서쪽으로 감에 따라 출현율이 낮아진다. 그리고 이에 부응이라도 하듯이 「ツグ: tsugu」의 출현율이 높아진다. 고베시(神戸市)에서 격의없는 장면에서 「ツグ: tsugu」가 「ヨソウ: yosou」를 능가하고 있는 것이다.

　　장면차에서 「ヨソウ: yosou」는 전체적으로 격식차린 장면이 되면 출현율이 상승하여, 이 어형이 표준형으로 인정받고 있음을 짐작할 수 있다. 다만 교토시의 경우만은 예외로 「ヨソウ: yosou」가 반대로 하강하고 있는 것이 눈에 띈다. 교토시에서는 「モル: moru」 「ツケル: tsukeru」가 격식차린 장면에서 다소 상승하는 경향을 보인다. 더욱이 「ツグ: tsugu」는 모든 시에서 장면이 격식차린 경우이면 출현율이 하강한다. 이것은 「ツグ: tsugu」가 어디까지나 방언적인 것으로 간주되기 때문일 것이다.

참고문헌 ◆사나다 신지 (真田信治 : 1990)「京阪神・若年層における言語使用の一実態」『深井一郎教授退官記念論文集』記念事業会
◆시바타 타케시 (柴田武 : 1995)『日本語を考える』博文館新社

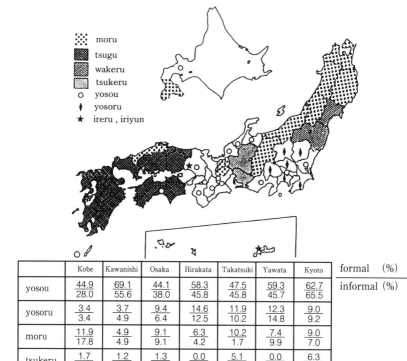

	Kobe	Kawanishi	Osaka	Hirakata	Takatsuki	Yawata	Kyoto
yosou	44.9 / 28.0	69.1 / 55.6	44.1 / 38.0	58.3 / 45.8	47.5 / 45.8	59.3 / 45.7	62.7 / 65.5
yosoru	3.4 / 3.4	3.7 / 4.9	9.4 / 6.4	14.6 / 12.5	11.9 / 10.2	12.3 / 14.8	9.0 / 9.2
moru	11.9 / 17.8	4.9 / 4.9	9.1 / 9.1	6.3 / 4.2	10.2 / 1.7	7.4 / 9.9	9.0 / 7.0
tsukeru	1.7 / 1.7	1.2 / 0.0	1.3 / 1.7	0.0 / 0.0	5.1 / 5.1	0.0 / 1.2	6.3 / 4.2
ireru	9.3 / 15.3	4.9 / 6.2	6.4 / 10.4	2.1 / 14.6	8.5 / 15.3	2.5 / 4.9	4.9 / 6.3
tsugu	24.6 / 33.1	16.0 / 28.4	29.6 / 34.7	18.8 / 22.9	16.9 / 22.0	18.5 / 23.5	7.7 / 9.0

formal (%)

informal (%)

other answers omitted

【 語形のバラエティ 】

58 新語の知識

　高年層では切り出されていない身体部位が若い世代では切り出されていて、それを表現する語形が存在する。ティーゾーン、ユーゾーンと呼ばれる部位である。これは化粧品のコマーシャルの中で使用された語のようである。ティーゾーンは「皮脂が出やすいので化粧が落ちやすい、てかりやすい」部分、逆にユーゾーンは「乾燥しやすい、かさつきやすい」部分であり、ともに洗顔や化粧のときの要注意部分なのだそうである。

　大学生320名に、この語形を呈示して、知っているかどうか、聞いたことがあるかどうかをたずね、その対象を図に描いてもらった結果である。ユーゾーンよりもティーゾーンの方が普及率が高いことがわかる。しかし、語形は知っていてもその意味が曖昧な者、聞いたことがあってもその意味を十分に理解していなかったり、明らかにまちがって理解している者がいる。特に男子学生には、これらの語形が交通関係の用語（道路の形態）と誤解する者が存在する。

参考文献　◆高橋顕志（1996）『地域差から年齢差へ、そして…』おうふう

58　Knowledge of Neologisms

It is widely known that different languages and dialects have different designations for the various parts of the body, but in this example, young speakers came up with a new term for a heretofore undifferentiated part of the body. The terms *tii zôn* and *yû zôn* are neologisms used in makeup ads to refer to parts of the face that require different aesthetic considerations. The former refers to the oily T-shaped zone of the face to which makeup must be reapplied often, while the latter refers to the U-shaped part of the face where the skin tends to dry out easily.

The results of a survey of 320 college students revealed that the terms were widely known, although some speakers who claimed to "know" or at least "have heard" of the terms tended to misunderstand their meanings. This was especially true among male students, some of whom thought the terms referred to types of road configurations.

Reference　◆Takahashi, Kenji (1996) *Chiiki-sa kara Nenrei-sa e, soshite....* Ofû.

58 對新詞的知識

現在年輕人使用許多高齡層不使用的身體部位詞彙，例如 T-zone、U-zone。這些詞彙應該是化妝品廣告中的用詞。所謂的 T-zone 指「容易出油導致脫妝、泛油光」的部位，U-zone 則是指「容易乾燥、脫皮」的部位，兩者皆為洗臉及化妝時需加強的地方。

本研究調查 320 名大學生對於這兩個詞認知與否，並請他們實際描繪後得知 T-zone 的普及率較 U-zone 高。不過，也有人雖然知道這兩個詞，但未明確理解其意，或是聽過但不了解，亦或明顯誤解其意。甚至有男學生誤以為這些是交通方面（道路的形態）用詞。

參考文獻　◆ 高橋顯志 (1996)《地域差から年齡差へ、そして…》おうふう

---

58 신어의 지식

고연령층에서는 사용되지 않는 신체 부위 명칭을 젊은 세대에서 사용한다. T 존, U 존이라고 불리는 부위 명칭이다. 이것은 화장품 광고에서 사용된 말인 듯하다. T 존은 「피지가 생기기 쉽기 때문에 화장이 지워지기 쉬운, 번들거리기 쉬운」 부분, 반대로 U 존은 「건조하기 쉬운, 거칠어지기 쉬운」 부분으로 모두 얼굴을 씻거나 화장을 할 때 주의해야 하는 부분이라고 한다.

대학생 320명에게 이 어형을 제시하여 알고 있는지, 들은 적이 있는지를 질문하여 얻은 결과를 다음의 도표로 나타냈다. 도표를 보면, U 존보다도 T 존 쪽의 보급률이 높은 것을 알 수 있다. 그러나 어형은 알고 있어도 그 의미가 애매한 것, 들은 적은 있어도 그 의미를 충분히 이해하지 못하거나 완전히 잘못 이해하고 있는 사람들도 있다. 특히 남학생 중에는 이들 어형을 교통관계의 용어(도로의 형태)로 오해하는 사람도 있다.

참고문헌　◆ 다카하시 켄지 (高橋顯志：1996)『地域差から年齡差へ、そして…』おうふう

ティーゾーン

T-zone	N	%
Know	227	70.92
Slightly Different	26	8.13
Have Heard	23	7.19
Slightly Different	3	0.94
Don't Understand	10	3.13
Misunderstand	5	1.56
Don't Know	23	7.19
No response	3	0.94
	320	100.00

ユーゾーン

U-zone	N	%
Know	94	29.38
Slightly Different	0	0.00
Have Heard	17	5.31
Slightly Different	4	1.25
Don't Understand	27	8.44
Misunderstand	2	0.63
Don't Know	173	54.05
No response	3	0.94
	320	100.00

【 新語の知識 】

59 スラングの普及

　スラングには、集団のメンバーがそれをつくって楽しむ、そしてそれを使って楽しむという機能と、それを使うことによって、メンバー相互の連帯感や仲間意識を確認するという機能がある。

　「自転車」のスラング形チャリンコは全国的に用いられているが、特に関西地方で頻用される傾向が認められる。最近の観察によれば、この語にはさまざまな派生形が生じている。図は、大阪市内で 1000 人を対象として、「友人同士でのふだんの会話で」といった状況設定において「自転車」の呼称を調べた結果である。

　60 代以上においてはスラング形が皆無であるが、50 代以下にはチャリンコがしだいに勢いを増してきている。そして 20 代になるとチャリ、そしてチャリキの形が男性に現れてくる。さらに 10 代にいたるとチャーリーの形も現れる。チャーリーは女性に使用者が多い。20 代以下においては約 80％もの者がスラング形（チャリンコ類）を用いているのである。

参考文献　◆真田信治・岸江信介(1990)『大阪市方言の動向』科研費成果報告書

59　The Spread of Slang

　The function of slang is twofold: to enjoy coining and using terms among group members, and to enforce their sense of solidarity. The term *charinko* "bicycle" is used nationwide as slang in place of the standard term *jitensha*. This tendency was emphasized in Kansai. A recent study found a number of variants. The graph shows the use of "bicycle" in a casual situation from the survey responses of 1,000 residents from the city of Osaka.

　Jitensha is widely used by older speakers in their 60s and 70s. The use of *charinko* increases among younger speakers. Speakers in their 20s use new terms such as *chari* and *chariki*. Moreover, younger speakers in their teens use *chârii*. In total, 80% of younger speakers use slang terms for "bicycle."

Reference　◆Sanada, S., Kishie, S. (1990) *Osaka-shi Hôgen no Dôkô*. Ministry of Education Grant Report.

59　俚語的普及

所謂俚語，有使社群內成員享有共同創作、共同使用樂趣的功能，亦有產生連帶感、夥伴意識的功能。

例如，腳踏車的俚語 charinko 雖然遍及日本全國，但主要使用區域為關西。根據最近的觀察，俚語 charinko 一詞有各式各樣的變異（chariki、chari、chârii）。圖顯示以大阪市內 1000 人為對象，調查「朋友間的一般對話」中「腳踏車」一詞的使用情形。

結果顯示，年齡超過 60 歲以上的世代完全不使用俚語，但 50 歲以下使用 charinko 者逐漸增加。20 歲上下的男性使用 chari、chariki。10 幾歲的年齡層甚至出現新詞 chârii，且使用者多為女性。總而言之，20 歲以下使用俚語者約有 80%。

參考文獻　◆真田信治・岸江信介（1990）《大阪市方言の動向》科研費成果報告書

59　속어의 보급

속어(slang)에는 집단 구성원이 그것을 만들어 사용하고 즐기는 기능과 그것을 사용하여 구성원 상호간의 연대감이나 또래의식을 확인하는 기능이 있다.

「자전거」의 속어형 「チャリンコ：charinko」는 전국적으로 사용되고 있지만 특히 간사이(関西) 지방에서 빈번히 사용되는 경향이 있다. 최근의 조사에 따르면 이 단어는 다양한 파생형을 낳고 있다. 그림은 오사카(大阪) 시내에서 1,000명을 대상으로 「친구끼리의 보통 회화」라는 상황설정으로 「자전거」의 명칭을 조사한 결과이다.

60대 이상에서는 속어형이 거의 사용되지 않지만, 50대 이하에서는 「チャリンコ：charinko」가 점차 세력을 넓혀가고 있다. 그리고 20대가 되면 「チャリ：chari」와 「チャリキ：chariki」형의 사용이 남성에게 나타나기 시작한다. 더욱이 10대에 이르면 「チャーリー：chârii」형도 나타난다. 「チャーリー：chârii」는 여성들이 많이 사용한다. 20대 이하에서는 약 80%가 속어형(チャリンコ：charinko 류)을 사용하고 있다.

참고문헌　◆사나다 신지·기시에 신스케（真田信治·岸江信介：1990）『大阪市方言の動向』科研費成果報告書

言語変化

共通語化と新方言

ことばのゆれ

移住とことば

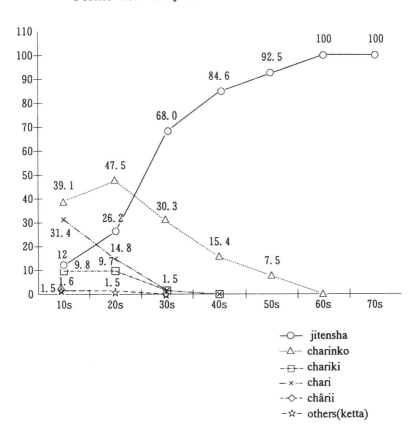

Terms for "bicycle"

【 スラングの普及 】

60 北海道における世代差

　北海道、屯田入植地の深川市納内町での語彙調査の結果である。福井県出身の2世・3世・4世の間において、二つのパターンの異同が見られた。

　Aは、福井方言式の言い方が、1世から2世または3世まで受け継がれているが、3世または4世では共通語化しているものである。

　Bは、2世で北海道方言式の言い方を取り入れたが、3世または4世で共通語化しているものである。

　しかし、3世または4世ですべて共通語化するのではなく、北海道で新しく取り入れられたと思われる、デメン（日雇い）、ナゲル（捨てる）、ダハンコク（だだをこねる）、シタッテ（だって）、ドチライカ（どういたしまして）などは、2世・3世・4世がともに使っている。

参考文献　◆小野米一（1996）「移住と方言」『方言の現在』明治書院

60　Generational Differences in Hokkaidô

　The northern island of Hokkaidô was the new Japanese frontier during the late nineteenth century as settlers moved there from many different regions of Japan. Survey was conducted in Osamunai-cho in Fukagawa, Hokkaidô. The data showed various patterns of the dialect transmission for 2nd, 3rd and 4th generation (G2, G3, G4) descendents of settlers from Fukui prefecture.

　In A, the Fukui dialect form is passed on to the G2 speaker, but the G3 (and G4) speaker acquires the standard Japanese form. In B, the G2 speaker acquires the Hokkaidô dialect form, but the G3 and G4 speakers acquire the standard Japanese form. This is not to imply, however, that G3 and G4 always use standard forms. The forms *demen* (SJ *hiyatoi 'day labor'*), *nageru* (SJ *suteru 'to throw away'*), *dahan koku* (SJ *dada wo koneru 'to be petulant'*), *shitatte* (SJ *date 'even'*), *dochiraika* (SJ *dôitashimashite 'you're welcome'*) are Hokkaidô forms used by G2, G3 and G4.

Reference　◆Ono, Yoneichi (1996) Ijû to hôgen. *Hôgen no Genzai*. Meiji Shoin.

60 北海道的世代差

此為北海道移民開墾地深川市納內町的詞彙調查結果。如表所示，來自福井縣移民的福井方言傳承於3代間出現2種不同模式。

A顯示福井方言的詞彙雖然從第1代傳承至第2代或第3代，但第3代或第4代之後則轉移為標準語。

B顯示第2代使用北海道方言，第3代或第4代則轉而使用標準語。

不過，這並不表示第3代或第4代完全轉移為標準語。第2代、第3代、第4代亦使用部分北海道方言，例如：デメン（demen，依日計費之臨時工）、ナゲル（nageru，丟棄）、ダハンコク（dahankoku，要脾氣）、シタッテ（sitatte，也）、ドチライカ（dochiraika，不客氣）等。

參考文獻 ◆小野米一（1996）〈移住と方言〉《方言の現在》明治書院

---

60 홋카이도방언 사용자의 세대차

다음의 표는 홋카이도(北海道)의 둔전병(屯田兵) 이주 거주지인 후카가와시(深川市) 오사무나이정(納內町*) 에서 실시한 어휘 조사 결과를 나타낸 것이다. 후쿠이현(福井県) 출신의 2·3·4세 사이에서 두 패턴으로 차이점이 보였다.

A 는 후쿠이식의 방언 어두가 1세에서 2세 또는 3세까지 계승되고 있지만, 3세 또는 4세에서는 공통어화가 이루어지고 있는 것을 말해준다.

B 는 2세에서 홋카이도식의 방언 어두를 받아들였지만, 3세 또는 4세에서 공통어화가 이루어지고 있는 것을 말해 준다.

그러나 3세 또는 4세에서 모두 공통어화가 이루어지고 있는 것은 아니다. 홋카이도에서 새로이 수용한 것으로 생각되는 デメン：demen(일용직), ナゲル：nageru (버리다), ダハンコク：dahan koku (떼를 쓰다), シタッテ：shitatte (그렇다고 해도), ドチライカ：dochiraika (천만에요) 등은 2·3·4세가 모두 사용하고 있다.

참고문헌 ◆오노 요네이치 (小野米一：1996) 「移住と方言」『方言の現在』明治書院

---

*정(町) : 행정 구역으로서의 '군(郡)'의 하부 단위(한국의 읍(邑)에 해당함).

言語変化

A

	2nd	3rd	4th
一昨日	オトツイ	オトツイ	オトトイ
きなくさい	ケナクサイ	ケナグサイ	コゲクサイ
行かれない	イケン	イカレン	イケナイ
ごはんが腐る	スエル	ワルクナル	クサル
味がうすい	アジサイ	ションナイ	ウスイ
見なかった	ミナンダ	ミンカッタ	ミナカッタ
しおからい	カライ	ショッパイ	ショッパイ
いない	オラン	イナイ	イナイ

B

	2nd	3rd	4th
馬鈴薯	ゴショイモ	ゴショイモ	ジャガイモ
白樺	ガンビ	ガンビ	シラカバ
煙突	エントー	エントー	エントツ
惜しい	イタワシー	イタワシー	モッタイナイ
ガオル（弱る）	use	use	non-use
オガル（成長する）	use	use	non-use
タガク（持ち上げる）	use	non-use	non-use
笑わサル〈自発〉	use	non-use	non-use

【北海道における世代差】

共通語化と新方言　ことばのゆれ

移住とことば

181

61 方言受容と態度

　京都や大阪で生活する移住者が京阪の方言を習得する過程を、話者の属性や言語意識の側面から調査した結果の一部である。設問には、「自分の普段しゃべっていることばを、(誇りに思っている／どちらとも言えない／誇りに思っていない)」か、「京都・大阪に来てから、出身地のことば〈方言〉を、(よく使う／時々使う／ほとんど使わない／全然使わない)」か、などがあるが、図は多変量解析の一種である因子分析を用い、方言意識に関する諸項目と京阪方言をどの程度使うようになったかを表す受容値との相関関係を見たものである。注目したいのは、両図で、「誇り (10)」と「京都・大阪での出身地方言の使用 (2)」との位置が非常に近いことである。これはつまり自分のことばに誇りを感じる話者は自分の方言を保持する、という傾向の現れであろう。

参考文献　◆ダニエル・ロング(1990)「大阪と京都で生活する他地方出身者の方言受容の違い」『国語学』162

61　Attitudes and Dialect Adaption

　Factors relating to dialect adaptation differ for in-migrants in Osaka and in nearby Kyoto. Some common results appeared in the factor analyses for migrant speakers in both Kyoto (K) and Osaka (O). First, the factors "I like K/O", "I like the dialect of K/O" and "I use the K/O dialect" (factor grouping A) are located along a single axis. Second, the factors "I am proud of my native dialect" and "I'm embarrassed by my native dialect" are located in opposing positions, with the factor "I tried to change my dialect upon coming to K/O" plotting halfway between them. However, a third commonality was quite unexpected. The two factors "accommodation" and "forms adopted" (factor grouping B) are clumped closely together on both graphs, and are rather removed from the "I tried to change my dialect" factor. In other words, migrants' ultimate acquisition of the new dialects has much more to do with whether or not they accommodate to their interlocutors on a conversation-to-conversation basis than it has to do with whether or not they make a conscious change to alter their dialects.

Reference　◆Long, Daniel (1990) Osaka to Kyoto de seikatsu suru tachihô shusshinsha no hôgen juyô no chigai. *Kokugogaku* 162.

61 方言接納與態度

　　此研究從使用者屬性及語言意識等觀點，針對移居京都、大阪者學習京阪方言的過程。訪談問題為「您對自己平常使用的語言覺得驕傲／都不是／不覺得驕傲」、「到京都、大阪之後使用原本出身地方言之頻率為：經常使用／偶爾使用／幾乎不用／完全不用」等。

　　圖乃利用因子分析（多變量分析的一種）解析方言意識與京阪方言使用接受度之關連性。值得注意的是，圖中「感到驕傲（10）」與「在京都、大阪使用出身地之方言（2）」的位置非常接近。這顯示，對出身地方言感到驕傲的人亦努力保持使用該方言。

參考文獻　◆ダニエル・ロング（1990）〈大阪と京都で生活する他地方出身者の方言受容の違い〉《国語学》162

---

61 방언수용과 태도

　　다음의 그림은 교토나 오사카에서 생활하는 이주자가 교토·오사카의 방언을 습득하는 과정에 대해 화자의 속성이나 언어의식을 조사한 결과의 일부를 나타낸 것이다. 설문응답 선택지는 「자신이 보통 사용하는 말을 (자랑스럽게 생각한다／어느 쪽이라고 말할 수 없다／자랑스럽게 생각하지 않는다)」나, 「교토·오사카에 온 후 출신지의 말(방언)을 (자주 사용한다／가끔 사용한다／거의 사용하지 않는다／전혀 사용하지 않는다)」이다. 그림은 다변량 해석의 일종인 인자분석을 사용하여 교토방언을 어느 정도 사용하게 되었는지를 나타내는 수용치와 방언의식의 상관관계를 살펴 본 것이다. 주목하고 싶은 것은 양쪽 그림에서 「자랑(10)」과 「교토·오사카에서의 출신지 방언의 사용(2)」과의 위치가 상당히 가깝다는 것이다. 이것은 자신의 말에 자부심을 느끼는 화자는 자신이 원래 사용하던 방언을 유지하려고 하는 태도가 반영된 것이라고 여겨진다.

참고문헌　◆다니엘 롱（ダニエル・ロング：1990）「大阪と京都で生活する他地方出身者の方言受容の違い」『国語学』162

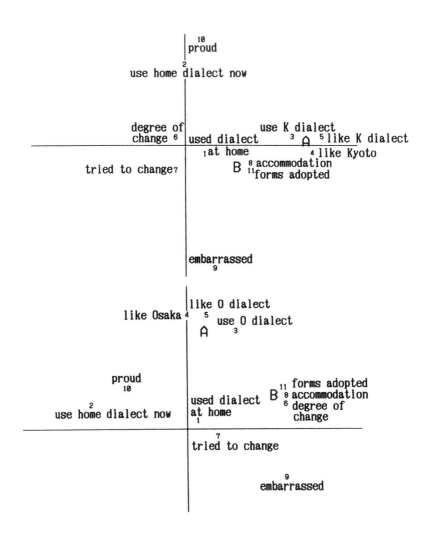

【 方言受容と態度 】

62 ニュータウンでの言語使用

　都市化によって生じた人口の流動化に伴い、大都市の郊外に「ニュータウン」の建設が進んだ。この都市計画によって作られた地域社会には、各地からの移住者が生活している。移住者間の接触によって、旧来の地域社会で生じた言語変容とは異なる現象が観察される。

　図は神戸市西区に所在する西神ニュータウン居住者の間で用いられる動詞の否定辞の使用率である。兵庫県出身者と他地方出身者の中年層では、共通して非方言形である「－ナイ／－ナカッタ」の使用が多い。それに対し、若年層になると非過去形では、「－ヘン／－ン」過去形では「－ンカッタ」が多用される。「－ナイ／－ナカッタ」に対応する形で「－ン／－ンカッタ」が用いられるようになったためか、「－ヘンカッタ」の使用は観察されなかった。

参考文献　◆朝日祥之(2004)「ニュータウン・コイネの形成過程にみられる言語的特徴―動詞の否定辞を例として―」科研費報告書

62　Language Use in New Towns

　Urbanization has promoted demographic movement in modern society. As a result, so-called "new towns" have been designed and developed in the suburbs of large cities. In new towns, a number of migrants from various regions bring their home dialects. This dialect contact situation entails unique linguistic changes that cannot be observed in traditional communities.

　The data indicate the percentages of verb negation forms among residents in Seishin New Town in the city of Kobe. Among middle-aged speakers, the share of non-dialectal features (i.e., a non-past form -*nai*, and a past form -*nakatta*) is higher than the that of dialectal features regardless of dialectal background. On the other hand, among younger speakers, the proportion of dialectal features (i.e., non-past forms -*hen/-n*, and a past form -*nkatta*) has increased. The use of one dialectal feature, -*henkatta*, was not observed. The non-past/past form favored among younger speakers is -*n/-nkatta*, which corresponds to -*nai/-nakatta* among middle-aged speakers. This pattern is not seen in other areas.

Reference　◆Asahi, Yoshiyuki (2004) *Nyû taun koine-no keiseikatei ni mirareru gengoteki tokuchô : dôshi no hiteiji o rei toshite.* Ministry of Education Grant Report.

言語変化

共通語化と新方言

ことばのゆれ

移住とことば

62 新興城市的語言使用

　　隨著都市化所引發的人口流動，大都市郊外的新興城市一一形成。來自日本各地的人在此生活，遂產生了有別於傳統地區社會的語言變化。

　　圖為神戶市西區的西神新興城市居民之動詞否定詞綴使用情形。兵庫縣及其他地區出身的中年人皆使用非方言形式「-nai（非過去式）」、「-nakatta（過去式）」。年輕人則較常使用「-hen 或 -n（非過去式）」、「-nkatta（過去式）」。也許是因為使用「-n/-nkatta」以對應「-nai/-nakatta」，年輕人不使用「-henkatta（過去式）」。

參考文獻　◆朝日祥之（2004）《ニュータウン・コイネの形成過程にみられる言語的特徴―動詞の否定辞を例として―》科研費報告書

---

62 뉴타운에서의 언어 사용

　　도시화로 인해 비롯된 인구의 유동화에 따라 대도시 교외에 「뉴타운」의 건설이 진행되고 있다. 이 도시계획에 따라 만들어진 지역사회에는 전국 각지로부터 이주해 온 이주자들이 생활하고 있다. 이주자 간의 접촉에 따라 종래의 지역사회에서 생겨난 언어변용과는 다른 현상이 관찰된다.

　　그림은 고베시(神戸市) 서구에 소재하는 세이신(西神) 뉴타운 거주자들이 사용하는 동사의 부정사 사용-율이다. 효고현(兵庫県) 출신자와 타지방 출신자의 중년층에는 공통적으로 방언형이 아닌 표준형「ーナイ：-nai(않다) /ーナカッタ：-nakatta (않았다)」의 사용이 많다. 그에 비해 약년층이 되면 비과거형으로「ーヘン：-hen / ーン：-n」, 과거형으로는 「ーンカッタ：-nkatta」가 다용된다. 「ーナイ：-nai /ーナカッタ：-nakatta」에 대응하는 형으로 「ーン：-n/ーンカッタ：-nkatta」가 사용되었기 때문이다. 「ーヘンカッタ：-henkatta」의 사용은 관찰되지 않았다.

참고문헌　◆아사히 요시유키 (朝日祥之：2004)「ニュータウン・コイネの形成過程にみられる言語的特徴―動詞の否定辞を例として―」科研費報告書

Middle-age
Non-past form　Past form (%)

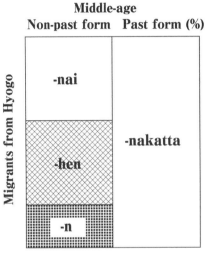

-nai

-hen

-n

-nakatta

Young-age
Non-past form　Past form (%)

-nai

-hen

-n

-nakatta

-nkatta

Middle-age
Non-past form　Past form (%)

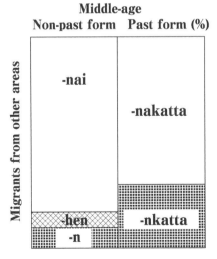

-nai

-hen

-n

-nakatta

-nkatta

Young-age
Non-past form　Past form (%)

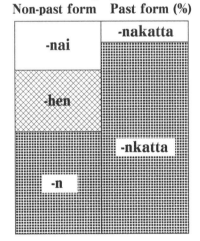

-nai

-hen

-n

-nakatta

-nkatta

Migrants from Hyogo

Migrants from other areas

【 ニュータウンでの言語使用 】

63 日本人の「国語力観」

　国立国語研究所では、日本語を使う能力である「国語力」に関する全国調査を、2006年に2,129人を対象に実施した。そこでは「国語力」という言葉への接触、関心、「国語力」の自己評価、「国語力のある人物像」「国語力をつけるためにするといいと思うこと」といった「国語力観」の諸側面に関する調査項目が設けられた。

　グラフは、その中でも「国語力をつけるためにするとよいこと」に関する調査結果である。「本や新聞をたくさん読む」（77.4％）がもっとも割合が高い。これに「分からない漢字や語句は面倒がらずに辞書を引く」が続くが、その割合は3割にとどまっている。活字への接触頻度を上げることが「国語力」を身につける効果的な方法になると考える人が多いことが見て取れる。

参考文献　◆国立国語研究所（2007）『「国語力観」に関する全国調査』国立国語研究所

63　Self-assessment of Japanese Proficiency

　The National Institute for Japanese Language conducted a nationwide survey of 2,129 respondents to examine how Japanese people assess their Japanese proficiency. In the survey, the questions asked about diverse aspects of Japanese proficiency, such as the self-assessment of one's Japanese, familiarity with the term *kokugoryoku*, the image of those who have high proficiency in Japanese, and strategies to improve proficiency.

　The graph lists specific strategies to boost Japanese proficiency. "Read a number of books" (77.4%) obtained the highest percentage. The second highest strategy is to consult a dictionary whenever one comes across unfamiliar expressions or Chinese characters, but this figure only reached 30%. Many people believe they can improve their Japanese proficiency by increasing their contact with written text.

Reference　◆The National Institute for Japanese Language (2007) *'Kokugoryokukan' nikansuru zenkokuchōsa*. The National Institute for Japanese Language.

63　日本人的「國語能力觀點」

日本國立國語研究所於 2006 年針對國內 2,129 人進行「國語能力」調查，調查項目包含對「國語能力」這個用詞的認識以及關心度、對自我「國語能力」之評價、「具國語能力人物的標準」、「增強國語能力的方法」等各方面相關問題。

圖乃關於「增強國語能力的方法」之調查結果。結果顯示，「大量閱讀書籍或報章」的比率最高（77.4%），接著為「遇到不懂的漢字或語句時勤查字典」，然而其所佔的比率僅 3 成左右。由此可知，大多數人認為多接觸文章是增加國語能力最有效的方法。

參考文獻　◆ 国立国語研究所（2007）《「国語力観」に関する全国調査》国立国語研究所

言語意識

63　일본인의 「일본어 구사 능력관」

국립국어연구소에서는 2006년에 일본어를 구사하는 능력, 즉 「일본어 능력」을 파악하기 위해 전국에 거주하는 2,129명을 대상으로 조사하였다.

「일본어 능력」이라는 언어와의 접촉이나 관심, 「일본어 능력」에 대한 자기평가, 「일본어 능력이 있는 인물상」, 「일본어 능력을 습득하기 위해 하면 좋다고 생각되는 것」 등, 「일본어 구사 능력관」의 제측면에 관한 조사 항목이 마련되었다.

다음의 그래프는 그 중에서도 「일본어 능력을 습득하기 위해 하면 좋은 것」에 관한 조사 결과이다. 「책이나 신문을 많이 읽는다(77.4%)」가 가장 비율이 높다. 여기에 「모르는 단어나 어구는 귀찮아하지 않고 찾는다」가 뒤를 잇고 있지만, 그 비율은 3%에 불과하다. 활자와의 접촉 빈도를 높이는 것이 「일본어 능력」을 습득하기 위한 효과적인 방법이 된다고 생각하는 사람이 많다는 사실을 엿볼 수 있다.

참고문헌　◆ 국립국어연구소 (国立国語研究所：2007)「「国語力観」に関する全国調査」国立国語研究所

ことばへの態度　ことばのイメージ　アイデンティティ

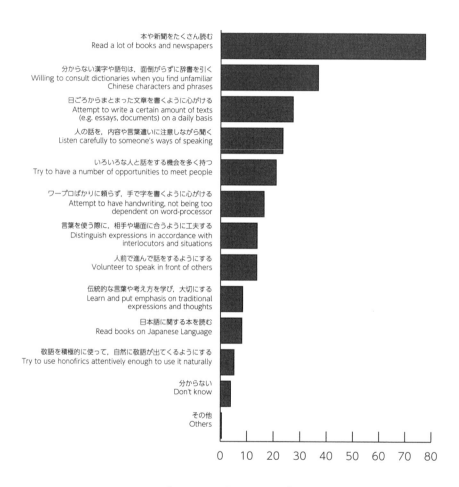

本や新聞をたくさん読む
Read a lot of books and newspapers

分からない漢字や語句は，面倒がらずに辞書を引く
Willing to consult dictionaries when you find unfamiliar
Chinese characters and phrases

日ごろからまとまった文章を書くように心がける
Attempt to write a certain amount of texts
(e.g. essays, documents) on a daily basis

人の話を，内容や言葉遣いに注意しながら聞く
Listen carefully to someone's ways of speaking

いろいろな人と話をする機会を多く持つ
Try to have a number of opportunities to meet people

ワープロばかりに頼らず，手で字を書くように心がける
Attempt to have handwriting, not being too
dependent on word-processor

言葉を使う際に，相手や場面に合うように工夫する
Distinguish expressions in accordance with
interlocutors and situations

人前で進んで話をするようにする
Volunteer to speak in front of others

伝統的な言葉や考え方を学び，大切にする
Learn and put emphasis on traditional
expressions and thoughts

日本語に関する本を読む
Read books on Japanese Language

敬語を積極的に使って，自然に敬語が出てくるようにする
Try to use honofirics attentively enough to use it naturally

分からない
Don't know

その他
Others

0 10 20 30 40 50 60 70 80

【 日本人の「国語力観」】

64 フォリナートークへの態度

母語話者が外国人に配慮して用いる談話のことをフォリナートークと言う。このフォリナートークに対する日本人の意識を実験によって追究した結果である。

漢語、和語、外来語のそれぞれを多く含むもので、しかもそれぞれを早いスピードで話した場合〈速〉と緩やかなスピードで話した場合〈鈍〉の6種類の談話を被験者に聞かせて、それぞれについて、日本人と同様な「扱い」をしているか、外国人としての扱いの「努力」をしているか、の程度を判定させた。

「扱い」においては、全体としては〈速〉のほうが〈鈍〉に比べて高く評価されていることが分かる。語種の含有率では、漢語、和語、外来語の順である。一方、「努力」においては、〈鈍〉が〈速〉よりも高く判定される。語種の含有率では、外来語、和語、漢語の順になっている。

参考文献 ◆ダニエル・ロング(1995)「フォリナー・トークに対する意識」『日本語教育における社会言語学的基盤』科研費成果報告書

ことばへの態度

ことばのイメージ

---

64 Attitudes towards Foreigner Talk

In an experiment designed to gauge native Japanese speakers' attitudes towards Japanese foreigner talk, native Japanese judges were asked to rate six tapes of Japanese speakers explaining the use of a copy machine to a foreigner.

One purpose of the experiment was to determine attitudes towards these different factors in foreigner talk. The six tapes were created as matching examples of a single basic discourse, but using different combinations of the two types of features. Formal features were divided into (1) the use of large amounts of foreign words or loanwords, (2) the use large amounts of conversational Japanese terms (particularly indigenous *wago*), and (3) the use of slightly more technical terms (particularly Sino-Japanese *kango* words).

Judges rated the six tapes according to several criteria; the results shown here are for the question "To what extent do you feel the speaker is making an effort to make what he is saying clear to the foreigner". They show clearly that Judges evaluate functional modifications more highly than they do formal features.

Reference ◆Long, Daniel (1995) Fôrinâ tôku ni taisuru ishiki. *Nihongo Kyôiku ni okeru Shakai gengogakuteki Kiban.* Ministry of Education Grant Report.

アイデンティティ

64 對foreigner talk的態度

　　所謂的 foreigner talk（對外國人用語）是母語使用者（native speaker）與外國人交談時，為了讓外國人聽得懂而使用的說話方式。

　　圖為日本人對 foreigner talk 看法之實驗結果。實驗方式為讓受試者聽 6 種內容的談話：分別含大量的「漢語」、「和語」、「外來語」，並且再分說話速度快與慢。要求受試者判斷此 6 種談話方式與平時和日本人說話時一樣（same treatment）抑或將聽話者當成外國人，努力想讓對方聽懂（effort）。

　　結果顯示，「same treatment」基本上說得快比說得慢受好評，而且從語種含有率來看，受到好評的程度按順序為「漢語」、「和語」、「外來語」。另外，關於「effort」，說慢一點的評價比說快一點的高，其語種的含有率則分別以「外來語」、「和語」、「漢語」較受好評。

參考文獻　◆ダニエル・ロング(1995)〈フォリナー・トークに対する意識〉《日本語教育における社会言語学的基盤》科研費成果報告書

---

64 외국인 배려 말투에 대한 태도

　일본어 모어 화자가 외국인을 배려해서 사용하는 말투를 외국인 배려 말투(foreigner talk)라고 한다. 다음의 그림은 이 외국인 배려 말투에 대한 일본인의 의식을 실험한 결과이다.

　한어, 고유어, 외래어 각각을 많이 포함하는 것으로, 그것도 각각을 빠른 속도로 말한 경우인 〈빠름〉과 느린 속도로 말한 경우인 〈느림〉의 6종류의 담화를 조사 대상자에게 들려주고, 각각에 대해 일본인과 동일한 「대우」를 하고 있는지, 외국인으로 대우하려는 「노력」을 하고 있는지의 정도를 판정하도록 하였다.

　「대우」에서는 전체적으로 〈빠름〉쪽이 〈느림〉에 비해 높게 평가되고 있다는 것을 알 수 있다. 어종의 함유율에서는 한어가 가장 높고, 그 다음으로 고유어, 외래어의 순으로 이어진다. 한편, 「노력」에서는 〈느림〉이 〈빠름〉보다도 높게 판정된다. 어종의 함유율에서는 외래어가 가장 높고, 고유어, 한어가 그 뒤를 잇고 있다.

참고문헌　◆다니엘 롱 (ダニエル・ロング : 1995)「フォリナー・トークに対する意識」『日本語教育における社会言語学的基盤』科学費成果報告書

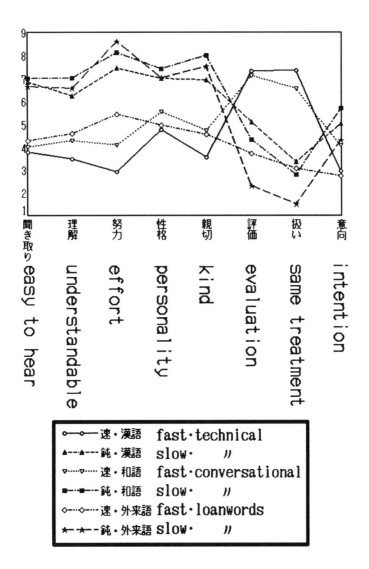

聞き取り easy to hear	理解 understandable	努力 effort	性格 personality	親切 kind	評価 evaluation	扱い same treatment	意向 intention

○—○— 速・漢語　fast・technical
▲--▲-- 鈍・漢語　slow・　〃
▽····▽···· 速・和語　fast・conversational
■-·-■-·- 鈍・和語　slow・　〃
◇····◇···· 速・外来語 fast・loanwords
★--★-- 鈍・外来語 slow・　〃

【 フォリナートークへの態度 】

65 外国人の話す日本語

　外国人の話す日本語は、どのような日本語であるのが望ましいと思うかを全国で聞いた結果である。B「外国人だから、意思が通じさえすれば、多少変な日本語でもかまわない」が58.6%と高く、C「外国人だから、意思が通じさえすれば、どんな日本語でもかまわない」の24.2%、A「外国人であっても、日本人と変わらない日本語を話すべきである」の12.7%を大きく上回っている。

　なお、図では示されていないが、A「日本人と変わらない日本語を話すべきである」とする回答は、60歳以上の年齢層において相対的に多く出ている。

参考文献　◆文化庁文化部国語課(1995)『国語に関する世論調査』世論調査報告書

65　Japanese Spoken by Foreigners

　The pie chart shows the results from a nationwide opinion poll, which asked about expectations towards the way foreigners speak Japanese. By far the most common response was B, "they're foreigners. So as long as they get the point across, it doesn't matter if their Japanese is somewhat strange." Percentages of other responses (C, "they're foreigners, so as long as they get the point across, it doesn't matter how strange their Japanese is.," and A, "even if they are foreigners, they should speak the same as Japanese do.") are not large enough to reach the percentage of the response B. Although not shown in the graph here, it was found that response A, "even if they are foreigners, they should speak the same as Japanese do", was more prevalent among informants 60 and over than in the other age groups.

Reference　◆Bunka-cho Bunka-bu Kokugo-ka (1995) *Kokugo ni kansuru Yoron Chôsa*. Yoron Chôsa Hôkokusho.

65　外國人說的日語

　　圖乃在日本全國所進行的調查結果，調查內容為「你希望外國人說什麼樣的日語？」。結果顯示選擇 B：「因為是外國人，所以可以接受其使用有點奇怪的日語」者最多，共佔 58.6%，遠超過選擇 C：「因為是外國人，只要能溝通，什麼樣的日語都可以」的 24.2% 和選擇 A：「即使是外國人，日語也應該說得和日本人一樣好」的 12.7%。

　　另外，雖然圖上沒有說明，但是回答 A 的人以 60 歲以上者居多。

參考文獻　◆ 文化庁文化部国語課 (1995)《国語に関する世論調査》世論調査報告書

65　외국인이 말하는 일본어

　　외국인이 말하는 일본어는 어떠한 일본어가 바람직하다고 생각하는가를 전국에서 설문한 결과이다. B「외국인이기 때문에 의사소통만 되면 다소 이상한 일본어라도 상관없다」가 58.6%로 높고, C「외국인이기 때문에 의사소통만 되면 어떠한 일본어라도 상관없다」가 24.2%, A「외국인이더라도 일본인과 다를 바 없는 일본어를 말해야 한다」가 12.7%를 차지한 것으로 나타났다.

　　더욱이 그림에서는 나타나 있지 않지만 A「일본인과 다를 바 없는 일본어를 말해야 한다」고 하는 응답율은 60세 이상의 고연령층에서 상대적으로 많이 나타난다.

참고문헌　◆ 문화청문화부국어과 (文化庁文化部国語課：1995)『国語に関する世論調査』世論調査報告書

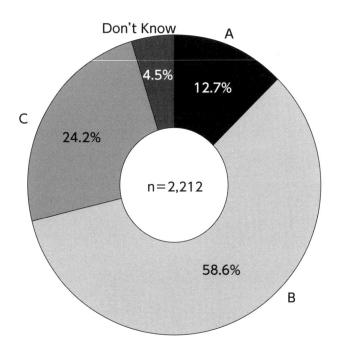

【 外国人の話す日本語について 】

66 | 方言が恥かしい

　「あなたは地方なまりが出るのは恥かしいですか」という質問に対する回答結果をまとめたものである。都道府県別に「はい」（つまり、方言が恥かしい）と答えた被調査者の比率から、「いいえ」の比率を引いた値をその方言に対する恥かしさの点数として算出し、これをさらに全国平均を50とする偏差値に変換し直した。そして、偏差値の高い順に濃く5段階に全国を塗り分けたものが図である。

　図によれば、方言を恥かしいとする傾向が強いのは、北関東から東北、山陰、そして九州南部から沖縄にかけての地域などである。一方、方言が恥かしいとは思わない傾向が強いのは、東京、神奈川、京都、そして北海道である。

参考文献　◆NHK放送世論調査所（1979）『日本人の県民性』日本放送出版協会

66 Embarrassment about One's Dialect

　Informants in this survey were asked whether or not they were embarrassed when their dialects showed through in conversation. The score for the embarrassment about one's dialect was obtained from the responses of the question. This score was standardized to show the extent to which each prefecture differed from the national average.

　The results show a concentration of high embarrassment level can be found in the northern Kantô region, Tôhoku region of northern Japan, the Japan Sea side of the Chûgoku region, and Southern Kyûshû and Okinawa. To the contrary, a concentration of low embarrassment level can be found in Tokyo, Kanagawa, Kyoto, and Hokkaidô.

Reference　◆NHK Hôsô Yoron Chôsajo (1979) *Nihonjin no Kemminsei*. Nihon Hôsô Shuppan Kyôkai.

66 以方言為恥

　　圖為「你以自己使用的方言腔調為恥嗎？」之調查結果。羞恥點數之計算方法為將各地回答「是」（以方言為恥）的比率減去「不是」的比率後，將其以全國平均50之基準換算出偏差值。製圖時，偏差值愈高，便賦予愈濃的顏色。

　　從圖可看出，以方言為恥的地區為關東北部至東北、山陰以及九州南部至沖繩；不以方言為恥的則為東京、神奈川、京都以及北海道。

參考文獻　◆NHK放送世論調查所 (1979)《日本人の県民性》日本放送出版協会

66 사투리가 부끄럽다

　　다음의 그림은「당신은 대화중에 지방 사투리가 튀어나오는 것이 부끄럽습니까」라는 설문에 대한 응답 결과를 정리한 것이다. 도도부현(都道府県)별로 「예(즉 방언이 부끄럽다)」라고 대답한 조사 대상자의 비율에서 「아니오」의 비율을 뺀 값을 그 방언에 대한 부끄러움의 점수로 산출하였다. 그리고 이를 다시 전국 평균을 50으로 한 편차치로 재변환하였다. 또한 편차치가 높은 순으로 농도를 5단계로해서 전국의 상황을 색칠하여 지도로 나타냈다.

　　그림에 의하면 방언을 부끄럽게 생각하는 경향이 강한 지역은 기타간토(北関東)에서 도호쿠(東北), 산인(山陰：주고쿠 지방의 바다에 면한 지역), 그리고 규슈(九州) 남부에서 오키나와(沖縄)에 걸친 지역으로 나타났다. 한편 방언을 부끄럽다고 생각하지 않는 지역은 도쿄(東京), 가나가와(神奈川), 교토(京都), 그리고 홋카이도(北海道)로 나타났다.

참고문헌　◆NHK방송여론조사소 (NHK放送世論調査所：1979)『日本人の県民性』日本放送出版協会

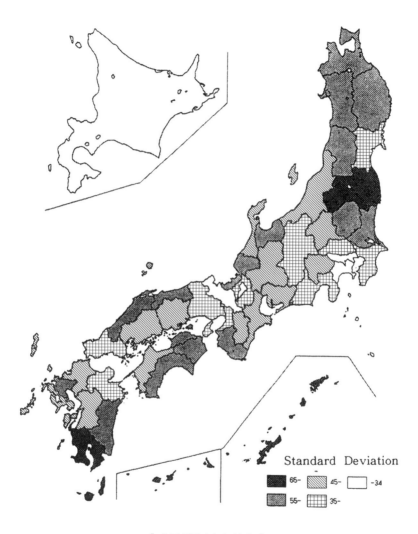

【 方言が恥かしい比率 】

Standard Deviation

■ 65-	▨ 45-	□ -34
▦ 55-	▦ 35-	

67 標準語の認識

　図は、滋賀県今津町で、「この土地のふだんのことばは標準語とくらべてどうですか」という質問をして得られた回答を年齢別、性別に分類したものである。老年層では、「よく似ている」「まあ似ている」とする回答が圧倒的である。なお、「よく似ている」とするのは女性に多い。一方、若年層では、「まあ似ている」「あまり似ていない」とする回答が一般的で、特に女性では老年層とはまったく逆に「全然違う」とする者が 25.7% を占めている。これらの背景にはおそらく、若年層が標準語を比較的に自由に使いこなせるようになり、方言を対比的、客観的にながめられるようになった、ということがあろう。標準語と方言との弁別を正確には内省できない老年層との差がそこに現れているのである。

　なお、下図は、国立国語研究所による北海道の富良野市と札幌市における調査で得られた結果である。富良野は農村型地域社会の代表、札幌は都市型地域社会の代表として選ばれたものであるが、「標準語とあまり変わらない」と答える人は富良野の方に多い。都市化とともに、自己観察や自己評価が厳しく現実的になる、とも言えるようである。

参考文献　◆真田信治(1996)「滋賀県今津町・福井県上中町言語調査報告〔資料編〕」『大阪大学文学部紀要』36
　　　　◆相沢正夫(1990)「北海道における共通語使用意識―富良野・札幌言語調査から―」『研究報告集』11, 秀英出版

| 67　Perceptions of Dialects

　The two top graphs show how both male and female older and younger speakers in Imazu Shiga Prefecture assessed their local dialect in relation to Standard Japanese. Most older speakers reported that the speech they use locally is "very similar" or "similar" to Standard Japanese. Female speakers rated it "very similar" more often than male speakers. Younger speakers, on the other hand, reported that their dialects are "different" or "very different" from Standard Japanese. Of the female speakers, 25.7% said their dialects are "very different" from Standard Japanese. Younger speakers improved their Standard Japanese skills and were more sensitive to the differences between the dialect and Standard Japanese.

　The lower graph portrays responses to questions about standard language use. Compared to the rural community of Furano, speakers in the urban metropolis of Sapporo are more inclined to understate their use of Standard Japanese, suggesting that urbanization may lead speakers to be sensitive to language variation and more "harsh" in their evaluations of the standardness of their speech.

Reference ◆ Sanada, Shinji (1996) Shiga-ken Imazu-chô, Fukui-ken Kaminaka-chô gengo chôsa hôkoku (Shiryôhen). *Osaka Daigaku Bungakubu Kiyô* 36
◆ Aizawa, Masao (1990) Hokkaidô ni okeru kyôtsûgo shiyô ishiki: Furano, Sapporo gengo chôsa kara. *Kenkyû Hôkokushû* 11. Shûei Shuppan.

67 對標準語的認識

　　圖為於滋賀縣今津町依性別與年齡進行統計之調查結果，訪問題目為「您認為本地日常使用語言與標準語之相似程度如何?」。高齡者回答「非常相似」或「還算相似」的比例最高，其中，回答「非常相似」者以女性居多。另一方面，年輕人大多回答「還算相似」、「不太像」，其中答覆與高齡者完全相反的「完全不像」之年輕女性佔 25.7%。

　　這也許是因為年輕人較能熟練地使用標準語，因而能客觀地看待方言。反之，高齡者之所以無法正確分辨標準語與方言，應該起因於其無法熟練地使用標準語。

　　另外，下方的圖乃國立國語研究所在北海道富良野市及札幌市兩地所進行的調查結果。富良野市為農村型地域社會代表，而札幌市則是都市型地域社會代表。從回答「本地語言和標準語沒有太大差別」的以富良野居多之現象可推論，隨著都市化，居民的自我觀察與自我評價變得更嚴格且貼近事實。

參考文獻 ◆真田信治 (1996)〈滋賀県今津町・福井県上中町言語調査報告〔資料編〕〉《大阪大学文学部紀要》36
◆相沢正夫 (1990)〈北海道における共通語使用意識―富良野・札幌言語調査から―〉《研究報告集》11, 秀英出版

67 표준어의 인식

　　다음의 그림은 시가현(滋賀県) 이마즈정(今津町)에서 「이 고장에서 평소 사용하는 말이 표준어와 비교해서 어떻습니까」 라는 질문의 응답을 연령별, 성별로 분류한 것을 나타낸 것이다. 노년층에서는 「아주 비슷하다」「그럭저럭 비슷하다」고 하는 응답이 압도적으로 높은 것으로 나타났다. 더욱이 「아주 비슷하다」는 대답은 여성에게 많이 나타났으며, 약년층에서는 「그럭저럭 비슷하다」「그다지 비슷하지 않다」고 하는 대답이 일반적이었다. 특히 여성 가운데에는 노년층과는 전혀 반대로 「전혀 다르다」고 응답한 사람이 25.7%를 차지하는 것으로 나타났다.

　　이러한 배경에는 아마도 약년층이 표준어를 비교적 자유자재로 운용하게 되어 방언을 대비적, 객관적으로 관망하게 된 것이 작용했기 때문으로 생각된다. 표준어와 방언을 언어직관으로 변별할 수 없는 노년층이 많기 때문일 것으로 생각한다.

또 다른 그림(아래)은 국립국어연구소가 실시한 홋카이도(北海道) 후라노시(富良野市)와 삿포로시(札幌市) 조사에서 얻어진 결과를 나타낸 것이다. 후라노(富良野)는 농촌형 지역사회의 대표로, 삿포로(札幌)는 도시형 지역사회의 대표로 선정된 곳인데, 「표준어와 그다지 다르지 않다」고 대답한 사람은 후라노(富良野) 지역이 많다. 도시화와 함께 자기 관찰이나 자기 평가를 현실적으로 엄격하게 하였기 때문으로 생각된다.

참고문헌 ◆ 사나다 신지 (真田信治：1996) 「滋賀県今津町・福井県上中町言語調査報告〔資料編〕」 『大阪大学文学部紀要』36
◆ 아이자와 마사오 (相沢正夫：1990) 「北海道における共通語使用意識─富良野・札幌言語調査から─」 『研究報告書』11, 秀英出版

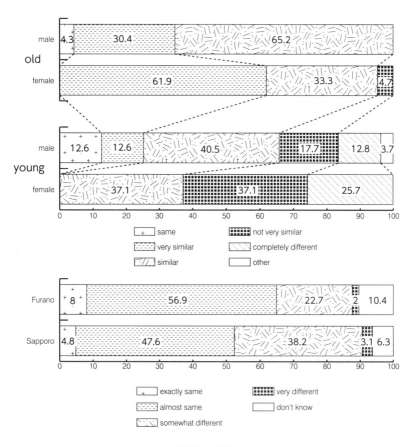

【 標準語の認識 】

68 標準語との心理的距離

　「あなたは共通語（標準語）が好きですか、嫌いですか。」という質問で、「好き」と回答した人の割合を標準語への心理的距離と見なし、各地点ごとに東京（標準語の中心地と考える）との距離を地図上にプロットした結果である。・は心理的位置を示している。

　「好き」と答えた人の割合が一番高かったのが、那覇の57.3%で、地図では東京にもっとも近く、一番低い京都（24%）が遠くに位置している。この2地点の結果は、それぞれ歴史的背景と無関係ではなさそうである。

参考文献　◆言語編集部（1995）「共通語との心理的距離」『言語』24-12

| 68　Psychological Distances from Standard Japanese

　　The map shows cities in Japan plotted according to their "psychological distance" from the Standard. The loci of the concentric circles is at Tokyo (taken here as the geographical location of standard Japanese). 150 informants in each of the 13 cities plotted were asked if they "liked" or "disliked" Standard Japanese. The percentage of those who answered "like" was taken as the "psychological closeness" to the standard. Distances are relative, with the 1000 km circle serving as a random point for the 0% mark. Thus the lowest score, Kyoto with 24.0%, is plotted at the 760 km mark. Naha (plotted between the 400 and 500 km circles) has the highest score with 57.3%.

Reference　◆Gengo-henshûbu (1995) Kyôtsûgo to no shinriteki kyori. *Gengo* 24-12.

言語意識

ことばへの態度

ことばのイメージ

アイデンティティ

68 與標準語的心理距離

「你喜歡共通語（標準語）還是討厭呢？」。根據回答「喜歡」的比率計算出對標準語的心理距離後可得下圖。圖顯示各地對東京（標準語中心地）的距離感，圖中的「·」表心理位置。

回答「喜歡」之比率最高者為沖繩那霸（Naha）（57.3%），故其於圖上距離東京最近。回答「喜歡」之比率最低者為京都（Kyoto）（24%），於圖上距離東京遙遠。那霸與京都所呈現的差異，應與其歷史背景息息相關。

參考文獻 ◆言語編集部（1995）〈共通語との心理的距離〉《言語》24-12

---

68 표준어와의 심리적 거리

다음의 그림은 「당신은 공통어(표준어)를 좋아합니까, 싫어합니까」라는 질문에 「좋아한다」고 대답한 사람의 비율을 표준어에 대한 심리적 거리로 보고 각 지점별로 도쿄(표준어의 중심지로 생각한다)와의 거리를 지도상에 표시한 결과이다. 지도의 검은 점은 심리적 위치를 나타낸 것이다.

「좋아한다」고 대답한 사람의 비율이 가장 높았던 곳은 나하(那覇) 57.3%로 나타났다. 지도를 보면 실제 지리적으로 도쿄에서 가장 가까운 교토(京都)가 24%의 비율로 가장 낮아 멀리 위치하고 있는 것을 알 수 있다. 이 두 지점의 결과는 각각 역사적 배경과 무관하지 않은 것 같다.

참고문헌 ◆언어편집실〈言語編集部：1995〉「共通語との心理的距離」『言語』24-12

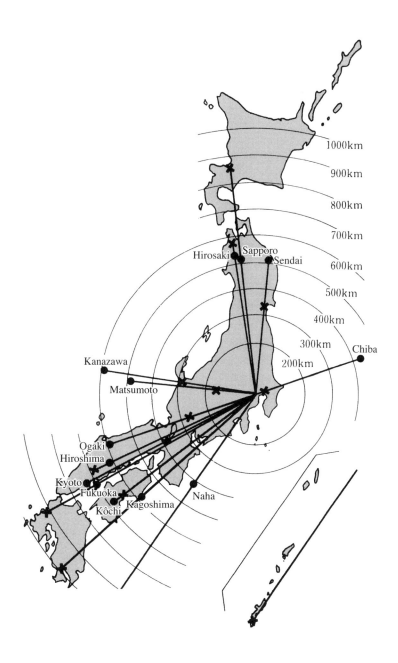

1000km
900km
800km
700km
600km
500km
400km
300km
200km

Hirosaki Sapporo
Sendai

Chiba

Kanazawa

Matsumoto

Ogaki
Hiroshima
Kyoto
Fukuoka
Kôchi Kagoshima
Naha

【 標準語との心理的距離 】

69 役割語

　表は、「風と共に去りぬ」「星の王子様ニューヨークへ行く」「バック・トゥー・ザ・フューチャー」「マイ・フェアレディ」に登場する人物（その設定）と彼らの使う英語と日本語に見られる特徴を示したものである。

　例えば、黒人俗英語やコックニーに対応する日本語方言として、東北方言、関東方言が用いられている。アメリカ南部の英語は東北弁である。この他には、老人には広島弁が用いられているのである。

　このように、登場人物が用いる英語と外見的特徴から得られるイメージと日本語の諸方言の持つイメージとの関係を結びつけているのである。吹き替え版の映画では、このようなイメージを活用して、登場人物の特徴を出しているのである。なお、このような、話し手の社会的属性と結びついたことばを「役割語」と称する。

参考文献　◆ダニエル・ロング、朝日祥之(1999)「翻訳と方言—映画の吹き替え翻訳に見られる日米の方言観—」『日本語学』18-3

| 69　Role Language

　The table includes the casts, their roles, and English and Japanese dialects used in the movies listed, including *Gone with the Wind*, *Coming to America*, *Back to the Future*, and *My Fair Lady*. We see that African-American English and cockney correspond to the Tôhoku and Hiroshima dialects in casting, respectively. Southern American English dialects are rendered by Tôhoku dialects, and older casts use the Hiroshima dialect.

　In this way, scenario writers combine the images of the casts and their English and find their matches in Japanese dialects. When dubbing movies, the language behaviors of the cast are described based on these stereotypical images. The use of a type of language is called "role language."

Reference　◆Long, Daniel and Asahi, Yoshiyuki (1999) Honyaku to hôgen: eiga no fukikae honyaku ni mirareru nichibei no hôgenkan. *Nihongogaku* 18-3.

69 角色語

　　表整理了電影「亂世佳人」、「來去美國」、「回到未來」、「窈窕淑女」片中人物所使用的英語以及翻譯版日語之特色。

　　舉例而言，日語版中用日本東北方言或關東方言對應非裔美國人之英語、以日本東北腔對應美國南部英語、以廣島腔翻譯老年人的英語。

　　換言之，電影的日語版翻譯將片中人物的英語及外觀特徵所塑造出來的印象與日本各地方言的印象相連結，將片中人物特色發揮地淋漓盡致。這種與說話者的社會屬性息息相關的用詞被稱為「角色語」。

參考文獻　◆ダニエル・ロング、朝日祥之 (1999)〈翻訳と方言―映画の吹き替え翻訳に見られる日米の方言観―〉《日本語学》18-3

69 역할어

　　다음의 표는 「바람과 함께 사라지다(Gone with the wind)」「구혼 작전(Prince visit to New York)」「백 투 더 퓨처(Back to the future)」「마이 페어 레이디(My fair lady)」등에 등장하는 인물(그 설정)과 그들이 사용하는 영어와 일본어에 보이는 특징을 나타낸 것이다.

　　예를 들면, 아프리카 흑인영어나 런던 사투리 더빙으로는 일본어 방언 중에서 도호쿠(東北) 방언, 간토(関東) 방언이 사용되고, 아프리카 남부 영어 더빙으로는 도호쿠(東北) 방언이 사용되고 있다. 이 밖에도 노인들이 사용하는 영어 더빙으로는 히로시마(広島) 방언이 사용되고 있다.

　　이와 같이 등장인물이 사용하는 영어와 외관적 특징으로 획득된 이미지와 일본어의 제방언이 지니는 이미지와의 관계를 연관지우고 있다. 더빙판 영화에서는 이와 같은 이미지를 활용하여 등장인물의 특징을 나타내고 있는 것이다. 특히 이러한 화자의 회화적 속성과 연관된 말을 「역할어」라고 부른다.

참고문헌　◆다니엘 롱·아사히 요시유키（ダニエル・ロング, 朝日祥之：1999）「翻訳と方言―映画の吹替え翻訳に見られる日米の方言観―」『日本語学』18-3

映画タイトル Title of the movie	登場人物 Cast	特徴 Role in the movie	英語 English　dialect	日本語 Japanese dialect
バック・トゥー・ザ・フューチャー Back to the future	プリシー Pricy	黒人の大農園奴隷 African American slave at large farm	黒人俗英語 African American Vernacular English	東北方言 Tohoku dialect
	ポーク Pork			関東方言 Kanto dialect
	マミー Mammy			東日本方言 East Japan dialect
星の王子様ニューヨークに行く Prince visit to New York	散髪屋の黒人老人 African American elderly at barber	都会の労働者階級 Working class in an urban city	黒人俗英語 African American Vernacular English	東北弁・広島弁 Tohoku dialect/ Hiroshima dialect
	ユダヤ人の老人 Jewish elderly		ユダヤ人英語 Jewish English	東日本方言 East Japan dialect
風と共に去りぬ Gone with the wind	農家の父 Father at farm	30 年前の白人農家 White American farmers in 30 years ago	アメリカ南部の英語 South American English	東北方言 Tohoku dialect
	農家の母 Mother at farm			
	農家の子供 Child at farm			
マイ・フェアレディ My fair lady	エライザ Elaiza	都会の労働者階級 Working class in an urban city	コックニー Cockney	関東方言 Kanto dialect
	ドゥーリトル Dolittle			

【 役割語 】

70 ハワイの日系人

　1人の人間が社会のなかでさまざまな属性をもっていることと連動して、アイデンティティも、1人の人間のなかにいくつも絡まり合って存在する。そのアイデンティティの切換えは、ことばの切換えとなって現れることがある。たとえば、ハワイの日系人社会には4種類のアイデンティティがあり、それぞれのコミュニケーションの場面において、そのうちのどれをもっとも強く意識するかによって、表のように使用することばが異なっている。

　このうちの「ハワイの日本語」と「ピジン英語」とは、それぞれ次のような表現である。

　　・ユーのミセスはトーマッチヤングのお

　　（あなたの奥さんはとてもお若いですね）　　　　　　　「ハワイの日本語」

　　・You no come tomorrow?（Will you not come tomorrow?）　　「ピジン英語」

　このように、話し手が、それぞれの場面において、その話し手の持つ様々なアイデンティティのうちのどれを強く意識するかということが、その話し手の言語行動のあり方を大きく左右していることが分かる。

参考文献　◆比嘉正範（1979）「多言語社会における言語行動」『講座言語3　言語と行動』大修館書店

70　Japanese in Hawaii

　In the same way that anyone has a number of social variables, they have different identities. This shift in identity is connected to language choice. For instance, there are four types of identities in the Japanese community in Hawaii. Language choice is likely to be determined by which identity manifests most strongly in a given situation. This table summarizes this shift in relation to identity.

　Examples of Hawaii Japanese and Pidgin English in the table are as follows;

　　Yû no misesu wa tûmacchi yangu nô (your wife looks really young) (Hawaii Japanese)

　　You no come tomorrow? (Will you not come tomorrow?) (Pidgin English)

　These examples demonstrate that language choice is determined by how speakers express their identities in various settings.

Reference　◆Higa, Masanori (1979) Tagengoshakai niokeru gengokôdô. *Kôza gengo 3 Gengo to kôdô*. Taishukanshoten.

ことばへの態度

ことばのイメージ

アイデンティティ

70　夏威夷的日本人

　　誠如每個人在社會上同時具有多種屬性，認同也存在多重性。不同認同的切換，往往以語碼轉換的方式呈現。例如，夏威夷的日本人社會有 4 種認同。各種場合裡，隨著認同的切換，使用的語言種類也不同。

　　表所示「夏威夷日語」與「英語洋涇濱」可舉例如下：

- ユーのミセスはトーマッチヤングのお。

　　（yû no misesu wa tômacchi yangu no o.）（你太太非常年輕耶！）「夏威夷日語」

- You no come tomorrow?

　　（Will you not come tomorrow? 你明天不來嗎？）　　　　　「英語洋涇濱」

　　當夏威夷日本人強烈感受自己身為夏威夷日本人的認同時，便使用夏威夷日語，而當其意識到自己身為夏威夷人的認同時，則使用英語洋涇濱。所以我們可以說，說話者在不同場合所意識到的最強烈認同將左右其語言行動方式。

參考文獻　◆比嘉正範（1979）〈多言語社会における言語行動〉《講座言語3　言語と行動》大修館書店

70　하와이 일본인

　　한 사람의 인간이 사회 속에서 다양한 속성을 지니고 있는 것과 마찬가지로 언어 정체성도 한 사람 안에서 복수의 정체성이 뒤엉켜 존재한다. 그 언어 정체성의 차이는 말의 차이로 나타난다. 예를 들면 다음의 표는 하와이 일본인 사회에는 4종류의 언어 정체성이 있고 각각의 의사전달 장면에서 어느 것을 가장 강하게 의식하느냐에 따라 사용하는 말이 다르다는 것을 나타내고 있다.

　　이 가운데 「하와이 일본어」와 「피진 영어」의 예로 각각 다음과 같은 표현을 들 수 있다.

　　ユーのミセスはトーマッチヤングのお

- Yû no misesu wa tômacchi yangu no o （당신의 부인은 매우 젊네요!）.

　　　　　　　　　　　　　　　　　　　　　　　「하와이 일본어」

- You no come tomorrow? （Will you not come tomorrow?）（당신은 내일 오지 않나요?）

　　　　　　　　　　　　　　　　　　　　　　　「피진 영어」

　　이와 같이 화자가 각각의 장면에서 그 화자가 지니는 다양한 언어 정체성 가운데, 어느 것을 강하게 의식하느냐가, 화자 개개인의 언어행동 방식을 크게 좌우하고 있음을 알 수 있다.

参考文献　　◆히가 마사노리 (比嘉正範：1979)「多言語社会における言語行動」「講座言語3　言語と行動」
　　　　　　大修館書店

言語意識

帰属意識をもつ社会 Type of society	活性化されるアイデンティティの種類 Type of activated identity	使用言語 Language
県人社会 Society for the same prefecture	村人・県人会アイデンティティ Identity as those who are from the same prefecture/village	日本語の方言 Japanese dialect
日系人社会 Japanese-descendant society	ハワイの日本人アイデンティティ Identity as one of the Japanese in Hawaii	ハワイの日本語 Hawaiian Japanese
ハワイ社会 Hawaiian society	ハワイ住民アイデンティティ Identity as residents in Hawaii	ピジン英語 Pidgin English
アメリカ社会 American society	アメリカ市民アイデンティティ Identity as American citizen	公用英語 Official American English

【 ハワイの日系人 】

ことばへの態度

ことばのイメージ

アイデンティティ

71 方言とアイデンティティ

　大学進学などで他地域に移住した人々は、その移住先でどのようなことばを使うのか。

　ここでは北九州市に居住する大学生約 200 人を対象に調査した結果を掲げる。各学生の出身地とその使用する変種とのあいだの関係を整理したところ、表のような 3 つの類型が見出された。この 3 つの類型は、無意識顕在化型＞中間型＞意識的潜在化型の順で母方言を強く維持している（しようとしている）ものと位置づけることができる。

　また、この類型を、「自分の出身地を知られてもよい／知られたくない」「母方言を恥ずかしいと思う／思わない」といった、自分の出身地や母方言に対する意識と関連づけて分析した結果では、「自分の出身地を知られてもよい・母方言を恥ずかしいと思わない」のように自分の属性を肯定的に評価する人（関西出身者など）は移住先で母方言を維持し、逆に否定的評価を下す人（南九州出身者など）は母方言の使用を控える傾向があることが分かった。

参考文献　◆陣内正敬（1996）『地方中核都市方言の行方』おうふう

| 71　Dialect and Identity

　What kind of language would one use when moving to a new community to study at a university? The data here display the survey results for about 200 university students in the city of Kita Kyûshû. With a close look at the relationship between the students' hometown and their language, their identities were categorized into the following three types: (1) unconscious covert, (2) intermediate, and (3) conscious overt.

　This study also analyzed the relationship between these types and their attitudes toward their hometown or home dialect (e.g., "They want their home dialect to be/not to be known to others," "They feel ashamed of their home dialect or they do not"). Those who give positive assessments of their own social variables (e.g., Kansai informants) maintain their home dialects. They are not hesitant for their home dialects to become known to others; they do not feel ashamed of their home dialects and they tend to maintain them. Contrariwise, those who give negative assessments (e.g., Southern Kyûshû informants) tend not to use their home dialects.

Reference　◆Jinnouchi, Masataka (1996) *Chihôchûkakutoshihôgen no yukue.* Ôfû.

71 方言與認同

前往其他地區大學的就學者究竟在當地使用何種語言呢？在此介紹以居住於北九州市約 200 名的大學生為對象之調查結果。學生的出身地與其所使用的語言變種之關聯可分為 3 大類型，如表所示。

此 3 類型中，維持（或企圖維持）母方言的程度高低者為「無意識顯在化型」（下意識地使用母方言型）＞「中間型」＞「意識的潛在化型」（刻意隱藏母方言型）。

分析此 3 類型與自己的出身地或對母方言的看法等關聯後得知：「被別人知道自己的出身地亦無妨、不以母方言為恥」而肯定自己者（關西人等）會維持使用母方言。相反地，否定自己者（九州南部人等）則較少使用母方言。

參考文獻 ◆陣内正敬 (1996)《地方中核都市方言の行方》おうふう

言語意識

---

71 방언과 언어 정체성

대학 진학 등으로 타지역에 이주한 사람들은 새롭게 이주한 곳에서 어떠한 말을 사용하는 것일까? 여기에서는 기타큐슈시(北九州市)에 거주하는 대학생 약 200명을 대상으로 조사한 결과를 보도록 하겠다. 각 학생들의 출신지와 사용하는 변종 사이의 관계를 정리해 보았더니, 표와 같은 3개의 유형이 있음을 발견할 수 있었다. 이들 3개의 유형은 무의식 현재화형＞중간형＞의식적 잠재화형의 순으로 모방언(母方言)을 강하게 유지하고 있는(하려고 하는) 것으로 보여진다.

또 「자신의 출신지가 알려져도 좋다 / 알려지고 싶지 않다」「모방언을 부끄럽게 생각한다 / 생각하지 않는다」 등의 설문 내용으로 자신의 출신지나 모방언에 대한 의식을 조사한 결과, 「자신의 출신지가 알려져도 좋으며 모방언을 부끄럽게 생각하지 않는다」로 나타났다. 이는 자신의 속성을 긍정적으로 평가하는 사람(간사이(関西) 출신자 등)은 이주처에서 모방언을 유지하고, 반대로 부정적으로 평가를 내리는 사람(미나미큐슈(南九州) 출신자 등)은 모방언의 사용을 자제하는 경향이 있기 때문인 것으로 보여진다.

참고문헌 ◆진노우치 마사타카 (陣内正敬：1996)『地方中核都市方言の行方』おうふう

ことばへの態度　ことばのイメージ　アイデンティティ

類型 Type	その内容 Content	使用する変種 Language variety chosen	主な出身地 Major home area
無意識顕在化型 Unconscious covert type	母方言が無意識のうちに出るタイプ Type of those who unconsciously use their home dialects.	母方言 home dialect 移住先方言 dialect of the migrated area	関西（特に大阪） Kansai (Osaka in particular) 北九州市 Kitakyushu city 福岡市 Fukuoka city
意識的潜在化型 Conscious overt type	意識して母方言を出すまいとするタイプ Type of those who try not to use their home dialects	全国通用語 common dialect 移住先方言 dialect of the migrated area	南九州（鹿児島・宮崎） Southern Kyushu (Kagoshima, Miyazaki) 出雲 Izumo
中間型 Intermediate type	意識的に母方言を出すタイプ（意識的顕在化型）やいつのまにか母方言が出なくなっているタイプ（無意識潜在化型）など Type of (1) those who intentioinallyy use their home dialects (Conscious overt type) and (2) those who unconsciously cease to use their home dialects (Unconscious overt type), etc.	全国通用語 common dialect 移住先方言 dialect of the migrated area 母方言 home dialect	準関西系 Semi-Kansai type 準博多系 Semi-Hakata type 準北九州系 Semi-Kitakyushu type 広島，岡山 Hiroshima, Okayama

【 方言とアイデンティティ 】

72 「言語形成期」の根拠

1949年、首都圏から福島県白河市へ戦中に疎開してまだ留まっている子供たちが約500人いた。国立国語研究所が、この子供たちを一人残らず調査したところ、6～7歳までに白河市へ来た者は数年の間にほぼ完全に白河アクセントに同化しているのに、14歳以上になって疎開して来た者はほとんど影響を受けていないことがわかった。図に示すように、男性は6歳、女性は7歳までに疎開した子供は、白河市で生まれ育った子供と大差なく、ほとんどが白河のアクセントである。なお、白河のアクセントは型区別のない、いわゆる無型アクセントである。このアクセントは6・7歳以後に疎開した者ではかなり減って、逆に東京式アクセントが増え、14歳以後に疎開した者は、男女ともにほとんど東京式アクセントで、白河アクセントはまったくないことがわかる。

　この疎開時の年齢とアクセントの関係について注目されるのは、個人の言語がほぼかたまる時期が、5・6歳から13・14歳までの間にあると推定されることである。これがいわゆる「言語形成期」の根拠とされる資料である。

参考文献 ◆北村甫(1952)「子どもの言葉は移住によってどう変わるか」「言語生活」8

72 Language Formation Period

In 1949, there were still about 500 children in Shirakawa-city, Fukushima Prefecture who had fled there during the World War II from the Tokyo area which had been under heavy air attack and plagued by food shortages. The National Language Research Institute surveyed each one of these children. Those who had come to Shirakawa before the age of 6 or 7 were found to have completely acquired the local pitch accent. Those who came at the age of 14 or above were found to have been unaffected by the relocation, retaining their Tokyo accent system. These results formed the basis for the so-called "language formation period" or *gengo keiseiki* theory which holds that an individual's language system is formed between the ages of about 5 or 6 and 13 or 14.

Reference ◆Kitamura, Hajime (1952) Kodomo to kotoba wa ijū ni yotte kawaruka. *Gengo Seikatsu* 8.

72 「語言形成期」之根據

1949 年，戰爭時從首都圈疏散至福島縣白河市後繼續留在當地的兒童約 500 人。國立國語研究所針對這 500 位兒童一一進行調查後發現，6 ～ 7 歲前到白河市的兒童在此數年間重音幾乎已被白河人同化；然而 14 歲以上疏散者則幾乎未受影響。如圖所示，男孩 6 歲、女孩 7 歲以前疏散的兒童，與白河市本地出生的兒童無太大差異，幾乎都使用白河重音（Shirakawa Accent）。

白河地區使用的是無重音區別的「無型重音」。6、7 歲後疏散至白河者中，使用此重音者明顯減少，而東京式重音（Tokyo Accent）則增加。14 歲以上疏散者，無論男女幾乎都使用東京式重音，而不使用白河重音。

從疏散時年齡與重音使用之關聯性可以推斷，一個人的語言形成期（「語言學習臨界期」）大約為 5、6 歲至 13、14 歲之間。本研究乃判斷所謂的「語言形成期」之重要依據。

參考文獻 ◆北村甫（1952）〈子どもの言葉は移住によってどう変わるか〉《言語生活》8

---

72 「언어 형성기」의 근거

1949년 당시, 수도권에서 후쿠시마현(福島県) 시라카와시(白河市)로 전시 중에 피난·이주한 이래 그대로 잔류한 어린이들이 약 500명 있었다. 국립국어연구소가 이 어린이들을 한 명도 남기지 않고 일일이 조사한 바, 다른 곳에서 살다가 6~7세 이전에 시라카와시로 이주한 사람은 수년 사이에 완전히 시라카와 액센트로 동화하였는데 반해, 14세 이후에 이주해 온 사람은 거의 영향을 받지 않는다는 것을 알게 되었다. 그림에 나타난 바와 같이 남성은 6세, 여성은 7세가 되기 전에 이주한 어린이는 시라카와시에서 태어나 자란 어린이와 큰 차이가 없이 대부분 시라카와 액센트를 사용한다. 시라카와의 액센트는 형태 구별이 없는 소위 무형 액센트이다. 이 액센트는 6, 7세 이후는 상당히 줄어들고 반대로 도쿄식 액센트가 증가한다. 14세 이후에 이주한 사람은 남녀 모두 거의 도쿄 액센트로 시라카와 액센트는 거의 사용하지 않는다는 것을 알 수 있다.

이 이주 연령과 액센트의 관계에 대해서 주목하는 것은 5, 6세부터 13, 14세까지를 개인의 언어가 굳어지는 시기로 추정하기 때문이다. 이것은 소위 「언어 형성기(언어학습 임계기)」의 존재를 뒷받침하는 근거가 될 수 있다.

참고문헌 ◆기타무라 하지메 (北村甫：1952) 「子どもの言葉は移住によってどう変わるか」 『言語生活』8

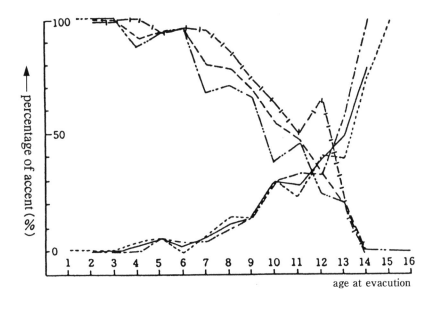

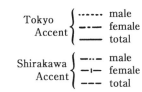

Tokyo
Accent
{
...... male
-·-·- female
——— total

Shirakawa
Accent
{
-··-·· male
-ı- female
--- total

【 「言語形成期」 の根拠 】

73 バイリンガリズムの形成

　ロサンゼルスにおける日本人学童が、きょうだいの間で何語を用いているかを示したものである。8歳以前に渡米した者の約8割が、主に英語を使用しているか、日・英両語を用いているが英語のほうが多い、と答えたのに対して、12歳以降に渡米した者は約7割が主に日本語を使用している、と答えている。

　これら日本人学童のアメリカ人との交友関係については、8歳以前に渡米した者の8割に深いつきあいのあるアメリカ人の友達がいるのに対して、12歳以降に渡米した者の約半数は、友達がいないか、いても接触を持つのは学校の昼休みの時だけといった程度のものである。

参考文献　◆箕浦康子(1981)「バイリンガリズムの形成過程とその関与因―在米日本人児童の場合―」『岡山大学文学部紀要』2

73　Bilingual Development

　The data shows which language Japanese school children living in Los Angeles use when talking to their siblings. Of the children who went to the United States before the age of eight, about 70 percent use mainly English, or use both languages but with the preference being for English. For those who went to America after the age of 12, the results are reversed with about 80% using Japanese. Concerning their relationships with American school friends, about 80% in the "under 8" group report having a close American friend, while with the "over 12" group about half report having no close American friends at all, or only at a superficial level (lunch-time contact).

Reference　◆Minoura, Yasuko (1981) Bairingarizumu no keisei katei to sono kan'yoin: Zaibei nihonjin jidô no baai. *Okayama Daigaku Bungakubu Kiyô* 2.

73 雙語使用之形成

　　圖乃調查洛杉磯的日本學童平時和兄弟姊妹以何種語言溝通所得結果。結果顯示，8歲前到美國的學童約8成回答他們和兄弟姊妹主要使用英語，或使用以英語為主的英日語雙語。相對於此，12歲之後到美國的日本學童回答其與兄弟姊妹主要使用日語者約7成。

　　進而調查這些日本學童的交友情況後發現，8歲以前到美國的學童約8成有美籍好友，而12歲之後到美國的學童大約有一半不是沒有朋友，就是與美國朋友之接觸僅限於學校午休時間。

參考文獻　◆箕浦康子(1981)〈バイリンガリズムの形成過程とその関与因一在米日本人児童の場合一〉《岡山大学文学部紀要》2

---

73 이중언어의 형성

　　다음의 그림은 로스엔젤러스에서 일본인 학생들이 형제 간에 어떤 언어를 사용하는 지를 조사한 결과이다. 8세 이전에 도미(渡美)한 어린이들 가운데에 약 80%가 주로 영어를 사용하거나, 일본어·영어 양언어를 사용하지만 영어 쪽이 많다고 대답한 것에 비해, 12세 이후에 도미한 어린이는 약 70%가 주로 일본어를 사용한다고 대답하고 있다.

　　이들 일본인 학생들이 미국인과의 교우관계에 대해서는 8세 이전에 도미한 사람 가운데 80%는 미국인들과 깊은 교제를 하고 있는 반면에, 12세 이후에 도미한 사람의 약 반수는 친구가 없거나 있다고 해도 접촉을 가진 것은 학교 점심시간 때에 국한되는 것으로 나타났다.

참고문헌　◆미노우라 야스코 (箕浦康子 : 1981) 「バイリンガリズムの形成過程とその関与因—在米日本人児童の場合—」 『岡山大学文学部紀要』2

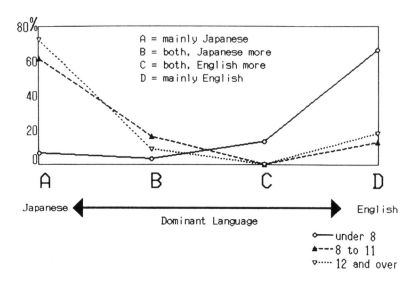

A = mainly Japanese
B = both, Japanese more
C = both, English more
D = mainly English

Japanese ◄─────────────────► English
            Dominant Language

○— under 8
▲--- 8 to 11
▽····· 12 and over

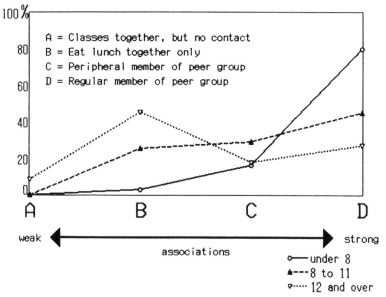

A = Classes together, but no contact
B = Eat lunch together only
C = Peripheral member of peer group
D = Regular member of peer group

weak ◄─────────────────► strong
            associations

○— under 8
▲--- 8 to 11
▽····· 12 and over

【 バイリンガリズムの形成 】

74 育児語の文の長さ

データは、1980年1月～5月の間の約20日間に集中的に収集されたものである。2人の幼児（S－調査時4歳、Y－調査時1歳）に対する家族の育児語（ベビートーク）が対象になっている。調査地は岡山県新見市である。

1歳のYに対しての文（発話）は、4歳のSに対してのものより全体的に短く、1語文で話したり、呼びかけ語との2語文であったりという単純な構文のものが多い。

その文節数での比較は表の通りである。Yの場合、1文節と2文節に集中し、Sの場合、2文節と3文節に集中している。平均文節数でも約1文節の違いがある。Yに対しては、たとえば、「アツイ　ヨ。ユーチャン。」「イコ。サッ。」「タベタ　ネー。タクサン。」のように、呼びかけ語や感動詞、修飾語などが独立して1文になることが多いのである。一方、Sに対しては、これらのものが1文中に組み込まれることが多くなっている。「シンクン　クータ　ナー。」のようである。つまり、より幼い者に対しては文を短く区切って理解を助けてやるのである。同時に、倒置のかたちになり、訴えの効果も高められるのである。

参考文献 ◆友定賢治(2005)『育児語彙の開く世界』和泉書院

---

74 Length of Sentence in Baby Talk

Data were collected continuously for 20 days between January and May 1980 in Niimi in Okayama Prefecture. A total of two infants (S: age 4, Y: age 1) were chosen, and the data concern the baby talk used in their family.

The utterances toward Y are shorter than those toward S. In many cases, the utterances toward Y are either single or two-word utterances (the address term and one word).

The number of phrases for both S and Y are included in the tables. A comparison reveals that most utterances toward are either one or two phrases, whereas most toward S are either two or three phrases. The average number of phrases was also different. Utterances toward Y include address terms, interjections, and modifiers, such as *atsui yo. Yû-chan* ("it is hot, Yu"), *iko! sa!* ("Let's go! Now!"), and *tabeta nê takusan* ("You eat. A lot!"). On the other hand, utterances toward S incorporate these phrases into one sentence, such as *shinkun kûta nâ* ("Shin, you eat a lot!"). The utterances are shorter for small infants, reflecting their understanding. At the same time, anastrophe may be observed, thereby strengthening the pragmatic effects.

Reference ◆ Tomosada, Kenji (2005) *Ikujigoi no hiraku sekai.* Izumishoin.

74 育兒用語的句子長度

本研究於 1980 年 1 月至 5 月期間約 20 天，在岡山縣新見市收錄家人對 2 名幼兒（S－調查當時 4 歲、Y－調查當時 1 歲）的育兒用語（baby talk）。

研究結果顯示，家人對 1 歲的 Y 說話時使用的句子（發話）整體而言比對 4 歲的 S 說話時簡短，而且大多使用單詞句或加上稱謂詞的雙詞句等結構單純的句子。

表顯示家人對 Y 說話時大多集中使用 1 個或 2 個片語（phrase），對 S 說話時則為 2 個或 3 個片語，且平均值相差將近 1 個片語。和 Y 說話時大多使用「ア^{tsui}ツイ ヨ^{yo}。ユーチャン^{yuuchan}。（燙喔！小勇。）」「イコ^{iko}。サッ^{saQ}。（走吧！快！）」「タベタ^{tabeta}ネー^{nee}。タクサン^{takusan}。（吃了耶！很多！）」等由稱謂詞、感歎詞或修飾詞等獨立構成的句子。另一方面，對 S 說話時則將這些要素組成一個句子。例如：「シンクン^{shinkun} ク^{ku}ータ^{uta} ナー^{naa}。（小新，都吃掉了喔！）」。換言之，與較年幼的孩子說話時，大人會將句子切短以協助孩子理解。同時使用倒裝句亦可提升效果。

參考文獻 ◆ 友定賢治 (2005)《育児語彙の開く世界》和泉書院

74 베이비 토크의 문장 길이

데이터는 1980년 1월~5월 사이의 약 20일간 집중적으로 수집한 것이다. 2명의 유아(S- 조사 당시 4세, Y- 조사 당시 1세)에게 가족이 사용하는 베이비 토크가 조사 대상이다. 조사지는 오카야마현(岡山県) 니이미시(新見市)이다.

1세인 Y에 대한 문장(발화)은 4세인 S의 문장보다 전체적으로 짧고 한 단어의 문장어로 말하거나 호격어와 같은 두 단어의 단순한 구문이 많다.

문절수로 비교하면 표와 같다. Y의 경우 1문절과 2문절에 집중하고, S의 경우 2문절과 3문절에 집중하고 있다. 평균 문절수에서도 약 1문절의 차이가 있다. Y에 대해서는 예를 들면 「アツイ ヨ。ユーチャン。: atsui yo, Yû-chan.(뜨거워! 유야!)」「イコ。サッ。: iko, sat(자! 가자!)」 「タベタ ネー。タクサン。: tabeta nê, takusan. (먹었네! 많이!)」와 같이 호격어나 감동어, 수식어 등이 독립해서 한 문장이 되는 경우가 많다. 한편 S에 대해서는 이들이 한 문장 안에 들어가는 경우가 많다. 예를 들면 「シンクン クータナー。: shinkun kûta nâ. (신군, 많이 먹었네!)」이다. 즉, 보다 어린 사람에 대해서는 문장을 짧게 잘라서 이해를 도와 주는 것이다. 동시에 도치의 형태가 되어 호소의 효과도 높일 수 있음을 알 수 있었다.

참고문헌 ◆ 도모사다 켄지 (友定賢治 : 2005) 『育児語彙の開く世界』 和泉書院

言語習得

	Y (年齢 Age: 1)	S (年齢 Age: 4)
1 文節 1 phrase	612 文 612 sentences	120 文 120 sentences
2 文節 2 phrases	512 文 512 sentences	284 文 284 sentences
3 文節 3 phrases	188 文 188 sentences	224 文 224 sentences
4 文節 4 phrases	32 文 32 sentences	120 文 120 sentences
5 文節以上 5 phrases or above	12 文 12 sentences	40 文 40 sentences
平均 Average	1.7 文節 1.7 phrases	2.5 文節 2.5 phrases

【 育児語の文の長さ 】

言語形成期

第一言語

第二言語

75 語彙の発達

　ある幼児を対象に、父母、祖母、自分の呼び方の発達を記述した結果である。使用の頻度や語同士の関係を考慮しつつ図化されている。それぞれの語が異なった変化をしながらも、意味の面でも形態の面でもそれぞれ関連し合って変遷している様相が見てとれる。それぞれの語の般化と分化の過程において、ある傾向が認められるようである。

　アータン、バータン、トータンのような～タン系の語は、1；7ごろから～チャン系になってくる。トータンが～チャン系になるのはやや遅れているが、その理由としては前接の音とのかかわりが考えられよう。バーチャンは1；8でこの形に定着するが、父母の方は1；11のころに～シャン、2；1ごろから～サンが出だし、～チャンと～サンとの併用の時期がしばらく続いて、2；11ごろから～サンの形に統一されてくる。接頭辞のオも、父母、祖母ともに2；0ごろから付いている。

参考文献　◆前田富祺・前田紀代子(1983)『幼児の語彙発達の研究』武蔵野書院

75　Lexical Development

　An individual child was surveyed in a longitudinal study to determine the terms he used for his father, mother and himself. The graph illustrates the periods of usage, the relative frequency, and the semantic fields of these words. Although the words show different patterns of development, we can see relationships between both the semantic and the morphological qualities of the words. We can see patterns also of generalization and specification of the terms.

　Terms ending with -*tan* begin to change to -*chan* forms at about 1 year 7 months. *Tôtan* is thought to lag behind the others in this change because of the initial consonant in the word. At age 1 year 11 months, the form -*shan* makes it appearance shifting to -*san* at age 2 years 11 months where the newer form wins out. The prefix -*o* also makes its appearance around age 2 years, attaching to the terms for both parents and for "grandmother".

Reference　◆Maeda, T., Maeda, K. (1983) *Yôji no Goi Hattatsu no Kenkyû.* Musashino Shoin.

75 詞彙的發展

　　圖記錄一名幼兒對父母、祖母的稱謂及其自稱之發展過程。將使用頻率及用詞間的關係圖示化後可看出：每一個詞雖然有各自不同的變化，但這些變化無論在語意或構詞上皆息息相關。從每個詞的一般化與分化過程，可看出其發展趨勢。

　　「âtan」、「bâtan」、「tôtan」等「～tan」類的詞，大約於1歲7個月大時變成「chan」類。「tôtan」轉為「chan」類的時期較慢，這也許是受前接音影響。「bâchan」的使用約於1歲8個月大時漸固定。對父母的稱謂上，約1歲11個月時使用「～shan」，2歲1個月左右則出現「～san」、「～chan」與「～san」並用，2歲11個月時則統一為「～san」。而前綴的「o」，無論是對父母或祖母，皆於2歲左右開始使用。

參考文獻 ◆前田富祺・前田紀代子 (1983)《幼児の語彙発達の研究》武蔵野書院

---

75 어휘의 발달

　　그림은 어떤 유아를 대상으로 부모, 조모, 자신의 호칭 발달을 기술한 결과이다. 사용 빈도나 단어끼리의 관계를 고려하여 도식화한 것을 보면 각각의 단어가 서로 다른 변화를 보이면서도 의미와 형태면에서 각각 서로 관련을 가지며 변화해 나가는 양상을 짐작할 수 있다. 각각의 단어의 변화와 분화의 과정에서 특정한 경향이 있음을 알 수 있다.

　　「アータン：âtan」「バータン：bâtan」「トータン：tôtan」과 같은 「～タン：tan」계의 단어는 1세 7개월경부터 「～チャン：chan」계가 된다. 「トータン：tôtan」이 「～チャン：chan」계가 되는 것은 조금 느리지만, 그 이유로는 앞에 결합한 음과의 관계 때문인 것으로 생각된다. 「バーチャン：bâchan」은 1세 8개월에서 이 형태로 정착하지만, 부모 쪽은 1세 11개월경에 「～シャン：shan」, 2세 1개월경부터 「～サン：~san」이 나오기 시작하여, 「～チャン：chan」과 「～サン：san」이 병용하는 시기가 한동안 계속되어 2세 11개월경부터 「～サン：san」의 형태로 통일된다. 접두사의 「オ：-o」도 부모, 조모 모두 2세경부터 사용된다.

참고문헌 ◆마에다 토미요시・마에다 키쿠요 (前田富祺・前田紀代子：1983) 『育児の語彙発達の研究』武蔵野書院

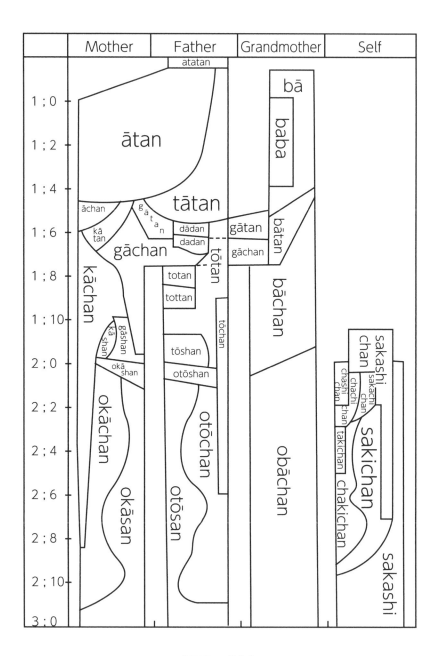

【 語彙の発達 】

理解語彙量の累増過程

ある一個人の語彙量の発達状況を調べた結果である。国立国語研究所『分類語彙表』の収載語彙 36,263 語を対象として、6 歳、10 歳、14 歳、18 歳のそれぞれの段階において各語を知っているかいないかをチェックした。

6 歳時点での理解語数は 4,464 語あったが、これは母集団のうちの 12.3％に当たる。10 歳時点では 11,029 語で、これは 30.4％に当たる。また、14 歳時点では 27,308 語で、これは 75.3％に当たる。そして、18 歳時点での理解語数は 35,813 語で、これは母集団のうちの 98.8％に当たる。

データを品詞論的範疇で分類し、それぞれの習得比率を見ると、6 歳時点では、名詞類、形容詞類、動詞類がほぼ似通った習得比率を示す一方、接続詞・感動詞類が突出していることがわかる。10 歳時点では、接続詞・感動詞類の突出は相変わらずであるが、名詞類の比率が動詞類、形容詞類とくらべて相対的に低下してきている。動詞類と形容詞類の比率は近似する。この段階での範疇間の習得上の先行順は、「接続詞・感動詞類＞動詞類、形容詞類＞名詞類」である。14 歳時点では、接続詞・感動詞類をおいかけるように、習得比率がどの類でも大幅に伸びている。動詞類と形容詞類はともに 80％台であるが、ここにきて両類の開きがやや大きくなっている。形容詞類の比率が相対的に低下してきているのである。なお、名詞類は最も低く、70％台である。18 歳時点にいたって各類はほぼ一点に収斂することになる。

参考文献	◆ 真田信治 (1994)「ある個人における理解語彙量の累進パターン」『現代語・方言の研究』明治書院

76 Developments in Comprehensible Vocabulary

The research here traces the increase in vocabulary of an individual child. Surveys were performed when the child was age 6, 10, 14, and 18 to determine the number of the 36,263 words in the National Language Research Institute's *Bunrui Goi-hyô* ('Classified Vocabulary Chart') she could understand.

At age 6, the number was 4,464 (12.3% of the total). This number increased to 11,029 (30.4%) at age 10, and to 27,308 (75.3%) at age 14. At age 18, the level had reached 35,813 words (98.8%).

At age 6, conjunctions and exclamations lead the more concrete nouns, verbs and adjectives, which are at similar levels. At age 10, while conjunctions and exclamations still lead others, the level of nouns begins to lag behind verbs and adjectives. Verbs and adjectives behave in a more similar level. At this stage, the inventories of the various parts of speech are completed in the following order:

conjunctions and exclamations > verbs and adjectives > nouns

At age 14, acquisition rate of all parts of speech increases; nouns still lag behind adjectives and verbs. The difference, however, emerge between then although percentage of the acquisition of both adjectives and verbs reach 80%. By age 18, the three begin to converge.

Reference ◆Sanada, Shinji (1994) Aru kojin ni okeru rikai goiryô no ruishin patân. *Gendaigo Hôgen no Kenkyû*. Meiji Shoin.

76　理解詞彙量之增加過程

　　圖為一個人詞彙量發展過程之調查結果。利用國立國語研究所《分類語彙表》收錄的 36,263 詞調查受訪者於 6 歲、10 歲、14 歲、18 歲的各階段是否能理解每個詞彙。

　　結果顯示，6 歲時的理解詞彙數為 4,464 詞，佔整體的 12.3%。10 歲時增至 11,029 詞，佔整體的 30.4%。14 歲時為 27,308 詞，佔整體的 75.3%。18 歲則為 35,813 詞，佔整體的 98.8%。

　　根據詞類觀察其習得比率後可看出，6 歲時名詞類、形容詞類、動詞類比率相當，但連接詞、感嘆詞類則明顯突出。10 歲時，連接詞、感嘆詞類所佔的比例依舊最高，動詞類與形容詞類所佔的比例相近，相較之下名詞類所佔的比例則減少。在此階段，詞類間的習得先後順序為「連接詞、感嘆詞類＞動詞類、形容詞類＞名詞類」。14 歲時，各詞類比例皆大幅上昇，緊追連接詞、感嘆詞類之後。雖然動詞類與形容詞類所佔的比例皆為 80% 至 89%，但形容詞類的比例相對地降低，兩者之間的差異逐漸明顯。此外，名詞類比例最低，僅佔 70% 多。18 歲時，各詞類所佔比例大致和其他詞類趨於相同。

參考文獻　◆真田信治 (1994)〈ある個人における理解語彙量の累進パターン〉《現代語・方言の研究》明治書院

76　이해 어휘량의 증가 과정

　　다음의 그림은 어느 한 개인의 어휘량 발달 상황을 조사한 결과이다. 국립국어연구소가 발행한 『분류어휘표』에 수록된 어휘 36,263개를 대상으로 각각의 단계(6세, 10세, 14세, 18세)에서 각 단어 이해 여부를 조사했다.

　　6세 지점의 이해어 개수는 4,464개였는데, 이것은 모집단 가운데 12.3%에 해당한다. 10세 지점에서는 11,029개로 이것은 30.4%에 해당하는 비율이다. 또, 14세 지점에서는 27,308개로 이것은 75.3%에 해당하는 비율이다. 그리고 18세 지점의 이해 어휘 수는 35,813개로 이것은 모집단 가운데 98.8%에 해당하는 비율이다.

　　데이터를 품사론적 범주로 분류하여, 각각의 습득 비율을 보면 6세 지점에서는 명사류, 형용사류, 동사류가 거의 비슷한 습득 비율을 보이는 한편, 접속사·감동사류는 두드러진 습득 양상을 보인다. 10세 지점에서는 접속사·감동사류에 대한 습득 비율이 다른 품사에 비해 격차가 두드러진다는 점은 변함이 없으나, 명사류의 습득 비율은 동사류, 형용사류와 비교해서 상대적으로 저하되고 있다. 동사류와 형용사류의 습득 비율은 비슷하다. 이 단계에서 범주간의 습득 순서는 「접속사·감동사류 > 동사류, 형용사류·명사류」로, 접속사·감동사류가 가장 습득 비율이 높다. 14세 지점에서는 선두에 있는 접속사·감동사류를 따라잡기라도 하듯이 모든 품사종에서 습득 비율이 큰 폭으로 증가하고 있다. 동사류와 형용사류의 습득 비율은 양쪽 다 80%대이지만, 이 지점에 와서 동사류와 형용사류의 습득 비율 격차가 조금 크게 난다. 형용사류의 비율이 상대적으로 저하되고 있는 것이다. 또 명사류는 습득 비율이 70%대로 가장 낮다. 18세 지점에 이르러 각 품사의 습득 비율이 거의 한 점으로 집약되는 것을 볼 수 있다.

참고문헌　◆사나다 신지 (真田信治：1994)「ある個人における理解語彙量の累進パターン」『現代語・方言の研究』明治書院

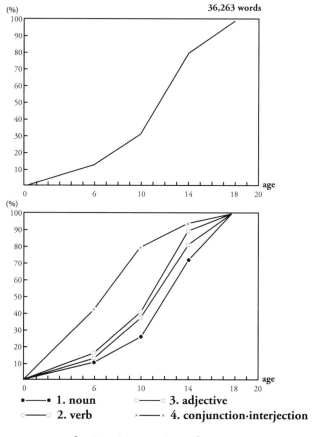

【 理解語彙量の累増過程 】

77 第二言語習得の拡散モデル

　４人の学習者を対象に毎週約２時間の日本語の授業を行ない、学習開始後10週目までの日記に現れた形容詞過去形の活用語尾を学習者別にまとめたものである。表の中の黒点は、その週にその活用語尾が１回以上使われたことを示している。それぞれ、点線の上が文法的な正用とそのバリエーション、点線の下が誤用のバリエーションとして分類してある。

　学習者Ｂ、Ｃ、Ｄの場合、正用と誤用が重なっており、それらが明らかに自由変異として表出していることが分かる。学習者Ａの「～かたでした」も正用と誤用が一体化して表出した自由変異と考えることができる。この４人の学習者に共通した誤用は「～いでした」の形である。つまり、「～かった（です）」と「～いでした」の自由変異を中心にさまざまなバリエーションが自由変異として表出しながら、形容詞過去形の習得が進行している様がわかるのである。この形容詞過去形の習得過程における自由変異を「拡散モデル（diffusion model）」で捉えると、次のように表現できよう。

　「習得段階で現れる自由変異は、緩やかに復位段階に移行し、正用として適切な言語環境のもとに復位される」

参考文献　◆長友和彦（1993）「日本語の中間言語研究―概観―」『日本語教育』81

| 77　A Diffusion Model of Language Acquisition

　Here we see from a longitudinal survey of 4 Japanese language learners who attended classes for two hours per a week for 10 weeks, and kept journals for the period. Data was collected regarding the past tense adjective endings. The lines on the graph indicate at least one usage of that form during the week. Forms above the dotted line are variants which are, in principal, grammatically correct (although there are some minor mistakes with *katta* written as *kata*). Forms below the line are grammatically incorrect variants.

　We see free variation between the correct and incorrect forms. We also find expressions such as *kata deshita* which combines (a slight variant of) the correct *katta* with the incorrect *deshita*. Overall there is a general move towards the correct usage in students A and B.

　This data may be viewed as evidence of the diffusion model because there is a steady shift from the free variation exhibited in the acquisition phase to the correct usage displayed in the replacement phase.

Reference ◆ Nagatomo, Kazuhiko (1993) Nihongo no chûkan gengo kenkyû: gaikan. *Nihongo kyôiku* 81

77 第二語言習得的擴散模式

　　本研究針對 4 位日語學習者進行每週約 2 小時的日語課程,並統計從學習開始至第 10 週的日記中出現的形容詞過去式詞尾變化。每位學習者的使用情形如表所至示。表中的黑點表示該週詞尾變化至少使用一次以上,虛線上方為符合語法的「正用」,下方則為不合語法的「誤用」。

　　學習者 B、C、D 的「正用」與「誤用」重疊,如自由變異(free variation)般地被使用。學習者 A 的「〜かたでした(katadeshita)」亦可視為「正用」與「誤用」結為一體後所形成的自由變異。這 4 位學習者共通的誤用為「いでした(ideshita)」。總而言之,學習者以「〜かった(です)(kattadesu)」和「〜いでした(ideshita)」為主,將各種變異(variation)視為自由變異般地使用,而逐漸習得正確的形容詞過去式形式。我們將此種形容詞過去式形式習得過程上的自由變異用「擴散模式」(diffusion model)分析後可得知:「習得階段(acquisition phase)中出現的自由變異,緩慢地進入復位階段(replacement phase)後,最終就位至「正用」」。

參考文獻 ◆ 長友和彦 (1993)〈日本語の中間言語研究─概観─〉《日本語教育》81

77 제2언어 습득의 확산 모델

　　다음의 그림은 4명의 학습자를 대상으로 매주 약 2시간 일본어 수업을 시행하여 학습 개시후 10주째부터 학습자의 일기에 나타난 형용사 과거형의 활용 어미를 학습자별로 정리한 것이다. 표 안의 검은 점은 그 주에 활용 어미가 1회 이상 사용된 것을 나타낸다. 점선 위쪽은 문법적인 정용(正用)과 그 변이형을 나타내고 점선 아래쪽은 오용(誤用)과 그 변이형을 나타낸다.

　　학습자 B, C, D 의 경우, 정용과 오용이 겹쳐져 있고 정용과 오용이 분명히 자유변이(自由變異)로 표출되고 있는 것을 알 수 있다. 학습자 A의 「〜かたでした:katadeshita」도 정용과 오용이 일체화하여 표출된 자유변이라고 생각할 수 있다. 이들 4명의 학습자들에게 나타나는 공통적인 오용은 「〜いでした:ideshita」의 형이다. 즉 「〜かった(です):katta(desu)」와 「〜いでした:ideshita」를 중심으로 다양한 변이형이 자유변이로 표출되면서 형용사 과거형의 습득이 진행되고 있음

을 알 수 있다. 이 형용사 과거형의 습득 과정에서 자유변이를 「확산 모델(diffusion model)」로 다루면 다음과 같이 표현할 수 있다.

「습득단계에서 나타난 자유변이는 대체단계(replacement phase)로 서서히 이동하여, 마침내 올바른 사용(정용)이 가능한 적절한 언어환경하에 놓이게 된다.」

참고문헌　◆나가토모 카즈히코 (長友和彦：1993) 「日本語の中間言語研究―概観―」『日本語教育』81

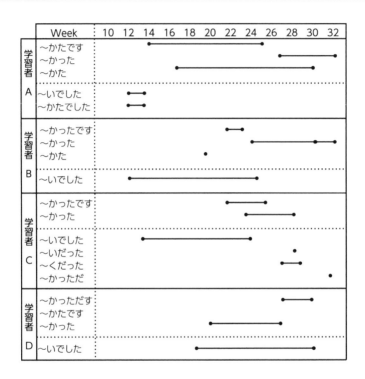

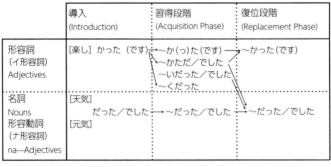

【 第二言語習得の拡散モデル 】

78 中間言語のバリエーション

　日本語学習者は、その行動範囲が広がれば広がるほどさまざまな日本語の変種を使い分けることが必要になる。たとえば日本の大学で学んでいる留学生は、日本人同級生と話すとき、アルバイト先で上司や客と話すときなど、相手や場面に応じて方言と標準語、そのなかのスタイルなどを切り替えなければならない。ここで見るのは、ゼミの発表というフォーマルな場面での、従属節における丁寧語使用である。この位置での丁寧語は、見レバ／？見マスレバ、見タケド／見マシタケド、？見タガ／見マシタガ、などがあって、機械的な処理では済まされない。結果を見ると、留学生（大学二年生）は、（a）ガ節で常体を用いる、（b）タラを多用する、（c）接続詞や複合助詞で丁寧語を使わないなど、日本人（NS）と異なっている場合もあるが、前件と後件の結び付きの度合いなどをてがかりにして、着実に習得を進めているようである。なお、C・H・Pは韓国出身、K・T・Sは台湾出身である。（a）の特徴はすべて台湾出身学習者に観察されたものだが、このグループには逆に過剰に丁寧語が使用された例（大キカッタノデスカラト思ッテ）もあって、母語からの干渉の存在が推測される。

参考文献　◆渋谷勝己（1997）「日本語学習者のスタイル切り替え―従属節の丁寧表現をめぐって―」『無差』4

78　Variation in Interlanguage

　As learners of Japanese broaden their field of behavior, it becomes more and more necessary for them to be able to use different language varieties. For example, foreigners studying at a Japanese university must be able to switch back and forth not only between standard Japanese and dialects but also between different styles within these varieties when talking to their Japanese friends at school, and to customers or their bosses at a part-time job. The data here shows the use of polite expressions within dependent clauses in the formal setting of a college seminar presentation. The expressions are complicated in that they do not all follow the same syntactic pattern.

mireba/?mimasureba　mita kedo/mimashita kedo　?mita ga/mimashita ga

Informants C, H and P are Korean speakers; K, T and S are Taiwanese. The results indicate that unlike the native speaker of Japanese (NS), the foreign learners (a) use the conjuctive particle *ga* with informal verb forms, (b) use the conjunctive particle -*tara* frequently, and (c) do not use conjunctions or compound particles with formal verb forms. Characteristic (a), as well as other unusual usages (*ôkikatta no desu kara to omotte*) are seen exclusively in the Taiwanese speakers, thus leading to speculation that these characteristics are the result of interference from the students' native language.

Reference ◆Shibuya, Katsumi (1997) Nihongo gakushûsha no sutairu kirikae: Jûzokusetsu no teinei hyôgen o megutte. *Musha* 4.

78 中介語的變異

當日語學習者在生活中使用日語的情況越多，就必須懂得如何區分使用日語的變種（variety）。例如，就讀日本大學的留學生和日本人同學、工讀職場上司、顧客等人說話時，必須因應對話者及場合，轉換方言、標準語或方言及標準語內部之體裁（style）。表顯示在日留學生於正式場合（課堂口頭報告）使用從屬子句時禮貌形式（desu、masu）的運用狀況。

從屬子句中非禮貌形式與禮貌形式之對立有mireba/?mimasureba、mitakedo/mimashitakedo、?mitaga/mimashitaga等，無法機械式地轉換。調查結果顯示，大學二年級留學生使用狀況如下：（a）ga節僅使用非禮貌形式、（b）大量使用tara、（c）接續詞與複合助詞等不使用禮貌形式。此些使用方式雖然有異於日語母語使用者（NS，Native Speaker），但留學生依句子前後緊密度選擇使用形式，確實使日語更進步。

表中的C、H、P為韓國留學生，K、T、S為台灣留學生。前述特徵（a）皆見於台灣留學生的日語使用，而且台灣留學生出現過度使用禮貌形式之現象（例如，ôkikattanodesukaratoomotte）。本研究推測其源自於母語之干涉。

参考文献 ◆渋谷勝己 (1997)〈日本語学習者のスタイル切り替え—従属節の丁寧表現をめぐって—〉《無差》4

78 중간언어의 변이

일본어 학습자는 행동 반경이 넓으면 넓을수록 일본어의 다양한 변종을 구분 사용할 필요가 있다. 예를 들면 일본의 대학에서 배우고 있는 유학생은 일본인 동급생과 이야기할 때, 아르바이트처에서 상사나 손님과 이야기할 때 등, 상대나 장면에 따른 방언과 표준어, 어투(스타일) 등을 교체할 수 있어야 한다. 여기에 제시된 것은 세미나 발표라고 하는 격식차린 장면에서 사용하는 종속절에서 「です・

ます：desu·masu」의 정중어를 사용한 경우이다. 이 위치에 나타나는 정중어는 「見レバ：mireba/？見マスレバ：mimasureba, 見タケド：mitakedo／見マシタケド：mimashitakedo, ？見タガ：mitaga／見マシタガ：mimashitaga」등이 있고, 기계적인 방식으로는 처리되지 않는다. 결과를 보면 유학생(대학 2학년)은 (a)「ガ：ga」절에서 상체를 사용한다, (b)「タラ：tara」를 다용한다, (c) 접속사나 복합조사로 정중어를 사용하지 않는다 등, 일본인(NS)와 다른 경우도 있지만, 대부분 전건과 후건의 결속도 등을 단서로 해서 습득을 착실히 진행하고 있는 것 같다. C·H·P는 한국 출신, K·T·S는 타이완 출신이다. (a)의 특징은 모두 타이완 출신 학습자에게서 관찰된 것이지만, 이 그룹에서는 반대로 정중어가 과잉 사용된 예(大キカッタノデスカラト思ッテ：ôkikatta no desu kara to omotte)도 있는데, 이는 모어의 간섭이 작용한 것으로 추측된다.

참고문헌 ◆시부야 카쓰미（渋谷勝巳：1997）「日本語学習者のスタイル切り替え―従属節の丁寧表現をめぐって―」『無差』4

		NS			C			H			P			K			T			S		
	clause ending	I	II	III	I	II	III	I	II	III	I	II	III	I	II	III	I	II	III	I	II	III
conjunctive particles	ba						6	1			3											9
	tara						8			9	16					3						1
	nara(ba)						1			3	1					1						
	to	2	18	4	15	3				1	1		3	1		4	3	2				3
	node		7	7		1	4	3	2		2	9		1	2	1		2				
	kara	7				3	1		2	3			2	1	11	10	1	1	3			1
	ga	45	12			3	5	4	3				1	16	16	3	5	6	6	2	25	12
	keredomo	7	6		23	8		5	4	2	48	5		5		1	2	4		2	2	
	shi		1						1	2					4							1
conjunction	moshikashitara		1																			
	soshitara								1													
	sôsuruto		3	5																		
	dakara			1		1		1					1		7							1
compound particles	a kind of nitsuite		2	4		2		10								3		7				2
	niyoruto								1						1				13			

clause endings

Ⅰ copula *desu*

Ⅱ formal verb ending *-masu*

Ⅲ informal verb ending

【 中間言語のバリエーション 】

79 中間言語行動

　外国語学習者は、表面的には立派な目標言語の文を作っていながら、丁寧さや表現する内容の点で、母語話者と異なった中間言語行動をとることがある。目標言語に対する社会言語能力が身についていないケースである。ここで取り上げるのは、日本人大学生（30人）、中国人留学生（22人）、韓国人留学生（15人）、アメリカ人留学生（17人）を対象に、親しい／親しくないクラスメートにノート（聞き手の負担小）／5万円（聞き手の負担大）を借りる場合など、依頼場面のことばを、アンケート形式で調べた結果である。分析の対象は、一連の依頼発話連鎖のうち依頼であることが明示的に表現されている部分、特にクレナイが使われるかモラエナイが使われるか、その場合、常体と丁寧体のどちらが使われるかである。日本人大学生は、親疎や負担度に応じてクレナイ／モラエナイを使い分けているが、たとえばアメリカ人留学生は動詞の種類よりも常体と丁寧体によって丁寧さをコントロールしている様子がうかがえる。

参考文献　◆エレン ナカミズ（1992）「日本語学習者における依頼表現―ストラテジーの使い分けを中心として―」『待兼山論叢』日本学篇26

79　Language Behavior in Interlanguage

　Foreign language learners may on the surface appear to have fluent command of the target language and yet shows signs of interlanguage in shifting between levels of politeness or in the selection of specific expressions. These are evidence of their not having fully acquired sociolinguistic competence in the target language.

　In the data here, Korean (n=15), Chinese (22) and American (17) learners were compared with a control group of Japanese native speakers (30). In a questionnaire survey, informants were asked what expression they would use when asking for a small favor (the loan of notebook) and a large favor (the loan of ¥50,000). The data reveals that Japanese informants use a shift in point-of-view switching between *kure-* '(you) give (me)' and *morae-* '(I) receive (from you)' forms. On the other hand, the Americans switch between the formal and informal verb forms, but do not manipulate the point of view as a politeness strategy.

Reference　◆Nakamizu, Ellen (1992) Nihongo gakushûsha ni okeru irai hyôgen: Sutoratejii no tsukaiwake o chûshin to shite. *Machikaneyama Ronsô (Nihongakuhen)* 26.

79 中介語的語言行動

　　外語學習者使用外語有時會出現句子文法正確但禮貌程度和欲傳達之內容異於該語言之母語使用者（Native Speaker）的現象，因其未習得目標語言的社會語言能力。

　　本研究以問卷方式調查日本大學生（30人）、中國留學生（22人）、韓國留學生（15人）以及美國留學生（17人），當其向熟悉的同學/不熟悉的同學借筆記（對方的負擔小）以及五萬元（對方的負擔大）時的用詞。分析時特別針對明顯向對方表態請求的部份是否使用 kurenai 或 moraenai、使用非禮貌形式或禮貌形式。

　　日本大學生會因與對方的親疏程度以及造成對方的負擔程度，分別使用 kurenai 與 moraenai。但美國留學生表現禮貌程度的方法並非藉由動詞 kurenai 與 moraenai 的選用，而是以非禮貌形式與禮貌形式表達。

參考文獻　◆エレン ナカミズ（1992）〈日本語学習者における依頼表現―ストラテジーの使い分けを中心として―〉《待兼山論叢》日本学篇26

---

79 중간언어 행동

　　외국어 학습자는 표면적으로 완벽한 목표언어 문장을 만들면서도 정중함이나 표현하는 내용면에서 모어 화자와는 다른 중간언어 행동을 취할 때가 있다. 목표언어에 대한 사회언어능력이 체득되지 않은 경우이다. 다음의 그림은 일본인 대학생(30명), 중국인 유학생(22명), 한국인 유학생(15명), 미국인 유학생(17명)을 대상으로 친한/친하지 않은 학급 동료에게 노트(청자의 부담 작음)/5만엔(청자의 부담 큼)을 빌릴 경우 등과 같이, 의뢰 장면에서 사용할 말을 앙케트 형식으로 조사한 결과이다. 분석 대상은 일련의 의뢰 발화가 일어날 때, 의뢰에 해당하는 표현이 명시적으로 표시되어 있는 부분, 특히 「くれない: kurenai(주지 않다)」「もらえない: moraenai(받지 않다)」가 사용되는지, 그 경우 상체와 정중체의 어느 쪽이 사용되는가이다. 일본인 대학생은 친소나 부담도에 따라서 「くれない: kurenai(주지 않다)」「もらえない: moraenai(받지 않다)」를 구분해서 사용하지만, 미국인 유학생은 동사의 종류보다도 상체와 정중체에 따라 정중도를 조절하고 있는 모습을 볼 수 있다.

참고문헌　◆나카미즈 에렌(Nakamizu, Ellen:1992)「日本語学習者における依頼表現―ストラテジーの使い分けを中心として―」『待兼山論集』日本学篇26

Situation1: Borrowing a notebook from a classmate with whom you are close

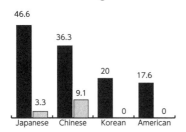 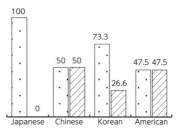

Situation2: Borrowing a notebook from a classmate with whom you are not close

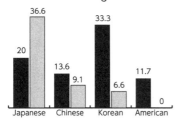 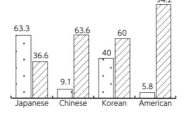

Situation3: Borrowing ¥50,000 from a classmate with whom you are close

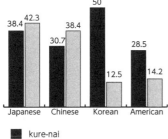 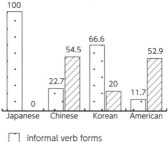

【 中間言語行動 】

80 | 各国内の言語数

　国家ごとの人口とその国内での使用言語数との関係を示したものである。ただし、ドイツは統合前のままで、ロシアなどは分離前のままで扱われている。人口が多ければ言語数も増えるのが自然だから、中国やインドの言語数が多いのはわかるが、人口のわりに言語数の少ない日本や韓国、言語数の極端に多いパプアニューギニアのような例外もある。なお、日本の言語数は6となっているが、これは日本語、アイヌ語、朝鮮語のほかに、北沖縄（奄美）、中部沖縄（沖縄本島）、南沖縄（宮古、八重山）の3つの「言語」を認めているからである。この例が示すように、言語数の認定は実は難しい問題を含んでいるのであるが、とにかく日本が多くの人口をかかえているわりには言語事情の簡単な国であることは確かである。

参考文献　◆下宮忠雄(1981)「国別使用言語一覧表」『講座言語6　世界の言語』大修館書店

言語計画

席次計画

| 80　Numbers of Languages by Country

　The data shows the populations of various countries and the number of languages spoken within each country (Because of the period for which the data was collected, Germany is shown as East and West Germany and the Soviet Union is shown as one country). It is to be expected that the number of languages would increase somewhat as we move from a less to a more populous country, as seen in the examples of China and India. But there are interesting exceptions to this, such as the linguistically homogeneous nations of Korea and Japan, or the great linguistic variety of Papua New Guinea.

　The six languages of Japan shown here are Japanese, Ainu and Korean, plus the Okinawan dialects divided here into Northern (Amami) Central (Okinawa Island), and Southern (Miyako, Yaeyama), illustrating the difficulties involved in counting numbers of languages. Even with the number of languages calculated at 6, however, we see that Japan has a relatively uncomplicated language situation with which to deal.

実体計画

習得計画

Reference　◆Shimomiya, Tadao (1981) Kunibetsu shiyô gengo ichiranhyô. *Kôza Gengo 6, Sekai no Gengo.* Taishûkan Shoten.

80　各國語言總數

　　圖顯示各國人口總數與該國國內使用的語言總數之關係。不過，德國採統一前的數據，蘇俄則採解體前的統計資料。

　　人口增加，使用的語言數量自然會增多，因此我們可以理解中國及印度為何語言種類繁多。但是，也有如日本及韓國般，雖然人口多但語言總數卻很少的例子；或如巴布新幾內亞般，人口少但語言總數卻非常多的例子。

　　圖中顯示日本的語言總數為6，其包含日語、愛努語、韓語以及北沖繩（奄美）、中部沖繩（沖繩本島）、南沖繩（宮古、八重山）3種「語言」。從日本的例子可得知，語言總數認定非常困難。不過，可以確定的是，日本是個人口眾多，語言卻十分單純的國家。

參考文獻　◆下宮忠雄 (1981)〈国別使用言語一覧表〉《講座言語6　世界の言語》大修館書店

80　각국의 언어 개수

　　그림은 국가별로 인구와 그 나라에서 사용되는 언어 개수와의 관계를 나타낸 것이다. 다만 독일은 통합 전의 상황으로, 러시아 등은 분리하기 전의 상황으로 처리했다. 인구가 많으면 언어 개수도 증가하는 것이 자연스런 현상이다. 중국이나 러시아에서 사용하는 언어 개수가 많은 것은 이해할 수 있지만, 인구에 비해 언어 개수가 적은 일본이나 한국, 언어 개수가 극단적으로 많은 파프아뉴기니아과 같은 예외도 있다. 더욱이 일본의 언어 개수는 6종류인데, 이것은 일본어, 아이누어, 조선어 외에 북오키나와(北沖繩；아마미(奄美)), 중부오키나와(中部沖繩；오키나와 본토), 남오키나와(南沖繩；미야코(宮古), 야에야마(八重山))의 3개 언어를 인정하고 있기 때문이다. 이 예가 나타내는 바와 같이 언어 개수의 인정은 실로 어려운 문제를 포함하고 있지만, 어쨌든 일본이 많은 인구를 수용하고 있음에도 불구하고 언어 사정이 복잡하지 않은 나라인 것은 분명하다.

참고문헌　◆시모미야 타다오 (下宮忠雄：1981)「国家別使用言語一覧表」「講座言語6　世界の言語」大修館書店

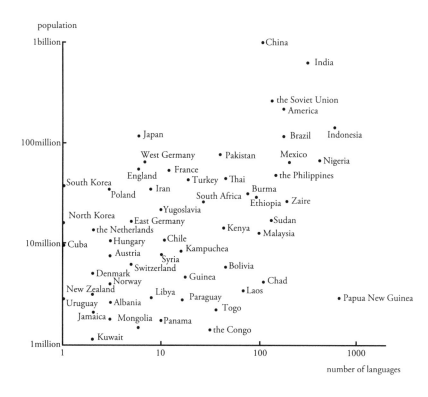

population

1billion — China

India

the Soviet Union
America

100million — Japan Brazil Indonesia

West Germany Pakistan Mexico

Nigeria

England France the Philippines

South Korea Turkey Thai

Poland Iran Burma

South Africa Zaire

Ethiopia

Yugoslavia

North Korea Sudan

East Germany

the Netherlands Kenya Malaysia

10million — Cuba Hungary Chile

Austria Kampuchea

Syria

Denmark Switzerland Bolivia

Norway

New Zealand Guinea Chad

Libya Laos

Uruguay Albania Paraguay Papua New Guinea

Jamaica Togo

Mongolia Panama

the Congo

1million — Kuwait

1 10 100 1000

number of languages

【 各国内の言語数 】

81 世界の英語の輪

　英語が世界でもっとも広範囲に使われ，国際共通言語となったからといって，アメリカ人やイギリス人などのネイティブ・スピーカーの英語がそのままの形で世界中に広まっているということではない。まして，みんながまったく同じような英語を話しているというわけではない。事実，世界中で話されている英語ほど多様な言語はないといえる。英語を母語とするアメリカ人，イギリス人，カナダ人，オーストラリア人がみなそれぞれ独特の英語を話しているように，英語を母語としないアジアの人，アフリカの人，ヨーロッパの人もそれぞれ特徴のある英語を使っているのである。英語が国際化したということは，英語が多様化したことを示すものである。

参考文献　◆本名信行(1990)「アジアの英語—ノンネイティブ・スピーカー・イングリッシュの正当性をめぐって—」『アジアの英語』くろしお出版

| 81　The Englishes of the World

　Although English has become the most widely-used language of international communication in the world, this by no means implies that the English varieties used around the globe are homogeneous and resemble the speech of native English or American speakers. English has diversified into many different varieties, many of which are used largely by native speakers of other languages, as is the case in India, the Far East or Africa. We see here a graphic representation illustrating the relationships between the different varieties of English used throughout the world.

Reference　◆Honna, Nobuyuki (1990) Ajia no Eigo: Non-neitibu supikâ ingurisshu no seitôsei o megutte. *Ajia no Eigo*. Kuroshio Shuppan.

81 散佈於世界的英語

雖然英語是世界上最被廣泛使用的國際共通語言，但是美國或英國母語使用者的英語並非毫無變化地直接散佈至世界各地。而且，並非每個使用英語的人都說著相同的英語。事實上，世界上找不到第二個語言像英語般地多樣化。以英語為母語的美國人、英國人、加拿大人以及澳洲人所使用的英語各具特色，而不以英語為母語的亞洲人、非洲人、歐洲人所使用的英語亦獨具特徵。英語的國際化即意謂著英語的多樣化。

参考文献　◆本名信行 (1990)〈アジアの英語──ノンネイティブ・スピーカー・イングリッシュの正当性をめぐって──〉《アジアの英語》くろしお出版

81 전세계의 다양한 영어

영어가 국제 공통 언어가 되었다고 해서 미국인이나 영국인 등의 모어 화자가 구사하는 동일한 형태로 영어가 전세계로 확산되고 있는 것은 아니다. 하물며 모두가 동일한 영어를 말하고 있는 것도 아니다. 사실, 전세계에서 사용되는 영어만큼 다양한 변종을 지니는 언어도 없다. 영어를 모어로 하는 미국인, 영국인, 캐나다인, 오스트레일리아인은 각각 독특한 영어를 말한다. 그리고 영어를 모어로 하지 않는 아시아인, 아프리카인, 유럽인도 각각 특징 있는 영어를 구사한다. 영어가 국제화했다고 하는 것은 영어가 다양화되었다는 것을 의미한다.

참고문헌　◆혼나 노부유키（本名信行：1990）「アジアの英語──ノンネイティブ・スピーカー・イングリッシュの正当性をめぐって──」『アジアの英語』くろしお出版

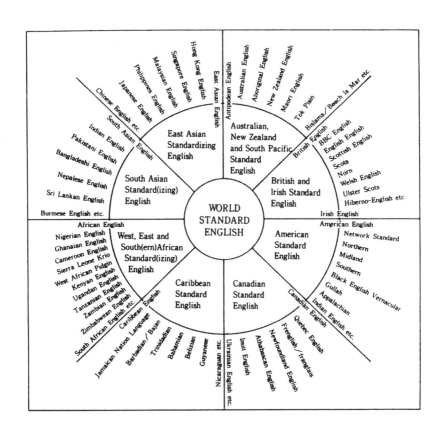

【 世界の英語の輪 】

82 | 論文の言語

　それぞれの国の生物医学の分野での出版物で、使用されている言語が母語か英語かの別を、1966年、1970年、1975年、1980年と辿って調べた結果を表したものである。

　英語圏である米国と英国を除いて、日本、ドイツ、フランスの場合を見ると、いずれも英語で書かれる論文がしだいに増えてきている様子が歴然としている。

　日本とフランスは、その比率が漸増的であるが、ドイツでは英語の占める比率が激増し、ドイツ語の占める比率は激減していることが指摘される。

参考文献　◆ジョン マーハ(1991)「科学分野の国際語」『日本のバイリンガリズム』研究社出版

| 82　Languages Used in Academic Publications

　The data here compare the language of publication for academic papers from medical journals in five nations. We see that both the U.S. and England publish almost exclusively in English, while Germany, France, and Japan all display a growing trend towards publishing in English. In 1966 Japan was the leader in the proportion of English publications and has steadily increased the percentage since then. The most dramatic change in this two and a half decade period was in Germany, where English articles shot from less than 10% to almost half during this short period.

Reference　◆Maher, John (1991) Kagaku bun'ya no kokusaigo. *Nihon no Bairingarizumu.* Kenkyûsha Shuppan.

82 論文用語

　　表乃針對各國生物醫學領域書籍，依使用語言將其分類為母語及英語，彙整統計出 1966 年、1970 年、1975 年以及 1980 年的結果。
　　如表所示，除了英語圈的美國及英國之外，在日本、德國以及法國等國家，以英語撰寫的論文明顯地增加。日本和法國的英語論文比率雖皆漸增，但相較之下，在德國以英語書寫的比率急增，而以德語書寫的比率明顯驟減。

參考文獻　◆ジョン マーハ (1991) 〈科学分野の国際語〉《日本のバイリンガリズム》研究社出版

---

82 논문에 사용된 언어

　　다음의 표는 1966년, 1970년, 1975년, 1980년에 각국의 생물의학 분야 출판물에서 사용된 언어가 모어인지 영어인지를 조사한 결과이다.
　　영어권인 미국과 영국을 제외하고 일본, 독일, 프랑스의 경우를 보면 모두 영어로 쓰여진 논문이 시대별로 증가하고 있는 양상을 알 수 있다.
　　일본과 프랑스는 그 비율이 점진적으로 높아지는 반면에, 독일에서는 영어가 차지하는 비율이 급증하고 독일어가 차지하는 비율은 격감하고 있는 것을 알 수 있다.

참고문헌　◆존 마허 (Maher, John:1991) 「科学分野の国際語」 『日本のバイリンガリズム』 研究社出版

Country of Publication	Year of Publication			
	1966	1970	1975	1980
Total Publications	114,002	211,740	240,167	262,626
English Usage	92,725	124,713	160,584	189,616
Percentage	53.3	58.9	66.9	72.2
America	58,882	66,645	84,362	100,370
English	99.5	99.5	99.8	99.8
England	16,500	26,848	31,054	35,064
English	99.3	99.1	99.7	99.8
Japan	8,865	10,459	9,743	10,935
Native Language	76.0	77.7	71.9	66.8
English	23.3	21.7	27.9	33.1
Germany	17,156	31,452	24,709	24,349
Native Language	90.9	81.0	67.2	54.3
English	8.2	17.8	32.2	45.2
French	10,324	12,716	9,570	9,402
Native Language	97.3	96.3	90.4	88.1
English	2.0	3.1	9.2	11.7

言語計画

席次計画

実体計画

習得計画

【 論文の言語 】

83 言語サービス

近年、日本に住む外国人が急増した。各地で生活する彼らが日本人と同じような行政サービスを受けて生活することができるというのが、自治体の理想的な在り方であろう。したがって、自治体からの発信情報には、多様化する外国人の言語背景を十分に配慮することが求められる。

ここでは、東京都における言語サービスをまとめた。東京都が実施している具体的な言語サービスとしては、外国人相談、保健医療サービス、運転免許テレフォンサービスなどがあげられる。これらを図のように多くの言語で対応しているのである。

東京都の基本的な方針として、(1) 一般的な対応を英語で行うこと、(2) 相談者の実績、外国人滞在者の動向を踏まえ、中国語、韓国語などを用いること、(3) 緊急時には民間ボランティアなどと連携する、(4) 区市町村などで、対応できない言語に配慮すること、などが掲げられている。

参考文献 ◆P. バックハウス(2004)「内なる国際化」河原俊明編『自治体の言語サービス—多言語社会への扉をひらく—』春風社

83　Multilingual Services

In recent years, the number of foreigners living in Japan has increased rapidly. Ideally, the local government provides them with the same administrative services as Japanese residents. It is expected that the local government will grasp foreigners' linguistic backgrounds.

This table shows the multilingual services of Tokyo Prefecture, including a consultation desk, medical insurance services, and the phone number listed on one's driver's license.

The Tokyo Prefecture policy is that (1) English is used for general inquiries; (2) Mandarin and Korean are used whenever necessary; (3) in case of emergencies, Tokyo Prefecture closely works with non-profit organizations (NPOs); and (4) Tokyo Prefecture provides services in other languages that each individual city/town/village cannot provide.

Reference ◆P. Backhause (2004) 'Uchinaru Kokusaika' Toshiaki Kawahara (ed.) *Jichitai no gengo sâbisu: tagengoshakai eno tobira o hiraku*. Shunpûsha.

83 行政機關的語言服務

近年來，移居日本的外國人激增。居住於日本各地的外國人若能和日本人一樣享受同等的行政服務是各地行政機構最理想的模式。因此，各地行政機構所發布的訊息，應考慮漸多樣化的語言現象。

舉例而言，東京都所提供的多語言服務項目語言種類眾多，包含外國人諮詢、健保醫療服務、駕照電話服務等。東京都的基本方針為：(1) 一般服務以英語應對、(2) 視情況亦使用中文或韓語、(3) 緊急狀況發生時，商請民間志工團體合作、(4) 各區、市、町、村等若有需要亦提供少數語言服務。

參考文獻 ◆P. バックハウス (2004) 〈内なる国際化〉河原俊明編《自治体の言語サービス—多言語社会への扉をひらく—》春風社

83 언어 서비스

최근 일본에 사는 외국인이 급증하고 있다. 각 지역에서 생활하는 외국인들이 일본인과 마찬가지로 행정서비스를 받아 생활할 수 있도록 하는 것이 지자체의 본분일 것이다. 따라서 지자체에서 발신하는 정보를 보면 다양화하는 외국인의 언어배경 파악에 많은 관심이 요구된다.

아래의 자료는 도쿄도에서 제공하는 언어 서비스를 정리한 것이다. 도쿄도에서 실시하고 있는 구체적인 언어 서비스로는 외국인 상담, 보건의료 서비스, 운전면허 텔레폰 서비스 등을 들 수 있다. 도쿄에서는 다음 자료에서 보듯 다양한 언어로 각종 서비스를 제공하고 있다.

도쿄도의 기본적인 방침으로는 (1) 일반적인 대응을 영어로 하는 것, (2) 상담자의 실적, 외국인 체류자의 동향에 따라 중국어, 한글 등을 사용하는 것, (3) 긴급시에는 민간 자원봉사자 등과 제휴하기, (4) 시·구·정·촌(市·区·町·村) 등에서 처리할 수 없는 언어로 대응하는 것 등을 들 수 있다.

참고문헌 ◆피터 박하우스 (P.Backhause：2004) 「内なる国際化」 가와하라 토시아키(河原俊明編) 『自治体の言語サービス—多言語社会への扉をひらく—』 春風社

席次計画

実体計画

習得計画

Contents	Languages Available	Bureau
Consultation for foreigners (general matter)	E、C、K、S、F	Bureau of citizens and culture
Labor counsultation for foreigners	E、C Interpreter sercive: K、S、Por、Tha、Per	Bureau of industrial and labor affairs
Insurance and medical telephone service	E、C、K、S、Tha	Bureau of social welfare and public health
Interpreter telephone service in emergency	E、C、K、S、Tha	Bureau of social welfare and public health
Telephone consulation for foreingers (at Police department)	E、C、K、S、Tha、Tag、Por、F、G、R、Per、Urd	Metropolitan police department
Telephone survice on driver's license	18 Languages	Metropolitan police department
Telephone consultation for public housing	E、C、K	Bureau of housing

Note: E=English, C=Chinese, K=Korean, F=French, S=Spanish, P=Portugese,
Tha=Thai, Tag=Tagalog, G=German, R=Russian, Per=Persian, Urd=Urdu

【 言語サービス 】

84 やさしい日本語

　地震などの大規模な災害発生時における情報弱者、特に日本語能力の十分でない人々に対して、やさしい日本語で情報を流すことが提案され、具体的なマニュアルが作成された。弘前大学人文学部社会言語学研究室　減災のための「やさしい日本語」研究会による『災害が起こったときに外国人を助けるためのマニュアル』である。このマニュアルは、次のような内容で構成されている。「1. 放送などに使うやさしい日本語の案文」「2. ポスターやビラなどやさしい日本語を用いた掲示物の具体例」「3. ふだんから使える外国人のための住所録と連絡方法」「4. やさしい日本語の説明とマニュアルの特徴」。ここで使用されている日本語には、①日本語教育における初級レベルの学習を終了した程度、②語彙は言い換えが可能なものはやさしい表現に言い換え、言い換えが難しいもの（津波、余震など）は、そのまま使って説明を加える、③短文を使い、1 文を短くする（35 字以内）といった特徴がある。

　表は、災害時にそのまま使える掲示物の 1 例である。

参考文献　◆弘前大学人文学部社会言語学研究室編（2005）『新版・災害が起こったときに外国人を助けるためのマニュアル』弘前大学人文学部社会言語学研究室　減災のための「やさしい日本語」研究会

84 Easy Japanese

In case of emergencies, such as earthquakes, Japanese linguists have proposed "easy Japanese" to provide information to those who do not have adequate Japanese proficiency. The manual *Saigai ga okotta tokini gaikokujin o tasukeru tameno manyuaru*, or *Manual to help foreigners in the case of natural disasters*, was published by the sociolinguistic laboratory at Hirosaki University. The content includes (1) examples of easy Japanese during broadcasts; (2) easy Japanese on posters and leaflets; (3) useful address and contact methods for foreigners; and (4) explanations of easy Japanese and the manual's characteristics. The manual targets those who have completed the elementary level, and includes some instructions for speaking easy Japanese, as by paraphrasing one's vocabulary into simple expressions whenever necessary, using shorter sentences, and keeping one's sentences short (35 letters at most). The figure depicts one of the posters in easy Japanese in the case of natural disasters.

Reference　◆Sociolinguistic Laboratory at Hirosaki University (2005) *Shimpan Saigai ga okotta tokini gaikokujin o tasukeru tameno manyuaru*. Forum of 'Easy Japanese' for disaster prevention at sociolinguistic laboratory, Hirosaki University.

84 簡單易懂的日語

　　弘前大學人文學部社會語言學研究室的「簡單易懂的日語」研究會，提倡地震等大規模災害發生時，使用簡單易懂的日語傳送訊息給日語能力不足的資訊接收弱勢者，並製作《災害發生時援助外國人用手冊》。該手冊包含：「1. 廣播等簡單易懂的日語提案」、「2. 海報、傳單等公告物之具體範例」、「3. 外國人平日即可使用之緊急通訊錄及聯絡方法」、「4. 簡單易懂的日語解說及手冊特色」。其所使用的日語特色為：①初級日語程度、②詞彙儘量改用簡單易懂的用詞；無法轉換之用詞（海嘯、餘震等）則直接使用並加註說明、③使用簡短的句子並縮短句子（1句35字以內）。

　　圖為災害發生時可直接張貼公告用之範例。

參考文獻　◆弘前大学人文学部社会言語学研究室編（2005）《新版・災害が起こったときに外国人を助けるためのマニュアル》弘前大学人文学部社会言語学研究室　減災のための「やさしい日本語」研究会

---

84 알기 쉬운 일본어

　지진 등 대규모 재난발생 시 정보 입수가 어려운 사람들, 특히 일본어 능력이 충분하지 않은 사람들에게 알기 쉬운 일본어로 정보를 제공하자는 의견이 제안되어 구체적인 메뉴얼이 작성되었다. 히로사키대학(弘前大学) 인문학부 사회언어학 연구실이 주축이 되어 재해 감소를 위한 「알기 쉬운 일본어」연구회를 발족했다. 『재해가 발생했을 때 외국인을 돕기 위한 매뉴얼』이다. 이 매뉴얼은 다음과 같은 내용으로 구성되어 있다. 「1. 방송 등에 사용하는 알기 쉬운 일본어 안내문」「2. 포스터나 전단지 등 알기 쉬운 일본어를 사용한 게시물의 구체적인 예」 「3. 외국인을 위한 평소에도 사용할 수 있는 주소록과 연락 방법」 「4. 알기 쉬운 일본어의 설명과 매뉴얼 특징」. 여기에서 사용되는 일본어에는 ①일본어교육에서 초급 레벨의 수준이며, ②어휘는 바꾸어 말하기가 가능한 것은 알기 쉬운 표현으로 교체, 또한 바꾸어 말하기가 어려운 것(쓰나미, 여진 등)은 그대로 사용하고 설명을 보충, ③단문을 사용하여 한 문장의 길이를 짧게(35자 이내) 하는 등의 특징이 있다.

　다음의 그림은 재해 발생시에 이대로 사용가능한 게시물 가운데 하나이다.

참고문헌　◆히로사키대학 인문학부 사회언어학연구실 편（弘前大学人文学部社会言語学研究室編：2005）『新版・災害が起こったときに外国人を助けるためのマニュアル』弘前大学人文学部社会言語学研究室　減災のための「やさしい日本語」研究会

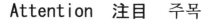

Attention　注目　주목

注意して　ください
ちゅう　い

壊れた建物に　注意して　ください
こわ　たてもの　ちゅう　い

頭の上に　気をつけて　ください
あたま　うえ　き

（作った日）　　　　　　　（作ったところ）
つく　ひ　　　　　　　　　つく

1

＿＿＿＿年＿＿月＿＿日　＿＿＿＿＿＿＿＿＿＿
ねん　がつ　にち

【 やさしい日本語 】

言語計画

席次計画

実体計画

習得計画

253

85 外来語言い換え提案

外来語・外国語の中には、その周知度や難易度によって、理解の妨げになるものがある。特に官公庁で刊行される白書や広報紙、もしくは新聞やテレビ番組など、公共性の高いものについては理解の妨げとなるような表現を使うことを避けるべきである。

第22期国語審議会答申「国際社会に対応する日本語の在り方」では、「国際化に伴うその他の日本語の問題」として「外来語・外国語の現状と問題点」が示されている。表では、その解決方法の一つとして、官公庁、報道機関等における外来語・外国語の扱い方を挙げている。外来語・外国語を三つに分類し、それぞれの取り扱いの案を示している。なお、国立国語研究所による「外来語言い換え提案」は、この答申を受けて実施された。

参考文献　◆文化庁文化部国語課(2001)「国語審議会答申・建議集」文化庁文化部国語課

85　Proposal for Paraphrasing Loanwords

Some loanwords or foreign words are difficult to understand because they are not widespread. In particular, it is desirable to avoid difficult loanwords and foreign words in white papers and public relations papers published by the government, newspapers, and TV programs.

A report from the 22nd *Kokugo Shingikai*, "National Language Council," titled "Japanese in times of internationalization," deals with current issues related to loanwords and foreign words as a language issue in the era of internationalization. The table indicates one possible solution to this problem. Loanwords and foreign words used in government and municipal offices, as well as mass media, were categorized into three groups, each suggesting treatments with examples. This report resulted in the proposal for paraphrasing loanwords at the National Institute for Japanese Language.

Reference　◆Japanese Language Division, the Agency of Cultural Affairs (2001) *Kokugoshingikai Tōshin Kengishû.* Japanese Language Division, the Agency of Cultural Affairs.

85 外來語替換提案

　　外來語（借詞）或外國話中有許多普及率較低、困難度較高，容易造成理解障礙的用詞。因此，特別是公家機關所發行的白皮書、公告宣傳，或者是報紙、電視節目等公共性高的媒體應該避免使用這些易造成理解困難的用詞。

　　第22期國語審議會答辯「日語該如何因應國際社會潮流」中，「伴隨國際化所引發的日語問題」裡有一項「外來語、外國話之現狀與問題點」。如表所示，其將外來語、外國話分為三類並提出解決方案。因應此次答辯，國立國語研究所提出了「外來語替換提案」。

參考文獻　◆ 文化庁文化部国語課（2001）《国語審議会答申・建議集》文化庁文化部国語課

言語計画

席次計画

実体計画

習得計画

---

85 외래어 순화 제안

　　외래어·외국어 가운데에는 그 인지도나 난이도에 따라 이해하는 데에 방해가 되는 것이 있다. 특히 관공서에서 간행되는 백서나 홍보물, 혹은 신문이나 텔레비전 프로그램 등 공공성이 높은 것에 대해서는 이해하는 데 걸림돌이 되는 표현 사용을 자제할 필요가 있다.

　　제 22기 국어(일본어)심의회 답신 「국제사회에 대응하는 일본어 본연의 자세」에서는 「국제화에 동반되는 기타 일본어 문제」로 「외래어·외국어의 현상과 문제점」을 거론하고 있다. 다음의 표는 그 해결 방법의 하나로 관공청, 보도기관 등에서 시행하고 있는 외래어·외국어 대처법을 보여주고 있다. 외래어·외국어를 3개로 분류하여 각각의 대처안을 나타낸 것이다. 또한 국립국어연구소에서 제안한 「외래어 순화」는 이 답신을 받아 실시된 것이다.

참고문헌　◆ 문화청문화부국어과 （文化庁文化部国語課：2001）「国語審議会答申・建議集」文化庁文化部国語課

	分類 Category	取り扱い Treatment	語例 Examples
I	広く一般的に使われ，国民の間に定着しているとみなせる語 Words which are accepted nationwide, and are stable in use	そのまま使用する Keep using the same form	ストレス　*sutoresu* ボランティア　*boranthia* PTA　*PTA*
II	一般への定着が十分でなく，日本語に置き換えた方が分かりやすくなる語 Words which are not fully accepted nationwide, and are more easily understand if they are paraphrased into Japanese	言い換える Paraphrase	アカウンタビリティー　*akauntabiriti* (accountability) → 説明責任　*setsumei sekinin* スキーム　*sukimu* (scheme) → 計画・図式　*keikaku zushiki*
III	一般への定着が十分ではなく，分かりやすい言い換え語がない語 Words which are not fully accepted nationwide, and their paraphrased words do not exist	必要に応じて，注釈を付すなど，わかりやすくなるよう工夫する。 Attempt to find its paraphrased words such as annotating its meaning	アイデンティティ　*aidentiti* (identity) アプリケーション　*apurikeshon* (application) ノーマライゼーション　*nomaraizeshon* (normalisation)

【 外来語言い換え提案 】

86 病院のことば

　病院で医療者が使うことばが患者に伝わらない問題は、いくつかの類型に分けることができると思われる。ここでは、その類型を見極め、それぞれについての問題解決の対応方法を検討した試み（提案）を紹介する。

　患者にことばが伝わらなかった医師たちの経験を尋ねたところ、①患者にことばが知られていない、②患者の理解が不確か、③患者に理解を妨げる心理的負担がある、といった三つの原因が見えてきた。①は、患者がことばそのものを知らない場合である。②は、ことばはよく見聞きされているけれども、理解が不確かな場合である。そして、③は、そのことばで説明される内容を患者が受け止める際に、心理的な負担を感じ、理解を妨げてしまうものである。患者の心理的な負担は、「悪性」「がん」といった、命にもかかわるような重大な病気を告げられたときや、「抗がん剤」「ステロイド」など痛みや危険を伴う治療法を示されたときなど、特定のことばを使う場合に、重くなる傾向は確かに見られるようである。ただし、この場合は、個々のことば遣いの工夫とは別の視点や方法による検討が不可欠で、ことばの問題を超えて取り組むべき、大切な課題でもあろう。

参考文献　◆国立国語研究所「病院の言葉」委員会（2009）『病院の言葉を分かりやすく―工夫の提案―』勁草書房

言語計画

席次計画

86　Medical Terms in Hospitals

　In doctor-patient communication, doctors' explanations often do not make sense to their patients. The survey was conducted to examine classifications of communication style, and to suggest ways to find better solutions for both doctors and patients.

　The results demonstrated that (1) patients did not understand the medical terms; (2) patients' understanding was not fully achieved; and (3) psychological distress prevented patients from understanding. In (2), patients see and listen to doctors, but their understanding is not clear. In (3), when patients listened to the doctor's explanation, they felt too distressed to understand it. Psychological distress is emphasized when doctors explain life-threatening diseases, such as malignant tumors or cancer, to their patients, or when doctors propose treatments causing pain and danger, such as anticancer agents or steroids. However, in this case, careful consideration is required because this problem is not only related to paraphrasing. In this sense, the issue is important for both linguists and other specialists in relevant fields.

実体計画

習得計画

Reference　◆Committee on medical term at The National Institute for Japanese Language (2009) *Byôin no kotoba o wakariyasuku: kufû no teian.* Keisoshobo.

86 醫院用詞

在醫院，病患有時無法正確理解醫療人員說話的內容，這個問題可細分為幾個類型。在此介紹各類型及其對應方法。

本研究訪問曾有無法正確傳達訊息給病患的經驗之醫師們，得知以下三種原因：①病患不認識該用詞、②病患的理解不確實、③病患有無法理解該訊息的心理負擔。①的情況是病患不知道該用詞。②是該用詞雖然常聽但並未正確地理解其意。③則為病患面對醫師使用該用詞說明時，因心理上感到負擔而影響其理解能力。當告知「惡性」、「癌症」等攸關性命的重大疾病或「抗癌劑」、「類固醇」等伴隨痛苦或危險的治療方法時，若直接使用該用詞似乎會使病患的心理負擔加重。不過，此時與其檢討用詞，更應從有別於用詞層次的角度探討該如何協助病患。這是應該積極面對的，超越語言問題之重要課題。

參考文獻 ◆ 国立国語研究所「病院の言葉」委員会（2009）《病院の言葉を分かりやすく―工夫の提案―》勁草書房

---

86 병원 용어

병원에서 의료진이 사용하는 용어가 환자에게 제대로 전달되지 않는 문제가 있는데 그것을 몇 가지 유형으로 나눌 수 있다. 여기에서는 그 유형을 확인하여 각 유형에서 나타나는 문제해결 방안을 시도한 사례를 소개하고자 한다.

환자들에게 전달되지 않았던 의사들의 경험을 문의한 바, ①환자가 의료용어의 의미를 잘 모른다, ②환자 자신의 증세에 대한 이해가 불확실하다, ③환자에게 자신의 병세 이해를 방해하는 심리적 부담이 있다는 등의 3가지 요인이 밝혀졌다. ①은 환자가 용어 그 자체를 모르는 경우이다. ②는 용어는 잘 보고 듣지만 전반적으로 이해가 불확실한 경우이다. 그리고 ③은 의료용어로 설명되는 내용을 환자가 받아들일 때에 심리적 부담을 느껴 이해하지 못하는 경우이다. 「악성」 「암」이라는 생명에 위협이 되는 병명을 통지받았을 때나 「항암제」 「스테로이드」 등 통증이나 위험을 동반하는 치료법이 제시되었을 때 등, 특정한 용어의 사용은 환자의 심리적 부담이 무거워지는 경향이 확실히 나타나는 것으로 보인다. 다만, 이것은 개개의 용어를 다른 알기 쉬운 용어로 바꾸거나, 다른 시점이나 방법으로 표현을 대체할 필요가 있는, 언어 문제를 초월하여 대처해야 할 중대한 문제이기도 하다.

참고문헌 ◆ 국립국어연구소「병원 용어」위원회 (国立国語研究所「病院の言葉」委員会：2009)『病院の言葉を分かりやすく―工夫の提案―』勁草書房

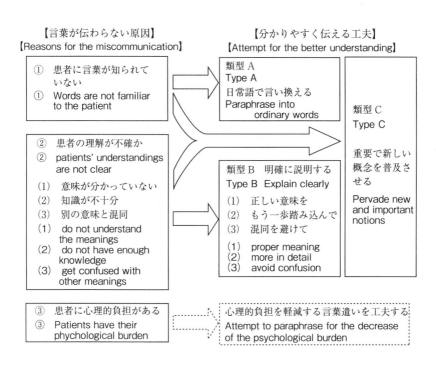

【言葉が伝わらない原因】
【Reasons for the miscommunication】

① 患者に言葉が知られていない
① Words are not familiar to the patient

② 患者の理解が不確か
② patients' understandings are not clear
(1) 意味が分かっていない
(2) 知識が不十分
(3) 別の意味と混同
(1) do not understand the meanings
(2) do not have enough knowledge
(3) get confused with other meanings

③ 患者に心理的負担がある
③ Patients have their phychological burden

【分かりやすく伝える工夫】
【Attempt for the better understanding】

類型 A
Type A
日常語で言い換える
Paraphrase into ordinary words

類型 B　明確に説明する
Type B Explain clearly
(1) 正しい意味を
(2) もう一歩踏み込んで
(3) 混同を避けて
(1) proper meaning
(2) more in detail
(3) avoid confusion

類型 C
Type C

重要で新しい概念を普及させる
Pervade new and important notions

心理的負担を軽減する言葉遣いを工夫する
Attempt to paraphrase for the decrease of the psychological burden

【 病院のことば 】

言語計画

席次計画

実体計画

習得計画

259

87 敬語の指針

　国語審議会、文化審議会国語分科会では、敬語に関する審議と建議・答申を三度行っている。昭和27年4月の「これからの敬語」（建議）、平成12年12月の「現代社会における敬意表現」（答申）、平成19年2月の「敬語の指針」（答申）である。このうち、「敬語の指針」は、「現代社会における敬意表現」の中でも、敬語を用いた言語表現を敬意表現に位置づけて示したものである。

　「敬語の指針」（答申）は三章からなる。「第1章　敬語についての考え方」で敬語についての基本的な認識と留意すべきことがら、「第2章　敬語の仕組み」で敬語の種類と働き、「第3章　敬語の具体的な使い方」で具体的な場面における敬語の適切な使い方をそれぞれまとめている。表は「第2章　敬語の仕組み」で示された敬語の種類である。従来の「尊敬語」「謙譲語」「丁寧語」といった3種の枠を改変し、「尊敬語」「謙譲語I」「謙譲語II（丁重語）」「丁寧語」「美化語」という5種の枠を設定している。

参考文献　◆文化審議会国語分科会（2007）『敬語の指針』文化審議会答申

87　Guidelines of Honorifics

　The National Language Council and the Japanese Language Division at the Agency for Cultural Affairs have raised issues regarding honorifics three times. These are *Korekara no keigo* (Honorifics in the Future) in April 1952, *Gendaishakai niokeru keiihyôgen* (Polite Expressions in Modern Society) in December 2000, and *Keigo no shisin* (Guidelines of Honorifics) in February 2009. In *Keigo no shishin*, an honorific expression is posited in the context of *keii hyôgen*, a "respect expression" in the *Gendaishakai niokeru keiihyôgen* report.

　Keigo no shishin comprises three chapters. Chapter 1, *Keigo nitsuiteno kangaekata*, defines "honorific." Chapter 2, *Keigo no shikumi* (The structure of honorifics) describes the types of honorifics and their usage. Chapter 3, *Keigo no gutaitekina tukaikata* (Specific uses of honorifics) refers to the adequate uses of honorifics in specific situations. The table shows the five types of honorifics mentioned in Chapter 2.

Reference　◆Japanese Language Division, Council for Cultural Affairs (2007) *Keigo no shishin.* A report of the Council for Cultural Affairs.

87 敬語使用指南

　國語審議會的文化審議會國語分科會針對敬語之審議、建議與答辯舉行了 3 次會議。分別為 1952 年 4 月「今後的敬語」(建議)、2000 年 12 月「現代社會中的敬意表現」(答辯) 以及 2007 年 2 月「敬語使用指南」(答辯)。

　「敬語指南」(答辯) 共 3 章。「第 1 章 對敬語的看法」論述敬語的基本認識與留意點,「第 2 章 敬語的結構」整理出敬語的種類與功能、「第 3 章 敬語的具體使用方法」則提出各個具體場合的敬語使用方式。表顯示「第 2 章 敬語的結構」的敬語種類。有別於傳統的「尊敬語(Respectful form)」「謙讓語(Humble form)」「丁寧語(Polite form)」3 分類,其將敬語分為「尊敬語(Respectful form)」「謙讓語 I (Humble form)」「謙讓語 II (Humble form II・丁重語(Courtesy form)」「丁寧語(Polite form)」「美化語(Beautificated form)」等 5 類。

參考文獻　◆文化審議会国語分科会 (2007)《敬語の指針》文化審議会答申

---

87 경어 지침

　국어 (일본어)심의회, 문화심의회, 국어 (일본어)분과회에서는 경어에 관한 심의와 건의・답신을 3회 시행해 왔다. 쇼와(昭和) 27년(1952년) 4월 「앞으로의 경어」(건의), 헤이세이(平成) 12년(2000년) 12월 「현대사회의 경의 표현」(답신), 헤이세이(平成) 19년(2007년) 2월 「경어 지침」(답신)이다.

　「경어 지침」(답신)은 3장으로 이루어진다. 「제1장 경어에 대한 의견」에서 경어에 대해서 기본적인 인식과 유의해야 할 사항, 「제2장 경어의 조직」에서 경어의 종류와 작용, 「제3장 경어의 기본적인 사용법」에서 구체적인 장면에 대한 경어의 적절한 사용법을 각각 정리하고 있다. 표는 「제2장 경어의 구조」에서 나타나는 경어의 종류를 소개한 것이다. 종래의 「존경어」「겸양어」「정중어」라는 3종 구성에서, 「존경어」「겸양어 I」「겸양어 II(존중어)」「정중어」「미화어」라는 5종 구성으로 개정하였다.

참고문헌　◆문화심의회 국어분과회 (文化審議会国語分科会 : 2007) 『敬語の指針』文化審議会答申

5-group classification		3-group classification
Respectful form	irasssharu/ossharu type	Respectful form
Humble form I	ukagau/moshiageru type	Humble form
Humble form II (Courtesy form)	mairu/mosu type	
Polite form	desu/masu type	Polite form
Beautificated form	osake/oryori type	

【 敬語の指針 】

88 言語管理のプロセス

　言語計画のプロセスは、言語教育、そしてそのなかでの言語習得のプロセスでもある。J. V. ネウストプニーは、そのプロセスを「言語管理」という用語で捉えている。そして、言語問題は、管理プロセスの形を取るとする。管理プロセスのもっとも簡単な形は、

1. 逸脱がある
2. それが留意される
3. 留意された逸脱が評価される
4. 評価された逸脱（問題）の調整のために手続きが選ばれる
5. その手続きが実施される

という構造である。もちろん、実際のプロセスは多くの場合、これより複雑で、いわゆる「交渉（negotiation）」の形をとるのが普通である。

参考文献　◆Neustupný, J. V. (1994) Problems of English contact discourse and language planning. *English and Language Planning: A Southeast Asian Contribution.* Times Academic Press.

88　Processes of Language Management

　Language planning encompasses many of the processes of education and language acquisition. Neustupný J. V. refers to these as "language management". The processes of language management can be broken down as follows :

1. deviation : occurrence of a deviation from the norm
2. noting : pointing out of the deviation
3. evaluation : the noted deviation may be evaluated negatively, as a problem, or positively
4. adjustment : measures include, no action, negative attitude, negative remarks, corrective strategy
5. implementation : execution of strategy

Of course, in actual practice this process is more complex and results in negotiation.

Reference　◆Neustupný J. V. (1994) Problems of English contact discourse and language planning. *English and Language Planning: A Southeast Asian Contribution.* Times Academic Press.

88 語言管理過程

　　語言規劃之過程同時也可視為語言教育、語言教育中之語言習得的過程，Neustupný, J.V. 稱此過程為「語言管理」。當語言學習者面臨語言使用上的問題時，即呈現語言管理之動態過程，可簡述如下：
　　1. 出現錯誤
　　2. 意識錯誤
　　3. 評估錯誤
　　4. 選擇修正錯誤之策略
　　5. 實施策略
　　當然，實際過程更複雜，一般多採取交涉（negotiation）方式。

參考文獻　◆Neustupný J. V. (1994) Problems of English contact discourse and language planning. *English and Language Planning: A Southeast Asian Contribution.* Times Academic Press.

---

88 언어 관리 과정

　　언어계획 과정은 언어교육, 그리고 그 가운데에서 언어습득의 과정이기도 하다. J.V. 네우스토프니 (Neustupný.J.V.)는 그 과정을 「언어 관리」라는 용어로 파악하고 있다. 그리고 언어 문제는 관리 과정의 형태를 취한다고 한다. 관리 과정의 가장 간단한 형태는 다음과 같은 구조를 지닌다.
　　1. 오류발생 : 일탈이 생긴다
　　2. 잘못된 의식 : 일탈이 관심을 받는다
　　3. 평가오류 : 잘못된 일탈이 평가된다
　　4. 오류수정 전략선택 : 평가된 일탈(문제)조정을 위한 절차가 선정된다
　　5. 실행전략 : 그 절차가 실시된다
　　물론 실제 과정은 대부분의 경우 이것보다 복잡하고 일반적으로 「교섭 (negotiation)」의 형태를 취한다.

참고문헌　◆J. V. 네우스토프니 (Neustupný J. V. 1994) Problems of English contact discourse and language planning. *English and Language Planning: A Southeast Asian Contribution.* Times Academic Press.

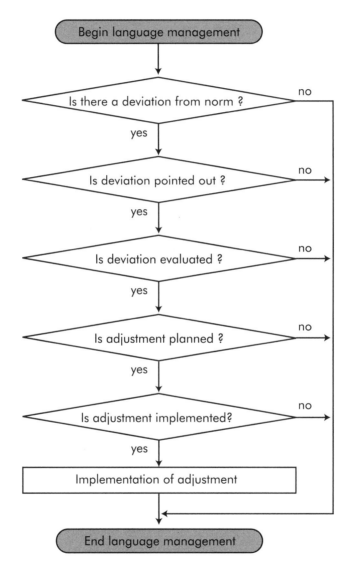

【 言語管理のプロセス 】

言語計画

席次計画

実体計画

習得計画

89 海外日本人子女の就学状況

　海外に在留する学齢期の日本人の数は 1989 年度で約 47,000 人であった。この うち、20%が現地校のみに、42%が補習校に、38%が日本人学校に就学していた。 すなわち、全体では 62%が日本語以外のことばを教授用語とする学校で教育を 受けていたのである。しかし、滞在地別に見ると、この比率にはおおきな差があ る。日本人学校就学者割合を地域別に見ると、北米がもっとも少なく約 4%であ るのに対して、アジアがもっとも多く 91%である。欧州ではその割合は 38%、 中南米では約 73%である。北米と欧州の現地校に就学している者は海外在住生 の 56%に相当する。その他の地域ではインターナショナルスクールなど、英語 または他の欧州諸国の言語で教育を行なう学校に就学している者が多い。これら の数字から分かるように、欧米の言語で勉強している者が多いのに対して、アジ ア、アフリカ、アラブの言語で勉強している者は極端に少ないのである。

参考文献　◆矢代京子(1991)「帰国生のバイリンガリズム」『日本のバイリンガリズム』研究社出版

89　Japanese Children in Overseas Schools

　In 1989, there were some 47,000 Japanese citizens of school-attending age living overseas. A mere 20% of these were attending only the local schools, with 42% attending some sort of supplementary classes, and a full 38% attending schools specifically designed for Japanese expatriates. Thus, a full 62% of overseas Japanese children were receiving their education in a language other than Japanese.

　We find some interesting and dramatic differences, however, among the regions of the world. Compared to the 4% of children in North America who attend Japanese schools, a full 91% of those residing in Asia countries do, with Central and South America (73%) and Europe (38%) falling in between.

　In North America and Europe, a full 56% attend only local schools with no education in Japanese. Overall the percentages of overseas Japanese children being educated in English or other European languages far outnumber those receiving their education in the languages of Asia, Africa or the Arab countries.

Reference　◆Yashiro, Kyôko (1991) Kikokusei no bairingarizumu. *Nihon no Bairingarizumu.* Kenkyûsha Shuppan.

89　僑居海外之日本人學子就學狀況

　　僑居海外的學齡期日本人在 1989 年度為 47,000 人左右。其中，20% 就讀當地學校，42% 就讀補習機構，38% 就讀日本人學校，亦即約 62% 使用日語以外的語言接受教育。不過，此比率隨國家不同而有明顯差異。就讀日本學校者北美最少，僅 4% 左右，但亞洲則高居 91%。歐洲為 38%，中南美約 73%。僑居北美和歐洲的日本學生就讀當地學校者佔 56%，其他地區則多就讀國際學校或以英語、歐洲語言進行教學的學校。從上述數據可看出，以歐美語言接受教育者眾多；相對地，以亞洲、非洲、阿拉伯各地語言接受教育者極為稀少。

參考文獻　◆ 矢代京子 (1991)〈帰国生のバイリンガリズム〉《日本のバイリンガリズム》研究社出版

89　해외 일본인 자녀의 취학 상황

　　해외에 체류하는 학령기의 일본인 수는 1989년에는 약 47,000명이었다. 이 가운데 20%가 현지학교에, 42%가 기초학력 보충학교에, 38%가 일본인 학교에 취학하고 있다. 즉 전체로는 62%가 일본어 외의 언어로 학교에서 교육을 받고 있었던 것이다. 그러나 체재지별로 보면 이 비율에는 큰 차이가 있다. 일본인 학교 취학자 비율을 지역별로 보면 북미가 약 4%로 가장 적었으며, 아시아가 91%로 가장 많았다. 유럽에서는 약 38%, 중남미에서는 약 73%가 일본인 학교에 취학하고 있었다. 북미와 유럽의 현지 학교에 취학하고 있는 사람은 해외 거주 학생의 56%에 해당한다. 그 외의 지역에서는 인터내셔널 스쿨과 같이 영어 또는 그 밖의 유럽 언어로 교육을 실시하는 학교에 취학하는 사람이 많았다. 이들 숫자에서 알 수 있듯이 유럽 언어로 공부하고 있는 사람이 많은 반면, 아시아어, 아프리카어, 아랍어로 공부하는 사람은 소수에 불과하다.

참고문헌　◆ 야시로 쿄코(矢代京子：1991)「帰国生のバイリンガリズム」『日本のバイリンガリズム』研究社出版

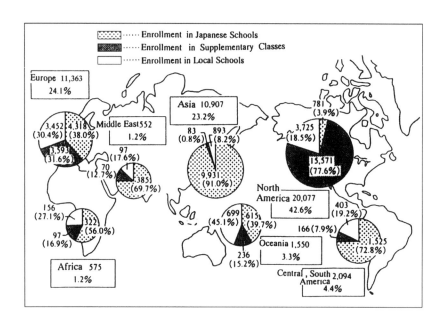

Enrollment in Japanese Schools
Enrollment in Supplementary Classes
Enrollment in Local Schools

Europe 11,363
24.1%

3,452 4,318 Middle East 552
(30.4%)(38.0%) 1.2%
3,593
(31.6%)
70 97
(12.7%) (17.6%)
385
(69.7%)

156
(27.1%)
97 322
(16.9%) (56.0%)

Africa 575
1.2%

Asia 10,907
23.2%

83 893
(0.8%) (8.2%)

9,931
(91.0%)

699 615
(45.1%) (39.7%)

236
(15.2%)

Oceania 1,550
3.3%

781
(3.9%)

3,725
(18.5%)

15,571
(77.6%)

North
America 20,077
42.6%

403
(19.2%)

166 (7.9%)

1,525
(72.8%)

Central, South 2,094
America 4.4%

【 海外日本人子女の就学状況 】

90 | 日本語学習者の推移

　グラフは、平成期における国内の日本語学習者数の推移を、教育機関ごとに示したものである。2016年での数を1990年での数と比べると、その数は3倍近くに増加していることがわかる。2011年は東日本大震災の影響もあって、前年度（167,594人）と比較して76.5% (128,161人) に落ち込んだが、その後は一貫して増加傾向にある。

　日本語教育実施機関・施設等については、2016年現在、「法務省告示機関・任意団体等」が「大学機関等」よりも多く、全体の48.5%を占めており、過去6年間において全体の40%以上で推移している。なお、地方公共団体、教育委員会及び国際交流協会の区分は1996年度より設定された。

参考文献　◆文化庁文化部国語課 (2016)「平成28年度国内の日本語教育の概要」文化庁

90　The Number of Japanese Language Students

　The graph traces changes in the number of Japanese language students at educational institutions over the past 30 years. We see that the number of students increased threefold between 2016 and 1990. In 2011, because of the Great East Japan Earthquake, there was a rapid decline of 76.5% (128,161 students) from the previous year (167,594 students). However, since 2012, the number of students has been rising.

　Of all Japanese language schools, 48.5% are run by NPOs or schools authorized by the Ministry of Justice. This percentage has been approximately 40% in the last six years. The division of institutions (i.e., the local government, education committees, and international exchange associations) was designated in 1996.

Reference　◆Agency for Cultural Affairs (2016) *Heisei 28nendo kokunai no nihongokyoiku no gaiyo*. Agency for Cultural Affairs.

90　日語學習者之推移

　　本圖顯示日本國內各教育機關於平成時期的日語學習者人數之推移。相較於
1990 年的人數，2016 年增加了近 3 倍。受「東日本大震災」(311 大地震)影響，
2011 年為前年度(167,594 人)之 76.5%。不過，之後即呈現持續增加之趨勢。
　　關於日語教育機構與設施，2016 年「法務省告示機關・任意團體(特定非營利
活動法人/學校法人，Ministry of Justice Published school、NPO)等」比「大學機
關等」多，占整體的 48.5%；過去 6 年間也占整體的 40%以上。順帶一提，地方公
共團體(Local governments)、教育委員會(Educational committee)以及國際交
流協會(International Exchange Association)之區分乃 1996 年度開始設定的。

參考文獻　◆ 文化庁文化部国語課 (2016)《平成28年度国内の日本語教育の概要》文化庁

90　일본어 학습자 추이

　　그래프는 헤이세이(平成) 시기(1989년 이후)에 들어와 일본 국내 일본어 학습자
수의 추이를 나타낸 것이다. 2016년의 학습자 수를 1990년대와 비교하면 그 숫자가
3배 가까이 증가했음을 알 수 있다. 2011년은 동일본 대지진 재해의 영향으로 학습
자 수는 전년도인 2010년(167,594명)과 비교하면 76.5%(128,161명)로 떨어졌지만,
그 이후로는 일관되게 증가하는 추세이다.
　　일본어교육 실시기관・시설 등은 2016년 현재, 「법무성공시기관・임의기관(NPO)
등」이 「대학기관 등」보다도 많고 전체의 48.5%를 차지하며, 지난 6년간 전체적으
로 40%이상의 추이를 보인다. 아울러 지방공공단체, 교육위원회 및 국제교류협회의
구분은 1996년도부터 설정되었다.

참고문헌　◆ 문화청문화부국어과 (文化庁文化部国語課：2016)『平成28年度国内の日本語教育の概要』
文化庁

Numbers of Japanese Language Students

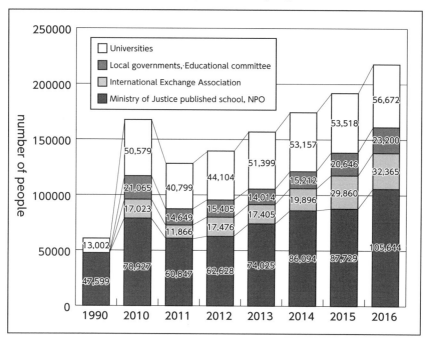

Numbers of Japanese Language Students

	1990	2010	2011	2012	2013	2014	2015	2016
Universities	13,002	50,579	40,799	44,104	51,399	53,157	53,518	56,672
Local governments, Educational committee		21,065	14,649	15,405	14,014	15,212	20,646	23,200
International Exchange Association		17,023	11,866	17,476	17,405	19,896	29,860	32,365
Ministry of Justice published school, NPO	47,599	78,927	60,847	62,628	74,025	86,094	87,729	105,644
total	60,601	167,594	128,161	139,613	156,843	174,359	191,753	217,881

number of people

【 日本語学習者の推移 】

術語対照
Sociolinguistics Glossary
術語對照
술어 대조

〔**あ**〕

あいさつ	greetings	打招呼	인사
あいづち	back channel	應聲附和	맞장구
アイデンティティ	identity	認同	정체정
アクセント	accent	重音	액센트
改まったスタイル	formal style	正式體裁	격식차린 어투
言い換え	paraphrase	改述	순화
育児語	baby talk	育兒用語	베이비 토크
異文化間コミュニケーション	cross-cultural communication	異文化溝通	이문화간 커뮤니케이션
依頼表現	request expression	請求行為	의뢰표현
隠語	argot	隱語	은어
因子分析	factor analysis	因子分析	인자분석
運用法	usage	運用法	운용법

〔**か**〕

改新	innovation	革新	혁신
回避	avoidance	迴避	회피
外来語	loanwords	外來語、借詞	외래어
会話	conversation	會話	회화
会話分析	conversational analysis	會話分析	회화분석
拡散モデル	diffusion model	擴散模式	확산모델
過剰修正	hypercorrection	矯枉過正	과잉수정
過剰般化	overgeneralization	過度一般化	과잉일반화
化石化	fossilization	化石化	화석화
漢語	Sino-Japanese words	漢語	한어
干渉	interference	干涉	간섭
簡略化言語	simplified register	簡化語言	간략화언어
キャンパス用語	student slang	校園用語	학교용어
疑似標準語	quasi-standard form	疑似標準語、準標準語	유사 표준어
共通語	common language	共通語	공통어
共通語化	common-Japanization	共通語化	공통어화
くだけたスタイル	informal style	非正式體裁	격의없는 어투
クレオール	creole	克里奧爾	크레올

272

グロットグラム（年齢×地点図）	glottogram	年齢 × 地點語言分布圖	글로토그램（연령×지점도）
敬語	honorifics	敬語	경어
言語意識	language consciousness	語言意識	언어의식
言語維持	language maintenance	語言維持	언어유지
言語活動	language activity	語言活動	언어활동
言語管理	language management	語言管理	언어관리
言語計画	language planning	語言規劃	언어계획
言語形成期	language formation period	語言形成期	언어 형성기
言語行動	language behavior	語言行動	언어행동
言語生活	language life	語言生活	언어생활
言語交替	language shift	語言轉換	언어교체
言語習得	language acquisition	語言習得	언어습득
言語政策	language policy	語言政策	언어정책
言語接触	language contact	語言接觸	언어접촉
言語地図	linguistic map	語言地圖	언어지도
言語地図集	linguistic atlas	語言地圖集	언어지도집
言語地理学	linguistic geography	語言地理學	언어지리학
言語変化	language change	語言變化	언어변화
言語変種	language variety	語言變種	언어변종
コード変換	code-switching	語碼轉換	코드변환
ことばのイメージ	language image	語言印象	언어 이미지
ことばの規範	linguistic norm	語言規範	언어 규범
ことばへの態度	language attitude	語言態度	언어태도
コミュニケーション	communication	溝通	의사소통（커뮤니케이션）
コミュニケーション行動	communicative behavior	溝通行為	커뮤니케이션 행동
コイネー	koine	共同語	코이네（koin:방언 공통어）
交渉	negotiation	交涉	교섭
公用語	official language	官方語言	공용어
国語	national language	國語	국어（일본어）
呼称	address term	稱謂	호칭
誤用	error	誤用	오용
混交	contamination	混交	혼용
混合言語	mixed language	混合語	혼합언어
〔さ〕			
実時間調査	real-time survey	實時調查	통시적조사
実態計画	corpus planning	本體規劃	자료계획
社会階層	social class	社會階層	사회계층
社会言語学	sociolinguistics	社會語言學	사회언어학
社会的地位	social status	社會地位	사회적 지위
社会的ネットワーク	social network	社會網絡	사회적 네트워크

社会方言	social dialect	社會方言	사회방언
自由変異	free variation	自由變異	자유변이
習得計画	acquisition planning	習得規劃	교육계획
手話	sign language	手語	수어
状況	circumstances	狀況	상황
新方言	new dialect	新方吉	신방언
親族名称	kinship terms	親屬稱謂	친족명칭
スタイル（文体）	style	體裁（文體）	스타일（문체）
ストラテジー（方略）	strategy	策略	전략
スピーチコミュニティ	speech community	語言社群	언어공동체
スラング	slang	行話	은어
席次計画	status planning	地位規劃	지위계획
接触言語	contact language	接觸語言	접촉언어
専門語彙	technical terminology	專業用語	전문어휘

〔た〕

第一言語	first language	第一語言	제1언어
待遇表現	treatment expression	敬意表現	대우표현
第二言語	second language	第二語言	제2언어
多言語社会	multilingual speech community	多語言社會	다언어사회
多変量解析	multivariate analysis	多變量分析	다변량해석
談話	discourse	談話	담화
地理的変種	regional variety	地域性變種	지리적변종
地域方言	regional dialect	地方方言	지역방언
中間言語	interlanguage	中介語	중간언어
丁寧さ	politeness	禮貌程度	정중함
転移	transfer	轉移	전이
等語線	isogloss	等語線	등어선（동위 어선:同位語線）
ドメイン	domain	領域	언어사용 영역

〔な〕

訛	accent	腔調	사투리
ネオ方言	neo-dialect	neo 方言	네오（neo）방언
ネイティブ・スピーカー	native speaker	母語使用者	모어 화자
年齢	age	年齡	연령

〔は〕

バイリンガリズム	bilingualism	雙語使用	이중언어
バラエティ	variety	變種	변이
場面	situation	場合	장면
パーセントグロットグラム	percentage glottogram	百分率年齡地點語言分布圖	퍼센트 글로토그램

ピジン	pidgin	洋涇濱	피진
標準語	standard language	標準語	표준어
標準語化	standardization	標準語化	표준어화
フォリナートーク	foreigner talk	對外國人用語	외국인 배려 말투
文脈	context	文脈	문맥
ベビートーク	baby talk	育兒用語	베이비 토크
変異(バリエーション)	variation	變異	변이(베리에이션)
ポライトネス	politeness	禮貌	정중함
方言	dialect	方言	방언
方言イメージ	dialect image	方言印象	방언이미지
方言学	dialectology	方言學	방언학
方言区画	dialect division	方言區劃	방언구획
方言連続体	dialect continuum	方言連續體	방언연속체

〔ま〕

身振り(ジェスチャー)	gesture	肢體動作	몸짓(제스처)
無作為抽出(ランダムサンプリング)	random sampling	隨機抽樣	무작위 추출법(랜덤 샘플링)
命名(ネーミング)	naming	命名	명명(네이밍)
メンツ(面子)	face	面子	체면
目標言語	target language	目標語言	목표언어

〔や〕

役割語	role language	角色語	역할어
容認発音	Received Pronunciation (RP)	標準發音	용인발음

〔ら〕

リーグ戦方式調査	league series survey	全數調査	리그전 방식조사
リンガフランカ	lingua franca	共通語	링구어 프랑카(국제어)
理解語彙	receptive vocabulary	理解詞彙	이해어휘
類推	analogy	類推	유추
レジスター(言語使用域)	register	語域	언어영역

〔わ〕

和語	indigenous Japanese words	和語	일본 고유어

編 者 略 歴

真田信治	1970年　東北大学大学院修了
	1990年　文学博士（大阪大学）
	現　職　大阪大学・名誉教授
朝日祥之	2004年　大阪大学大学院修了
	2004年　博士（文学、大阪大学）
	現　職　国立国語研究所・准教授
簡　月真	2004年　大阪大学大学院修了
	2004年　博士（文学、大阪大学）
	現　職　台湾・国立東華大学・教授
李　舜炯	2016年　東京都立大学大学院修了
	2016年　博士（日本語教育学、東京都立大学）
	現　職　韓国・慶北大学・講師

Editor Profiles

Sanada Shinji
1990 Literature Dr., Osaka University
Present: Professor Emeritus, Osaka University

Asahi Yoshiyuki
2004 Ph.D., Osaka University
Present: Associate Professor, National Institute for Japanese Language and Linguistics

Chien Yuehchen
2004 Ph.D., Osaka University
Present: Professor, National Dong Hwa University

Lee Soonhyeong
2016 Ph.D., Tokyo Metropolitan University
Present: Lecturer, National Kyungpook University

新版　社会言語学図集 — 日本語・英語・中国語・韓国語解説 —

Japanese Sociolinguistics Illustrated, New Edition
Edited by Sanada Shinji, Asahi Yoshiyuki, Chien Yuehchen, and Lee Soonhyeong

発　　　　行　　2021年11月30日　初版1刷
定　　　　価　　2,500円＋税
編　　　　者　　© 真田信治、朝日祥之、簡月真、李舜炯
発　行　者　　松本功
装　丁　者　　木幡奈都乃（asahi edigraphy）
本文組版者　　株式会社　アサヒ・エディグラフィ
印刷・製本所　　株式会社　シナノ

発　行　所　　株式会社 ひつじ書房
　　　　　　　〒112-0011 東京都文京区千石2-1-2　大和ビル2階
　　　　　　　Tel. 03-5319-4916　Fax. 03-5319-4917
　　　　　　　郵便振替 00120-8-142852
　　　　　　　toiawase@hituzi.co.jp　https://www.hituzi.co.jp/

ISBN978-4-89476-942-7

刊 行 書 籍 の ご 案 内

真田信治著作選集
シリーズ日本語の動態